역주 조계산송광사사고

산림부

이 책은 2005년도 정부재원(교육인적자원부 학술연구조성사업비)으로
한국학술진흥재단의 지원을 받아 연구되었음.(KRF-2005-AS0032)

역주 조계산송광사사고
산림부

조명제 · 김탁 · 정용범 · 정미숙 역주

혜안

역주자 소개

조명제 신라대학교 사학과 교수
김 탁 한국학중앙연구원 한국학대학원 박사
정용범 부산대학교 사학과 강사
정미숙 신라대학교 사학과 강사

역주 조계산송광사사고 산림부
조명제·김탁·정용범·정미숙 역주

2009년 12월 29일 초판 1쇄 발행

펴낸이 | 오일주
펴낸곳 | 도서출판 혜안

등록번호 | 제22-471호
등록일자 | 1993년 7월 30일

주소 | 서울시 마포구 서교동 326-26번지 102호
전화 | 3141-3711~2 팩시밀리 | 3141-3710
E메일 | hyeanpub@hanmail.net

ISBN | 978-89-8494-381-0 93220

값 | 25,000원

머리말

재작년에 『역주 조계산송광사사고』(이하 『사고』로 줄임) 인물부를 간행하고, 다시 산림부(山林部) 역주본을 간행하게 되었다. 산림부의 내용은 송광사의 지리, 봉산, 벌채 및 산림을 둘러싼 분쟁 등을 담고 있으며, 부록으로 「주지선생안(住持先生案)」이 수록되어 있다. 그런데 이 자료는 아세아문화사에서 영인한 『사고』에 수록되어 있지 않으므로 이번에 역주본을 내면서 영인본을 함께 수록하였다.

산림부 자료에서 주목되는 내용은 송광사의 산림 소유 및 경영, 송광사와 일반 사회의 사회경제적 관계다. 송광사의 산림은 율목봉산으로 지정되어 있는데, 그 운영 실태, 국가의 대민지배, 대사원지배의 양상이 잘 드러나 있다. 또한 송광사와 선암사의 토지 소유권을 둘러싼 분쟁 사례가 소개되어 있어 사원의 사유림 지배 실태를 구체적으로 확인할 수 있다. 다만, 선암사의 대응을 보여주는 자료가 없어 아쉽지만, 관련 자료가 발견되거나 확인된다면 그 자료적 가치가 높아질 것으로 기대된다.

한편 송광사와 지역민의 산림이용권을 둘러싼 분쟁이 조선 말부터 일어났고, 일제시기에는 소유권 분쟁이 본격적으로 일어났다. 산림부에는 분쟁과 관련된 각종 공문과 진술서, 계약서, 시말서, 송광사의 불복 신청서, 재결서, 임야초목 채취권 확인소 등이 수록되어 있어 그 분쟁의 진행 과정을 자세히 알 수 있다. 따라서 산림부 자료는 조선후기 불교사회경제사의 기초적인 자료이면서 산림정책 및 지방사회사의 구체적인 사례로서 활용될 수 있는 자료적 가치를 갖고 있다.

다만, 이 분야의 기초적인 연구가 부족하고, 역주자 모두의 전공과 다소 거리가 있기 때문에 번역과 주석에 충분히 만족하지 못한 채 간행하게 되었다. 늘 관심과 격려를 아끼지 않으신 조계총림 방장 범일보성(梵日菩成) 스님, 주지 영조(永照) 스님을 비롯한 송광사의 사부대중 여러분께 깊은 감사를 드린다. 또한 어려운 여건에도 불구하고 역주가 계속될 수 있도록 배려를 아끼지 않으신 박물관장 고경(古鏡) 스님께 이 자리를 빌려 감사드리고 싶다.

2009년 9월 역주자를 대표하여 조명제 씀

목 차

일러두기

1. 이 책은 『조계산송광사사고(曹溪山松廣寺史庫)』 가운데 산림부(山林部)의 완역이다. 번역의 저본은 현재 송광사 성보박물관에 소장된 원본을 사용하였다.
2. 원본은 학계에 소개된 적이 없으므로 뒤에 영인하여 수록하였다. 다만, 주지계보는 인명을 나열한 것이므로 생략하였다.
3. 가능한 쉬운 한글로 전용하였으나 인명, 지명, 관직명 등 고유명사를 표기할 경우 한자(漢字)는 괄호 안에 표기한다.
4. 번역의 이해를 돕기 위해 원문을 표기해야 할 경우나 원문에는 없지만 문장 이해를 위해 추가한 단어나 문장은 [ ]를 사용한다.
5. 연도는 연호(年號)나 묘호(廟號)를 노출하고, 서기를 괄호안에 넣어 태종 1년(1402) 등과 같이 표기한다.
6. 주석은 원칙적으로 모든 고유명사와 내용 설명에 필요한 항목을 대상으로 하지만, 근거가 정확하지 않거나 알 수 없는 것은 생략한다.
7. 주석을 작성하면서 참고한 기본 자료, 사전, 관련 연구 성과 등은 구체적으로 표시하지 않고, 참고문헌 목록으로 대체한다.
8. 주요 기호와 약호의 표시는 다음과 같다.
   『 』: 문헌 · 저서명
   「 」: 논문 · 작품 · 경전의 품명 · 편명
   " □□" : 완전한 문장의 인용
   ' □□' : 재인용, 강조, 불완전한 문장을 인용할 때
   - - : 부제, 원문의 작은 글자로 표시된 부분
9. 아래의 문헌명은 다음과 같이 줄여서 사용한다.
   『조계산송광사사고』=『사고』

제1장 지리

제1절 본군(本郡) 위치와 기후

본군은 우리나라의 남쪽 끝에 있으며, 호남의 동쪽 모퉁이에 있다. 북쪽으로는 구례(求禮)와 곡성(谷城)의 경계와 이웃하며, 서남쪽으로는 화순(和順)과 보성(寶城)의 접경이며, 동쪽으로는 광양(光陽)과 여수(麗水) 등 여러 군과 연결되며, 남쪽으로는 순천만(順天灣)의 요충지와 접해 있다.

그뿐 아니라 바다와 육지의 교통이 편리하여 실로 땅은 광활하고 사람은 번성하다. 산은 무성하고 들판은 기름져 해산물과 오곡이 그때그때 풍년이 들었다. 그리고 기후도 순하고 위치도 알맞은 천혜의 땅이다.

바깥 둘레의 거리는 가장 넓은 곳이 120리고, 가장 좁은 곳이 80리다. 위치[1]는 북위 34도 8분에서 35도 2분까지며, 동경 127도 3분에서 127도 7분까지다. 곧 이른바 옛날에는 승평(昇平)이었고 지금은 순천이다.

---

1) 『사고』에는 기후로 되어 있으나, 이는 쾨펜의 기후 구분에 의거한 것으로 보인다. 쾨펜의 기후 구분은 기온과 강수량의 두 가지 변수에 의해 기후를 구분한다.

제2절 조계산의 위치와 산맥

이 산의 위치는 순천읍에서 서쪽으로 60리에 있다. 넓게 솟아나 초목이 무성하고 아름다우니 실로 군내의 큰 산이다. 산맥은 소백산(小白山)에서 비롯하여 덕유(德裕), 노령(蘆嶺) 등 여러 산을 경유하여 동쪽의 한 지맥이 구불구불하게 뻗어 담양(潭陽)의 추월산(秋月山), 광주(光州)의 무등산(無等山), 장흥(長興)의 천관산(天冠山)·작두산(錯頭山)·웅치산(熊峙山), 능주(陵州)의 중조산(中條山), 보성(寶城)의 마치산(馬峙山)을 이루고 바다에 이르러 그쳤다.

그 가운데 중조산에서 마치산 사이에 동북의 한 지맥이 낙안(樂安)의 금화산(金華山)을 거쳐 구불구불 높아졌다가 낮아졌다가 하는 기세로 와서 이 산을 이루었다. 이 산의 이름이 세상에 알려진 것은 고려시대의 보조국사(普照國師)[2]가 선(禪)을 닦고 안거(安居)하면서부터 더욱 드러났다. 봉우리의 가장 높은 곳은 해발 2,700척에 이르고, 면적은 1,560여 정보(町步)[3]다.

제3절 조계산의 연원

조계(曹溪)의 근원은 중국의 육조(六祖) 대감선사(大鑑禪師)[4]에서 시작한다. 대사는 당(唐) 고종(高宗) 용삭(龍朔) 원년(661) 신유년에

---

2) 보조국사(普照國師) : 수선사를 개창한 지눌(知訥)의 시호(諡號)다. 지눌에 대해서는 조명제 외, 『역주조계산송광사사고 인물부』, 혜안출판사, 2007, 제1절 보조국사 편을 참고하기 바란다.

3) 정보(町步) : 논이나 밭의 넓이를 나타내는 단위로 1정보는 300평으로서 약 9,917.4m^2에 해당한다.

4) 대감선사(大監禪師) : 중국 선종의 6조인 혜능(慧能)의 시호이다.

황매산(黃梅山)에서 오조(五祖)[5]의 법인(法印)을 전수받고, 영남(嶺南)의 소주부(韶州府) 조후촌(曹候村)에 이르렀다. 그곳에 살던 조숙량(曹叔良)이 대사의 도덕을 흠모하여 쌍계(雙溪)의 언덕 위에 있던 보림사(寶林寺)의 옛 터에 암자를 만들었다. 이에 대사가 안거하며 그의 은혜를 잊기 어려워 조계산(曹溪山)이라고 불렀으니, 이는 곧 중국 조계산의 기원이다.

지금 우리 조선의 조계산이라는 호칭은 고려시대에 보조국사가 송광산(松廣山)에 주석하면서 정혜사(定慧社)를 결성하여 조계종(曹溪宗)의 종지를 크게 드러내고 나라와 세상을 위해 복을 빌었는데, 희종(熙宗) 4년(1208) 무진년에 임금이 이 소식을 듣고 가상히 여겨 친히 '조계산 송광사(松廣社)'라고 사액하면서 비롯되었다.

이 일로 말미암아 고려조의 김군수(金君綏)[6]가 임금의 명을 받들어 보조국사의 비명(碑銘)을 지어 이르기를 "희종 임금께서 잠저(潛邸)에 계실 때부터 대사의 도를 중히 여기셨다. 즉위하시자 산 이름을 바꿀 것을 명하여 조계산 수선사(修禪社)라 하시고, 어필(御筆)로 직접 제자(題字)를 쓰셨다."라 했다. 이로 말미암아 보건대 조선의 조계라는 호칭은 국사 당시의 특별히 하사한 어제(御題)의 호칭으로부터 비롯되었음이 분명하다. 그 나머지 흥양(興陽)의 조계산과 영암(靈巖)의 조계산이라는 것은 모두 뒤에 나온 것으로 보조국사와 조계종 승려들이 [사찰을] 창건하고 살았기 때문에 이와 같이 부른 것이리라.

---

5) 오조(五祖) : 중국 선종의 5조인 홍인(弘忍, 601~674)이다. 4조 도신(道信)과 함께 동산법문(東山法門)이라 불리는 선의 일파를 이루었고, 이후 선종의 토대를 마련하였다.

6) 김군수(金君綏, 생몰년 미상) : 본관은 경주(慶州), 호는 설당(雪堂)이다. 김부식(金富軾)의 손자이고 김돈중(金敦中)의 아들이다.

제2장 봉산(封山)

제1절 율목봉산(栗木封山)[1)]

제1항 봉상시(奉常寺)[2)]에서 내려보낸 절목(節目)

봉상시에서 절목을 작성하여 발급할 때에 [왕세자께서] 본시(本寺)에 명령을 내리면서 신목(申目)[3)]도 붙여서 내렸습니다. [전라관찰사가] 올린 장계[4)]를 보니 "신이 금년 가을 순찰하는 걸음에 순천부(順天

1) 봉산(封山) : 벌채를 금지한 산이다. 금산(禁山)과 마찬가지로 나무를 베지 못하게 한, 즉 금양(禁養)된 곳 자체를 뜻하기도 하였다. 봉산으로 지정된 곳은 조달해야 하는 목재의 종류에 따라 다양한데, 그 대부분은 배의 건조나 건축자재와 관련된 소나무를 채취하는 곳이다. 이 외에 왕이나 왕비의 능묘를 보호하고 포의(胞衣 : 태아를 싸고 있는 막과 태반)를 묻기 위하여 정해진 태봉봉산(胎封封山), 황장목만을 생산하기 위한 황장봉산(黃腸封山), 밤나무 재목을 생산하기 위한 율목봉산(栗木封山) 등이 있다.

2) 봉상시(奉常寺) : 조선시대 국가의 제사 및 시호를 의논하여 정하는 일을 관장하기 위해 설치되었던 관서다. 기원은 신라시대의 전사서(典祀署)까지 올라갈 수 있으나, 더욱 직접적인 것은 고려 목종 때 설치된 태상(太常)이다. 1409년에는 봉상시가 전사시로 개칭되었으며, 1414년에는 영이 윤(尹), 부령이 소윤(少尹)으로 개칭되었다. 세종 3년(1421) 다시 봉상시로 환원되고, 판사 이하 모든 관원은 문관으로 임명하도록 되었다. 그 뒤 세조 12년(1466) 직제가 크게 개정되었다.

3) 신목(申目) : 조선시대 왕세자가 섭정할 때 판서, 병사, 감사 등이 올리는 계목(啓目)을 일컫는다.

4) 장달(狀達) : 조선시대 세자가 대리청정을 하고 있을 때 관찰사 또는 병사(兵使), 수사(水使) 등이 세자에게 올리는 보고서를 가리킨다. 임금에게 보고하는 문서를 장계(狀啓)라 한 것에 비하여 차등을 두기 위한 것이다.

府) 조계산 송광사에 이르러 절의 뒤편 기슭에 올라 두루 살펴본즉, 그 동남쪽에는 남암(南庵), 동암(東庵), 모개방(毛開方), 굴목서양(掘木西陽), 구동(九洞) 등의 큰 골짜기가 약 50리에 걸쳐 둘러 있습니다. 산세는 그윽하고 깊으며, 밤나무는 매우 빽빽하여 바라보면 우거진 것이 실로 봉산으로 삼기에 알맞습니다.

우리 도의 율목봉산은 단지 구례현(求禮縣)의 연곡사(鷰谷寺)[5] 한 골짜기뿐이었습니다. 3년[6] 사이에 베어낸 것이 300 그루를 넘지 않아서 그 재목의 쓰임이 충분하지 않음을 미루어 알 수 있습니다. 이제 신이 본 장소로써 의논한다면 이같이 알맞은 땅의 재목을 오히려 봉산의 논의에서 빠뜨린다면 식자의 한탄이 될 것입니다. 이 밤나무가 생산되는 여러 골짜기에 경계를 정해 봉표(封標)[7]를 세워 [민간인의 출입을] 금지하고 [밤나무를] 보호하고 배양할 절목에 관해서는 연곡사의 예에 따라서 절목을 만들어 마음을 다해 시행하여, 밤나무는 연곡사와 함께 3년 사이에 돌아가면서 규정된 양을 정하여 알맞게 베어낸다면 밤나무가 크게 자라 쓸모 있는 목재가 되어 사용하는 데 구차하고 어려운 근심이 없을 것입니다. 이상의 항목으로 순천부 송광사 남암 등의 땅이 새로 봉산으로 정해져야 할 사유임을 급히

---

5) 연곡사(鷰谷寺) : 전라남도 구례군 토지면의 지리산 자락에 있는 절이다. 신라통일기의 연기조사(緣起祖師)가 창건하였다고 전하지만 문헌적 근거가 정확하지는 않다. 현재 국보, 보물로 지정된 동부도, 북부도 등의 각종 부도와 현각선사탑비 등을 통해 신라말 고려초에 선종 사찰로서 융성하였음을 짐작할 수 있다. 임란으로 소실되어 소요태능(逍遙太能, 1562~1649)이 절을 중창하였다. 영조 연간에는 인근의 밤나무를 왕실의 신주목(神主木)으로 봉납하기도 하였다.

6) 식년(式年) : 자(子)・묘(卯)・오(午)・유(酉)의 지(支)가 포함된 간지(干支)의 해를 가리키며, 3년에 한 번씩 돌아온다.

7) 봉표(封標) : 민간부분에서의 산림 이용을 제한하는 경계선에 설치하는 금표(禁標)이다.

아룁니다."라고 하였다. 본시(本寺)에서는 "나라에서 쓰는 율목봉산을 도신(道臣)이 올린 장계에 따라서 호남 순천부 조계산에 새로 정하기를 청합니다."라고 아뢰었다.

다시 아뢰어 윤허를 얻은 후 낭청(郎廳)[8]을 파견하여 조사하고서 [보고하기를], "산세가 그윽하고 깨끗하며 밤나무가 무성하고 빽빽하여 실로 봉산에 알맞았습니다. 그러므로 곧 경계에 봉표를 세우고 밤나무를 보호하여 기르는 방법은 연곡사 봉산의 예에 따라서 절목을 만들어 내리겠습니다. 모든 잡역(雜役)에 대해서는 마땅히 줄여줌으로써 밤나무를 보호하여 기르시려는 뜻을 도신에게 분부하시고 그로 하여금 맡겨서 거행하도록 함이 어떻습니까?"라고 아뢰자[9] 왕세자가 윤허하였다.

도광(道光) 10년(1830) 경인년 3월 일

신하들이 아뢰자 왕세자가 그대로 허가하였다.[10]

우부승지(右副承旨) 신(臣) 심(沈)

절목(節目)

1. 절목을 만들어 내려보내니, 해당 영(營)에서 직접 베껴 병영(兵營),[11] 수영(水營),[12] 진영(鎭營) 및 본 고을의 수령에게 보내어 영구히

---

8) 낭청(郎廳) : 조선시대 각 관서에서 실무를 담당하던 당하관(堂下官)을 낭관이라 불렀는데, 낭청은 낭관을 지칭하는 말로 쓰였다. 조선후기에 정식 관직명으로 사용되었으며, 이들은 주로 실무를 담당하였다.

9) 회달(回達) : 조선시대 정사를 대리하는 왕세자의 물음이나 명령에 대하여 신하들이 논의하여 대답하는 일로 회계(回啓)에 대해 낮추어 이르는 말이다.

10) 달의준(達依準) : 왕세자가 대리할 때, 신하가 아뢰는 것을 달(達)이라 하고, 왕세자가 그대로 허가하는 것을 의준(依準)이라고 한다.

11) 병영(兵營) : 조선시대 주로 병마절도사가 주둔하고 있던 관서로, 병마절도사

준행(遵行)할 것.

1. 나라에서 쓰는 주재(主材)는 3년마다 경차관(敬差官)[13]을 파견하여 삼남(三南)에서 벌목하여 얻었는데, 쓸 만한 재목이 모두 사라졌다. 연곡사와 쌍계사(雙溪寺)의 밤나무는 재목이 될 만한 것은 이미 다하였고 새로 심은 것은 아직 자라지 않아서 나라에서 막중하게 쓰임이 있을 때마다 불결한 것이 염려되었다.

이번에 본도(本道)의 장계가 올라와 새로 조계산에 봉목(封木)을 정한 것은 대개 나무가 크게 자라기를 기다려 연곡사, 쌍계사와 함께 3년 사이에 돌아가면서 벌목하여 얻으려는 뜻이다. 봉표 안의 사찰과 민호(民戶)는 본시(本寺)에 이속시켜 승려와 백성들로 하여금 보호하여 기르는 데 전적으로 뜻을 두게 하고, 금년부터 시작하여 500그루를 정하여 해마다 재배하고 심어서 크게 길러 벌목할 터전으로 삼을 것.

1. 봉산 안의 승려와 백성은 이미 본시에 이속되었으니, 이전부터 감영(監營),[14] 병영(兵營), 수영(水營), 진영(鎭營), 본 고을 및 여러

외에 넓은 의미로 그의 지휘 · 감독을 받는 절제사(節制使) · 첨절제사(僉節制使) · 동첨절제사(同僉節制使) · 만호(萬戶) · 도위(都尉)가 있던 곳을 포함하기도 한다.

12) 수영(水營) : 조선시대 수군절도사(水軍節度使)가 주재하던 병영(兵營)이다. 태조 2년(1393) 3월에 왜구를 격퇴하기 위한 해양방위체제가 성립된 뒤, 세조 3년(1457)에 전국을 방위체제화하는 진관체제(鎭管體制)가 실시됨으로써 각 도의 수군지휘관의 명칭이 수군절도사로 통일되었다.

13) 경차관(敬差官) : 조선시대 중앙 정부의 필요에 따라 특수 임무를 띠고 지방에 파견된 관직이다. 경차관이 파견된 것은 태조 8년(1396) 8월 신유정(辛有定)을 전라 · 경상 · 충청 지방의 왜구를 소탕할 목적으로 파견한 것이 처음이다.

14) 감영(監營) : 조선시대 각 도의 관찰사가 거처하는 관청이다.

상급관청의 각 아문(衙門)에서 부과하는 수많은 역(役)에 응하는 것과 여러 곳에서 갖가지 청구하는 일은 전과 같이 침해해서는 안 된다. 사목(事目)에 의거하여 모든 잡역과 관련된 것을 면제하며, 봉표 안의 승려와 백성 등에 대해서는 각 영문(營門)과 본 고을이 또한 임의로 죄를 헤아려 다스릴 수 없고, 만일 죄과가 있으면 가볍고 중함을 따지지 않고 본시에 알리고 회답하는 판결문을 기다려 거행할 것이다. [그리하여] 봉산의 일을 중히 여기고 보호하여 지키는 일에 전념할 것.

1. 봉표 안에 이전부터 백성들이 몰래 경작[15]한 곳은 밤나무를 심기에 알맞은 땅이면, 산허리와 산 아래를 가리지 않고 이제부터는 밤나무를 심어 보호하여 지키고 크게 기를 것.

1. 봉산의 일은 황장(黃腸)[16]과 다르지 않으니, 봉표 안의 한 줌 흙과 한 가지의 나무도 본시(本寺)에서 관리하지 않는 것이 없다. 서울과 다른 지방의 양반들이 입안(立案)[17]을 발급받아 제 멋대로 차지하려는 자는 일체 막아서 금지할 것이다. 지방의 양반과 백성들이 사사로이 기른 것이라고 칭하거나 혹은 임의로 베어내는 자가 있으면 즉시 [본시에] 아뢰어 죄를 논하기를 황장을 벌목한 죄를 다스리는 율(律)과 같이 처리할 것.

---

15) 모경(冒耕) : 주인의 승낙 없이 남의 땅에 농사를 짓는 것을 의미한다.

16) 황장(黃腸) : 황장목은 재궁(梓宮)을 만드는 질이 좋은 소나무를 가리킨다. 재궁은 왕, 왕비, 왕대비, 세자, 세자빈의 관(棺)을 가리킨다. 그리고 황장봉산(黃腸封山)은 황장목(黃腸木)의 생산지로 봉한 산림이다.

17) 입안(立案) : 조선시대 관청에서 주던 증명서로 법전에 있는 절차에 의하여 관청에서 작성하여 교부하였다.

1. 봉산의 금표를 정한 후에 사람을 묻은 곳의 경우에는 한꺼번에 파서 옮기고, 이미 있는 경우는 비록 그대로 두더라도 지금부터 다시는 무덤 만드는 일을 허락하지 말라. 간사한 백성들이 간혹 함부로 매장하여 몰래 밤나무를 베어내는 폐해가 있거든 범인은 율(律)에 의거하여 조사해서 처리할 뿐만 아니라, 총섭(摠攝)[18]과 도별장(都別將)은 금지된 땅을 판 죄를 다스렸음을 즉시 본시(本寺)에 보고하라. 혹 안면이나 사사로움에 얽매여 숨기고 보고하지 않았다가 본시에 발각되어 부정이 밝혀지면, 법을 어긴 총섭과 도별장을 [본시에] 보고하여 죄를 논하되, 엄히 다스려 먼 곳으로 귀양을 보내어 절대로 용서하지 말 것.

1. 본사(本寺) 총섭과 율목도별장(栗木都別將)은 본사에서 차출하고, 인신(印信)[19]과 장패(將牌)[20]를 주어 봉표 안의 모든 일에 함께 입회하게 한다. [이들이] 관할할 수 없는 일과 기타 천천히 처리할 수 있는 일은 사찰 주지와 도내 승통(僧統)이 스스로 판단하여 모든 일을 하나같이 남북한(南北漢) 산성 총섭의 예에 따른다. 조금이나마 영향력 있는 사람으로 하여금 보호하여 기르는 때에 도움이 되도록 하여 장패를 지닌 대신(大臣)의 체통을 잃지 않도록 하며 아울러 연곡사와 쌍계사의 예에 의거하여 시행할 것.

---

18) 총섭(摠攝) : 조선시대 승직의 하나이다. 정확한 연원을 알 수 없지만, 고려말 나옹(懶翁)이 선교도총섭(禪敎都摠攝)을 역임한 기록이 있으므로 고려말 이후 사용된 것으로 보인다. 임진왜란 이후 불교계에서 승병이 조직되면서 8도에 각 2명씩 총섭을 두었고, 이후 대표적인 사원이나 실록을 보관한 사찰의 주지를 대개 총섭이라 하였다.

19) 인신(印信) : 관인이나 도장들을 총칭하여 일컫는다.

20) 장패(將牌) : 조선시대 군관 비장들이 차던 나무패를 이른다.

1. 절의 승려 가운데 부지런하고 재간이 있는 자를 뽑아 도산직(都山直)[21]으로 정하여 그로 하여금 전적으로 규정에 따라서 단속하게 한다. 봉표 안의 마을 주민 가운데 따로 부지런하고 착실한 자를 패산직(牌山直)으로 차출하여 함께 조사하고 살피게 한다. 도산직은 패산직을 거느리고 일일이 봉산을 순찰하는데, 혹시 함부로 [밤나무를] 베는 자가 있으면 총섭과 도별장이 즉시 본시에 보고하여 법률에 의거하여 엄중히 다스릴 것.

1. 산 속에 있는 화전(火田)은 경작할 때마다 실제로 조사하여[22] 세금을 거두는데 그 법규는 연곡사와 쌍계사의 예에 의거하여 시행할 것.

1. 이제 이 봉산이 정해진 다음에는 밤나무가 알맞은 곳에는 [밤나무를] 심고 곡식이 알맞은 곳에는 개간하는 등의 절목은 본사에서 관할하여 증빙으로 삼아 처리할 것.

1. 봉산에 [밤나무를] 심는 일과 봉산의 모든 일이 비록 전적으로 승려와 백성이 전적으로 책임져야 하지만, 중앙의 관청에서 단단히 타일러 경계하지 않을 수가 없으니 매년 차감(差監)[23]을 정해 보내 밤나무 기르는 데 있어 잘못을 적발하여 살피고 격려할 것.

---

21) 도산직(都山直) : 산직은 왕실에서 땔나무를 하며 삼림을 지키던 사람을 이르며 도산직은 산직의 우두머리를 지칭하는 것으로 추정된다.

22) 집복(執卜) : 벼슬아치가 농작물의 작황을 답사하여 세금을 매기던 일을 이른다.

23) 차감(差監) : 중앙의 관청에서 보내어 관리·감독하는 관원을 일컫는다.

1. 봉산 안의 패산직을 본사(本寺)에서 차출하는 것은 규정과 법을 정한 처음부터의 일이었다. 착실하고 부지런한지를 총섭과 별장(別將)이 상의하여 정한 후에 보고하면 본사에서 차출한다. 차감이 조사할 때에, 산직 등이 혹시 조금이라도 부지런하지 못한 폐단이 있으면, 차감이 스스로 판단하여 꾸짖은 후에 본시에 보고한다. 총섭과 별장이 부지런하지 못하고 소홀히 한 것 또한 [차감이] 스스로 판단하여 꾸짖은 후에 모든 일을 보고할 것.

1. 봉산의 일은 원래 엄중한데 각 영문(營門)과 본관(本官)의 아래에 소속되었다고 하여 군역과 사역을 함으로써 폐단을 만드는 것, 밤을 줍다가 밤나무를 꺾어 승려와 백성에게 폐를 입히는 일, 산에 놀러 와서 먹을 것과 신을 것을 요구하여 사찰을 침탈하는 일과 같은 것들은 엄히 막지 않을 수 없다. 지금부터 만약 이러한 폐단이 있으면 총섭과 별장은 즉시 보고하고, 본관이 먼저 엄히 가둔 다음 본시에 낱낱이 보고하여 법률에 따라 엄중히 다스릴 것.

1. 율목경차관(栗木敬差官)이 내려와 [밤나무를] 베는 데 필요한 잡물(雜物)과 대접할 때 사용되는 각종 그릇, 모든 예법은 한결같이 연곡사의 예에 따라 반드시 감영에서 나누어 정하여 거행한다. 경차관・범철관(泛鐵官)[24]의 가마꾼과 밤나무를 베고, 운반하고, 다듬고,

24) 범철관(泛鐵官) : 관상감(觀象監)에 속했던 상지관(相地官)의 일종으로 땅의 생김새를 살펴 길흉을 판단하여 대궐 자리・능자리 등을 잡는 일을 맡았다. 산릉(山陵) 및 산실청(産室廳)을 설치하거나 국왕의 신주(神主)에 쓰이는 나무를 벌목(伐木)해 올 때 방향이 좋은지 나쁜지를 살피는 관원이다. 범철은 나침반을 사용하여 방위를 정하는 일을 말한다.

삶고, 포장하고, 포구로 운반하는 등 사역에 동원되는 모든 일을 봉표 안의 승려와 백성들에게 책임지울 수 없으니, 본관에서 헤아려 다른 군(郡)과 면에 배정하여 책임지게 할 것.

1. 봉표 안에 일이 있고 없음과 산지기들의 부지런한 정도를 총섭과 별장이 매년 4등급으로 나누어 본시에 보고할 것.

1. 본사와 봉표 안의 여러 암자는 이제부터 전적으로 밤나무를 관리하여 길러야 하므로 승도를 모집하지 않을 수 없다. 본 사찰의 승려로서 다른 절에 도망간 자는 총섭의 보고에 따라 본관에서 일일이 찾아 데리고 오며, 다른 도(道)의 승려로서 봉산 안으로 들어온 자는 편안하게 머물게 하고 감히 임의로 데려가지 못하도록 한다. 봉표 안에 소임을 맡은 이가 신역(身役)이 있으면 즉시 면제하여 힘을 다해 [밤나무를] 보호하도록 함으로써 일이 유지되도록 할 것.

1. 이 절목이 반포된 후에 봉산 안의 승려와 백성이 부역을 즉시 면제받지 못하고 다시 침탈되면 지탱할 수가 없으므로 해당 지방관이 보고하여 향소(鄕所)의 공형(公兄)[25]과 감색(監色)[26]들을 논죄하여 보고하고, 중앙 관청에 판결을 미루어 엄히 벌하여 귀양 보내고 절대로 용서하지 말 것.

---

25) 공형(公兄) : 삼공형(三公兄)의 준말로 조선시대에 각 고을의 호장, 이방, 수형리(首刑吏)를 이른다.

26) 감색(監色) : 감관(監官)과 색리(色吏)를 아울러 이르는 말로 감관은 관청이나 궁가(宮家)에서 돈, 곡식 따위의 출납을 맡아보던 관리고, 색리는 감영이나 군아에서 곡물을 출납하고 간수하는 일을 맡아보던 관리다.

1. 이 봉산이 정해진 후 승려들이 전례에 따라 바치던 것을 모두 없앨 수도 없고 또한 다른 봉산의 예를 끌어다 적용하여 승려들에게 폐를 끼칠 수도 없다. 규례에 따라 매년 4월에 대장지(大壯紙) 5속(束), 장지(壯紙)[27] 30속, 후백지(厚白紙)[28] 50속을 정교하게 제조하여 갖추어 바칠 것.

승역(僧役)에서 덜어내 주는 항목

1. 감영에 납부하는 인출전(印出錢), 지소(紙所)의 수전(水錢)[29] 및 부채를 만드는 부역 및 각수승(刻手僧)[30] 등은 모두 침탈하지 말 것.

1. 병영(兵營) 오방(五房)의 계전(禊錢)과 방풍전(防風錢) 및 지부(紙夫)와 차사(差使)가 규례대로 지급하는 등의 물역(物役)은 모두 침탈하지 말 것.

1. 진영(鎭營)의 장척(長尺)[31]을 헌납해 올릴 때 정전(情錢)[32]과 여러 아전들, 소목장(小木匠), 관청 창고지기, 장청(將廳)[33]의 군뢰(軍牢),[34]

---

27) 장지(壯紙) : 조선시대에 만든 종이로서 두껍고 질기며 질이 좋은 제품이다.
28) 후백지(厚白紙) : 두꺼운 백지를 말한다. 장지(壯紙) · 백지(白紙) · 후지(厚紙) 등은 조선시대 법전류, 일기류, 치부류(置簿類), 시문류 등에서 다양하게 확인할 수 있다.
29) 수전(水錢) : 지소(紙所)를 가동하는 물레방아에 드는 돈으로서 수침전(水砧錢)을 말한다.
30) 각수승(刻手僧) : 서적을 간행할 때 글과 그림을 새기는 승려를 가리킨다.
31) 장척(長尺) : 규격자로 40척 이상 짠 베나 무명을 이른다.
32) 정전(情錢) : 정식 거래가 외의 돈이나 뇌물을 말한다.
33) 장청(將廳) : 조선시대 감영이나 군영에 소속된 군관들이 모여서 일을 보던 장소다. 무청(武廳)이라고도 한다.
34) 군뢰(軍牢) : 조선시대 여러 군영과 관아에 소속되어 죄인을 다스리는 일을 맡았던

급창(及唱),[35] 문지기, 심부름꾼, 옥문지기[36] 등에게 의례대로 지급하는 것과 '송판(松板)'이라는 명목의 베를 바치는 것 등은 모두 침탈하지 말 것.

1. 본부(本府)의 작청(作廳),[37] 장청(將廳), 통인[38]청(通引廳)의 창고지기, 관노사령(官奴使令), 마목장(磨木匠), 옥문지기, 포진장(鋪陳匠), 송도감부사(松都監府司)의 창고지기, 군기고(軍器庫)의 창고지기, 공고(工庫)[39]의 사환(使喚), 향교(鄕校)의 창고지기, 면주인(面主人),[40] 도산직감고(都山直監考),[41] 면산직감고(面山直監考), 야산직감고(野山直監考), 도포수(都砲手), 약정(約正),[42] 낙수역(洛水驛)[43]의 마부(馬夫), 본면(本面)의 서원(書員), 연감(年監) 등에게 의례대로 지급하던 물건은 모두 침탈하지 말 것.

1. 계절마다 바치는 부채와 대바구니의 대전(代錢), 송색(松色)이라

군졸을 이른다.

35) 급창(及唱) : 고을 관아에서 부리던 사령의 하나로 섬돌 위에 서서 수령의 명을 받아서 큰 소리로 전달하는 일을 맡는다.

36) 쇄장(鎖匠) : 조선시대 감옥을 지키는 옥쇄장을 이른다.

37) 작청(作廳) : 아전이 집무하는 처소로서, 질청이라고도 부른다.

38) 통인(通引) : 수령의 심부름을 하는 존재로서 공천(公賤) 출신의 연소자들 중에서 뽑는다. 일명 지인(知引)이라고도 한다.

39) 공고(工庫) : 각 관에서 쓰는 가구를 넣어두던 창고를 이른다.

40) 면주인(面主人) : 공문서 문건을 가지고 고을과 면을 왕래하던 사람을 가리킨다.

41) 감고(監考) : 조선 시대에 국가에서 특수 용도로 관리하던 산림, 내, 못의 감독인을 이른다.

42) 약정(約正) : 조선시대의 향촌 자치규약인 향약 조직의 임원을 이른다. 약정은 주로 수령이 향약을 실시할 때 옆에서 돕는 역할을 하였으나 향약 실시의 실무면에서는 면내의 송사(訟事)를 재결하는 등 주도적으로 활동하였다.

43) 낙수역(洛水驛) : 지금의 승주군 낙수리이다.

는 명목으로 매월 말에 바치는 정전(情錢), 식송금화금(植松禁火禁)[44] 정전(情錢), 훈조목가(燻造木價)[45] 등은 모두 침탈하지 말 것.

1. 외공방(外工房)에서 청구하는 들기름과 노끈 등의 물건, 단오절의 부채를 진상할 때의 들기름과 노끈 등의 물건은 모두 침탈하지 말 것.

1. 관청에 상납하는 간장, 된장, 밀가루 등을 침탈하지 말 것.

1. 황장 봉산의 차관(差官), 영장(營將), 우후(虞候)[46] 등이 행차할 때 공고에서 사용할 백초로 만든 신,[47] 가는 노끈과 굵은 끈 등을 침탈하지 말 것.

1. 순사(巡使), 병사(兵使), 무신(武臣) 등이 행차할 때 주홍(朱紅),[48] 들기름, 밀가루 등의 물건을 침탈하지 말 것.

1. 공고(工庫)에서 사용하는 가는 끈, 굵은 끈, 들기름, 주홍, 삼록편(三碌片),[49] 숙마(熟麻)[50] 등의 물건을 침탈하지 말 것.

---

44) 식송금화금(植松禁火禁) : 소나무를 심은 뒤 화전과 벌채를 금지하는 것을 가리키는 듯하다.

45) 훈조목가(燻造木價) : 메주에 대한 무명값. 조선시대에 절에서는 메주를 훈조(燻造)라고 하였다. 목가(木價)는 현물 대신 바치는 무명값을 말한다.

46) 우후(虞候) : 조선시대 각 도에 두었던 병마절도사와 수군절도사 밑에 두었던 부직(副職)으로, 병마우후는 종3품, 수군우후는 정4품이었다.

47) 백초혜(白草鞋) : 가느다란 풀을 엮어서 만든 신을 이른다.

48) 주홍(朱紅) : 황과 수은으로 만든 붉은 빛의 안료를 이른다.

49) 삼록편(三碌片) : 삼록은 백록색(白綠色)의 안료를 이른다.

1. 각수승, 화공승(畵工僧), 일월구식승(日月救食僧),[51] 인출승(印出僧),[52] 목수승(木手僧), 공해도배승(公廨塗褙僧), 건물을 짓거나 기와를 구울 때의 음식을 바치는 승려, 기와를 올리는 장인, 기와는 굽는 장인 등의 명색은 모두 침탈하지 말 것.

1. '송판'을 비롯한 여러 명목의 옷감류를 [바치는 것과] 송치(松峙),[53] 대구치(大口峙), 운월치(雲月峙)[54] 등에서 가마를 준비하고 기다리는 일 등은 모두 혁파할 것.

1. 향교(鄕校)나 각 원(院)에서 제향(祭享)을 올릴 때 향반(香盤)[55] 승려들을 침탈하지 말 것.

1. 우일진(羽日陣)을 펼칠 때 큰 북통을 침탈하지 말 것.

1. 수영(水營)에서 지정한 와장(瓦匠)과 주인예급전(主人例給錢)은 침탈하지 말 것.

---

50) 숙마(熟麻) : 삶은 삼껍질을 이른다.

51) 일월구식승(日月救食僧) : 일식이나 월식이 있을 때 종교적 행사를 담당하던 승려를 이른다.

52) 인출승(印出僧) : 목판에 종이를 찍어내는 것을 인출이라 하고 이를 담당한 승려를 인출승이라 이른다.

53) 송치(松峙) : 우리말로 솔치라고 이른다. 『대동지도』에는 순천부 동문을 나와 북쪽으로 가다가 계족산으로 이어지는 고갯길로 표시되어 있다. 순천부 읍지 산천조에 따르면 송현(松峴)이 나오는데 부의 북쪽 머리에 있으며 샘물 맛이 매우 좋다라고 하는데 이를 가리키는 듯하다.

54) 운월치(雲月峙) : 『해동지도』에 의하면 순천과 동복현의 경계에 있는 험준한 고개이다.

55) 향반(香盤) : 제사 지낼 때 사용되는 향안・향로 등을 이른다.

사표(四標)

조계산 조계봉(曹溪峰)에서부터 동쪽으로 10리 떨어진 굴목치(掘木峙)[56] 아래 지경동(地境洞)에 봉표를 세워 선암양곡(船巖陽谷)에서부터 조계수(曹溪水)에 이르기까지 표시를 삼았다. 서쪽으로는 10리 떨어진 외문치(外蚊峙)에 봉표를 세웠다. 남쪽으로는 10리 떨어진 이읍촌(梨邑村)[57] 뒤 당현(唐峴)에 봉표를 세웠다. 북쪽으로는 10리 떨어진 오도치(悟道峙)[58]에 봉표를 세웠다.

1. 조계산의 주봉 아래에 조계천(曹溪泉)이 있는데 큰 계곡을 따라 조계수(曹溪水) 가에 이르면 지경동이 있다. 봉표 안에 인가 1호가 있으며, 그 아래에는 또 마미동(馬尾洞)이 있는데 인가 4호가 있다. 시냇가를 따라 산기슭이 끊어진 곳을 경계로 삼아 내려오다가 남쪽으로 사륜동(篩輪洞)에 이르러 3리쯤 되는 곳에 봉표를 세웠다. 봉표 안의 동쪽 가장자리의 양지쪽이 모두 사초(莎草)[59]로 뒤덮인 산인데, 사이사이에 소나무밭과 무덤이 있으며, 보호하여 길렀는데도 간간이 화전(火田)이 있다.

1. 사륜동에서 계곡물을 따라 경계로 삼고, 남쪽으로 내려와 3리쯤 되는 곳에 장안촌(長安村)[60] 앞의 구등평(九嶝坪)이 있는데 [그곳은]

---

56) 굴목치(掘木峙) : 조계산에 있는 고개로, 송광사에서 선암사로 가는 길이다.
57) 이읍촌(梨邑村) : 지금의 순천시 송광면 이읍리로, 조계산 동쪽 자락에 위치하고 있다.
58) 오도치(悟道峙) : 『대동지도』에 의하면 조계산에 있는 고개로, 송광사의 북쪽에 있다.
59) 사초(莎草) : 방동사니과에 속하는 다년초다. 그 괴근(塊根)을 향부자(香附子)라는 약재로 사용한다.

산이 둘러쳐져 있고 물이 구비치는 곳으로, [여기에] 봉표를 세웠다. 봉표 안의 산허리 곳곳에 밭이 있으며 간혹 무덤도 있다.

1. 구등평에서 서남쪽으로 곧장 향하면 굴목치고, 동쪽으로 이어진 산기슭은 장안촌(壯安村)인데, [그] 뒤쪽 고개 1리쯤 되는 곳에 봉표를 세웠다. 봉표 안에 간혹 화전과 원전(元田)61)이 있다.

1. 장안촌 뒤쪽 고개에서 남쪽으로는 천자암(天子庵)에 이르고 동쪽으로 내려가는 산기슭 위에 이읍촌이 있는데, [그] 뒤편 1리쯤 되는 곳인 선암현(仙巖峴)에 봉표를 세웠다.

1. 선암현 서쪽은 이읍촌 뒤쪽인데, 천자암 앞 골짜기를 지나고 천자암의 서쪽으로 내려가는 산기슭 1리쯤 되는 곳인 당현에 봉표를 세웠다.

1. 천자암 골짜기 동쪽 위의 절반 구역은 소나무가 울창하고 빽빽하며 잡목이 간혹 섞여 있다. 서쪽 윗부분의 평평한 곳은 잡목이 빽빽하게 자라 있고, 밤나무가 절반쯤 차지하고 있다. 동쪽 아래 절반 구역에는 모두 풀이 무성한 언덕인데 간혹 소나무밭과 무덤이 있다. 서쪽 아래 절반 구역에도 간혹 소나무밭과 무덤이 있으며, 골짜기에는 전답이 있다.

---

60) 장안촌(長安村) :『사고』에는 '長安'으로 되어 있으나 '壯安'이 옳다.
61) 원전(元田) : 토지대장인 양안(量案)을 고칠 때 원장(元帳)에 적힌 전답을 말한다.

1. 당현 서쪽으로 산허리를 넘으면 언덕과 계곡이 있고, 골짜기 가운데 밭에서 1리쯤 지난 지점인 사양현(斜陽峴)에 봉표를 세웠다. 봉표 안에 간혹 어린 소나무밭과 무덤이 있는데, 밤나무를 보호하여 기르도록 했다.

1. 사양현에서 서쪽으로 언덕을 따라 내려오다가 서북쪽으로 돌아오면 1리쯤 되는 곳인 송정자(宋亭子)에 봉표를 세웠다. 봉표 안에 소나무 밭이 많고 간혹 무덤이 있다. 송정자로부터 동북쪽 사이의 대곡리(大谷里)에는 산척촌(山尺村)[62]이 있는데 인가는 35호다.

1. 사양현 봉표 밖 동쪽에 있는 하나의 산기슭은 이읍촌 앞으로 따라 내려가는데, 천자암의 골짜기 하류에서 경계가 끝난다. 서쪽에 있는 하나의 산기슭은 낙수강(洛水江) 상류를 따라서 경계가 끝난다.

1. 송정자 앞 동네 어귀에는 조계(曹溪)가 흘러 내려가다가 한 구비를 돌아 마을을 감싸안고 있다.

1. 송정자의 서쪽으로는 산척촌 앞을 따라 시내가 아래로 흐르는데, 산허리를 감싸안고 있고 북쪽으로 시냇가를 따라 경계가 되는데, 2리쯤 되는 곳인 개룡교(介龍橋)에 봉표를 세웠다. 봉표 안에 무덤과 인가 4호가 있다.

---

62) 산척촌(山尺村) : 산척(山尺)을 생업으로 하는 촌락을 가리킨다. 산척은 사냥이나 약초를 캐는 사람을 가리킨다.

1. 개룡교 북쪽으로 산허리를 지나 큰 길과 잇닿아 있는 곳을 경계로 하여, 3리쯤 가서 외문치에 봉표를 세웠다. 봉표 안에 인가 4호가 있고, 산골짜기가 얽힌 사이에 전답이 있다.

1. 외문치에서 큰 길을 따라 북쪽으로 가서 산허리로 이어진 곳으로 5리쯤 되는 곳인 평촌(坪村)에 봉표를 세웠다. 봉표의 동쪽을 봉표의 안으로 삼고, 봉표의 서쪽을 봉표의 바깥으로 삼았다. 봉표 안의 인가는 6호고, 평지촌(平地村)의 동북쪽 골짜기 안에 경대촌(京垈村)이 있는데 인가가 11호다. 동네 앞 어귀에 밭이 있고 논이 있으며, 그 사이에 시냇물이 있어 송광사 앞을 따라 흘러간다.

1. 평촌은 북쪽으로 큰 길을 따라 경계로 삼고, 송광사 시냇물의 하류를 건너 1리쯤 되는 비석거리(碑石巨里)에 봉표를 세웠다.

1. 비석거리 큰 길에서 북쪽으로 원곡현(院谷峴)을 지나 산허리에 있는 소나무밭을 가로질러서, 동북쪽으로 방향을 틀어 2리쯤 되는 곳인 낙수역의 안산(案山)에 봉표를 세웠다. 봉표 안의 인가는 2호고, 나머지 산기슭의 소나무 고개 사이에 무덤이 있다. 봉표 바깥의 산자락이 끝난 곳의 서쪽가에 낙수강과 조계수의 여러 골짜기의 물이 합쳐 돌아 흐른다.

1. 낙수역의 안산은 강의 하류와 붙어 있는데, 큰 길로써 경계로 하고 있다. 동북쪽을 향해서 진촌(津村)을 지나 뒤쪽 고개[63]에 봉표를

63) 진촌(津村) 다음의 후촌(後村)은 필사 과정에서 잘못 덧붙여 쓴 듯하다.

세웠다. 봉표 안의 사이에는 소나무밭이 있고, 바깥은 모두 풀이 무성한 고개인데 사이에 밤나무와 무덤이 있다.

1. 진촌 뒤의 고개는 마을 뒤쪽과 떨어져서 경계가 되고, 북쪽으로 올라가면 마을이 끝나는데, [그곳에서] 다시 큰 길로 경계를 삼았다. 망수봉(望水峯)에 올라 북쪽 산기슭의 풀이 무성한 곳에서 시냇가 밭두렁 사이를 따라 동북쪽으로 조계산 시루봉(甑峰)을 향해 오도곡(悟道谷)으로 들어가면 골짜기에 어린 소나무가 울창하고 빽빽하며 북쪽으로 10리쯤 올라가서 오도치에 봉표를 세웠다.

1. 오도치 동쪽에 있는 시루봉 뒤 북쪽은 구동(臼洞)과 가동(駕洞)인데, [마을] 뒤쪽을 등지고 올라가 10리쯤 이르면 조계산 주봉으로, 아래에 있는 조계수 가의 지경동과 서로 마주하고 있다. 봉표 안의 모든 소나무와 잡목이 무성하다.

밤나무가 있는 곳

모개방동(毛開方洞), 실상동(實相洞), 홍동(洪洞), 굴등동(窟嶝洞), 동암동(東庵洞), 병항동(瓶項洞), 굴목동(掘木洞), 피액동(避厄洞), 위천자암동(圍天子庵洞), 흑동(黑洞), 진천자암동(眞天子庵洞), 인구동(人求洞), 고전동(苽田洞), 서운동(捿雲洞), 조계암동(曹溪庵洞), 서양동(西陽洞), 보조남암동(普照南庵洞), 청래동(靑萊洞), 법당후동(法堂後洞), 사대동(寺垈洞)

경인년 3월 일

제조(提調)

제2항 연곡사의 예에 따른 절목을 베껴 첨부한다

위 항 절목 안에 “율목경차관이 내려가서 벌목할 때 각 항의 사역 등의 일은 한결같이 연곡사의 예에 따라서 반드시 감영에서 분정(分定)하여 거행할 것”이라는 [내용에 따라] 연곡사의 예와 같이 베껴 첨부한다.

1. 경차관이 송광사에 머무를 때 대접하는 모든 일은 한 읍에서 전적으로 책임지고 감당하기 어려우니, 부근의 각 읍에 분정하여 돌아가면서 담당하게 할 것.

1. 경차관이 송광사에 머무를 때 땔감, 말꼴, 그릇 류, 시중드는 하인은 지방관이 담당할 것.

1. 밤나무를 벨 때 역부(役夫)의 부지런한 정도와 기타 맡은 바 모든 일은 지방관이 반드시 친히 검사하여 살펴서 소홀히 하여 일을 그르치는 폐단이 없도록 할 것.

1. 밤나무를 포장할 때의 여러 물건은 이전부터 밤나무를 나누어 담당하는 42읍의 일인데, 진상할 때를 맞이하여, 먼 읍에서는 운반하는 데 폐단이 적지 않다. 그러므로 그 값을 미리 각 읍에 나누어 정하여 순천읍으로 수송하게 함으로써, 본 읍에서 진상하는 일에

대비할 것.

1. 밤나무 벌채는 3년마다 하였는데, 이 해 9월에 순천읍에서 포장할 때의 여러 물건을 미리 준비하는 뜻을 영문(營門)에 보고하니 영문에서 각 읍에 그 값을 분정하여 수송할 것.

1. 밤나무를 삶는 소금은 광양, 순천에 있는 호조(戶曹)에 바칠 소금 중에서 지급한 후 회감(會減)[64]할 것.

1. 밤나무를 포장한 후 도회감관(都會監官)[65]이 도착하기를 기다려 바친다. 순천에서 낙안의 배가 닿는 포구까지는 지방관이 쇄마(刷馬)[66]로 운반한 후 짐삯은 대동미(大同米)로 실제 가격대로 회감할 것.

1. 밤나무 도회관(都會官)은 임시로 영문(營門)에서 정하여 보낼 것.

제3항 감사(監事)의 관문(關文)[67]

전라감사(全羅監事)가 고찰한 일. 율목봉산에서 벌채할 때 귀인의 행차가 장차 오랫동안 순천에 머물게 되어 대접하는 모든 일을 전적으

64) 회감(會減) : 받을 것과 줄 것을 상쇄하여 회계 처리하는 것이다.
65) 도회감관(都會監官) : 계산하는 일을 맡아보는 벼슬아치이다.
66) 쇄마(刷馬) : 각 지방에 배치하던 관용(官用)의 말을 가리킨다.
67) 관문(關文) : 상관이 하관에게 또는 상급관청이 하급관청에게 보내는 공문서 또는 허가서를 가리킨다.

로 한 읍에 책임지게 한다면 반드시 감당하기 어려운 탓으로, 낙안, 흥양(興陽), 보성, 동복, 순천 등 5읍에 나누어 정하여 일을 마치기까지 돌아가면서 맡도록 할 것이다. 일을 마치는 것의 늦고 빠름은 미리 예측할 수 없어 부득이 날짜를 나누어 배당하였다. 이러한즉 귀인의 행차 기간을 헤아려 대접하는 것을 나누어 맡기니, 각 읍은 골고루 나누어 맡을 것. －율목경차관에게 알렸다－

제4항 경차관의 첩문(牒文)[68]

율목경차관이 고찰한 일. 감영에서 이관한 문서에 "율목봉산에서 벌채할 때 귀인의 행차가 장차 순천에 오랫동안 머물러서 대접하는 모든 일을 전적으로 한 읍에 책임지게 한다면 반드시 감당하기 어렵기에 5읍에 나누어 정하여 일을 마칠 때까지 돌아가면서 담당할 것."이라고 관문을 이관하였기에, 이번에 밤나무를 벨 때 일을 마치는 것의 늦고 빠름을 미리 예측할 수 없으니, 우선 각 읍에서 대접하는 것은 3일로 정하여 뒷면에 기록한다. 모두 해당 날짜를 알고서 각기 그날이 되면 차례대로 순천 송광사에 와서 기다려 거행할 것.

문서의 뒷면

낙안은 모일(某日)부터 모일(某日) 모시(某時)까지다.

흥양, 동복, 보성, 순천 또한 낙안과 같다.

---

68) 첩문(牒文) : 관청의 공문서로, 상관에게서 받은 공문을 다음 기관에 다시 알리거나 상관에게 보내는 공문 등을 뜻한다.

1. 목수 1명은 범철관이 산과 계곡을 돌아다니며 매번 나침반을 놓고 방위를 정할 때마다 밤나무의 나무결이 바른지를 살핀 뒤에 벤다.

1. 목수 1명은 군인 30명을 이끌고 날마다 밤나무를 벤 곳에 가서 마름질할 나무들을 다듬는 곳으로 운반하는데, 석벽 사이를 왕래하므로 군인들이 비록 많지만 운반하는 데 매우 힘드니, 이는 큰 사역이다.
—이 30명은 선암사(仙巖寺)에서 보냈다—

1. 목수 6명은 보조일꾼 6명을 거느리고 매일 나무를 다듬는다.
—보조일꾼 6명은 봉표 안에 거주하는 백성이다—

1. 범철관의 가마꾼 20명은 봉표 안에 거주하는 백성이 담당할 것.

1. 목수와 나무를 다듬는 일꾼의 급료는 지방관이 실제로 지급한 후에 대동미로 회감할 것.

1. 교생(校生) 2명, 장교 4명, 목수는 지방관이 선정하여 보낼 것.

1. 도배군(塗褙軍) 5명, 결척군(結裹軍) 10명 등은 다른 절의 승려들이 담당하게 할 것.

1. 나무를 다듬는 일꾼 8인은 본관에서 신역을 면제할 것.

1. 보조일꾼 6명, 나무를 찌고 삶는 일꾼 8명 및 급주군(急走軍)[69] 등은 봉표 안의 백성이 담당할 것.

1. 밤나무 1그루를 삶는 데 드는 소금 3되씩 하여 전체 6석[70]을 순천과 광양에서 수납할 것.

1. 밤나무 1그루를 도배하는데 백지 4장씩 모두 60속(束), 두꺼운 종이 3장씩 모두 45속, 기름먹인 포장지 2장씩 모두 30속, 짚으로 엮은 자리 1립(立)[71]씩 모두 300립－길이는 3척, 넓이는 2척 5촌－, 가는 끈 4파(把)씩 모두 1,200파, 중간 끈 5파씩 합 1,500파를 나누어 배정하여 수납할 것.

1. 밤나무를 도배할 때 쓰는 밀가루 1말 5되는 지방관이 준비할 것.

포장할 때의 여러 물건을 나누어 배정한 각 읍

남원 : 백지(白紙) 15속, 짚으로 엮은 자리 90립, 두꺼운 종이 15속, 가는 끈 300파, 기름종이 9속, 중간 끈 500파

순천 : 백지 15속, 짚으로 엮은 자리 90립, 두꺼운 종이 15속, 가는 끈 300파

광양 : 백지 10속, 짚으로 엮은 자리 45립, 두꺼운 종이 5속, 가는

69) 급주군(急走軍) : 본래 조선시대 역(驛)에 소속되어 긴급한 전령이나 전신을 보행으로 전달하던 역졸이다. 여기서는 연락하는 심부름꾼을 가리킨다.

70) 『사고』에는 '合六名'으로 되어 있으나 '合六石'으로 보는 것이 문맥상 맞다.

71) 립(立) : 자리 · 갓 · 널빤지 · 벽돌 · 미역 따위를 세는 단위다.

끈 200파, 기름종이 4속, 중간 끈 200파

구례 : 백지 10속, 짚으로 엮은 자리 40립, 두꺼운 종이 5속, 가는 끈 200파, 기름종이 4속, 중간 끈 100파

곡성 : 백지 10속, 짚으로 엮은 자리 45립, 두꺼운 종이 5속, 가는 끈 200, 기름종이 4속, 중간 끈 200파

1. 각 읍에서 납부하는 포장할 때의 여러 물건은 서울로 보낼 때 각 읍에서 물품명세서[72]를 마련하여 송광사에 와서 납부하여 봉행할 것.

수행하는 부역 인원과 마필(馬匹), 보종(步從)[73]하는 인원수

1. 서리(書吏) 1인, 영리(營吏) 1인, 마두(馬頭)[74] 1인은 각각 기마(騎馬) 1필이다. 경목수(京木手) 1명, 하인 1명, 역리(驛吏)와 병방(兵房) 각 1명, 노자(奴子) 1명, 대마(大馬) 1필, 농마(籠馬)[75] 1필, 문서를 싣고 가는 말 1필, 비를 막는 도구를 싣는 말 1필, 짐을 싣는 말 1필-모두 마종(馬從)[76]이 있다-, 좌견보종(左牽步從) 1명, 마전보종(馬前步從) 2명, 일산서자(日傘書者) 1명, 후배서자(後陪書者) 1명, 보종(步從) 3명, 농문서직(籠文書直) 1명.

---

72) 진성(陳省) : 지방에서 상부 관사에 보내는 물품 명세서를 말한다.

73) 보종(步從) : 왕명을 받은 관리가 올 때 노문(路文)을 받은 역(驛)에서 그를 따라다니도록 파견하는 역졸을 말한다.

74) 마두(馬頭) : 역마(驛馬)에 관한 일을 맡아보는 사람으로 사행(使行)의 수행원이다.

75) 농마(籠馬) : 먼 길을 갈 때 농짝을 싣는 말을 가리킨다.

76) 마종(馬從) : 말고삐를 잡고 따라가는 하인으로, 견마배(牽馬陪)라고도 한다.

1. 범철관 : 대마 1필, 농마 1필, 노자 1명, 서자(書者) 1명, 일산서자 1명, 좌견(左牽) 1명, 마전보종 2명, 후배보종(後陪步從) 2명. －인(印)－

1. 나라에서 쓰는 40그루는 나무옹이를 제거하고 백변(白邊)[77]을 방(方) 6촌(寸)으로 다듬으며, 위판목(位板木)[78] 20그루는 나무옹이를 제거하고 백변을 방 8촌으로 다듬어서 좋은 것을 골라 보낼 것.

참고 : 봉산을 알선한 이는 혜준(慧俊)대사이다.

제2절 향탄봉산(香炭封山)[79]

제1항 재가한 사항을 받들어 작성한 절목

전라남도 순천군 조계산 송광사는 삼한(三韓)의 고찰이며 국가의 원당(願堂)[80]이다. 또한 팔만대장경을 봉안한 곳으로서, 그 중요성은 다른 절과는 아주 다르다. 근래에 인심이 선량하지 못하더니 모든 서민이 준동하여 두려워하거나 거리낌이 없이 법을 어겨 장사지내거나 나무를 베어내는데도 금지할 수가 없어 민둥산이 될[81] 지경에

---

77) 백변(白邊) : 나무에서 흰색의 무른 바깥 부분을 가리키는 말이다.

78) 위판목(位板木) : 제례를 올릴 때 위패(位牌)에 사용하는 나무다.

79) 향탄봉산(香炭封山) : 제향(祭享)에 쓰는 신탄 재료를 공급하기 위한 특수용도의 산림이다. 향탄위산(香炭位山)으로도 불린다. 각 능(陵) · 원(園) · 묘(墓)에는 향탄위산이라는 것을 주었다. 즉, 향탄산의 소재지는 사원의 영역 안과 국유산(國有山)이었으며, 예원(禮院)에서 향탄산을 취급하였다.

80) 원당(願堂) : 원찰은 자신의 소원을 빌거나 죽은 사람의 명복을 빌기 위하여 특별히 건립한 사찰로서, 진영(眞影)을 모신 건물을 중심으로 할 때에는 원당이라고 했다.

81) 『사고』에는 동탁(童濁)으로 적혀 있으나 동탁(童濯)의 오기로 보인다.

이르렀다. 절의 형편을 생각하니 지극히 놀랍고 한탄스러우니 지금 이후로는 위의 본사(本寺)를 홍릉(洪陵)[82]에 부속시켜 향탄봉산으로 삼는다.

사패지(賜牌地)는 동쪽으로 접치(接峙), 서쪽으로는 평촌(平村)에 이르고, 남쪽으로는 장안(壯安), 북쪽으로는 가치(加峙)에 이르는데, 봉표를 세워 경계를 정한다.

재가한 절목은 삼가 좇아 시행하라. 정중하게 황제의 칙교(勅教)를 받들어 절목을 만들어 이와 같이 내려보낸다. 법규로 정해진 후에 무뢰배들이 이전의 습관을 반복하여 만일 함부로 묘자리를 쓰거나 나무를 베거나 재물을 속여서 빼앗거나 침해하는 단서가 있다면, 관에서 발각되는 대로 조사하고 잡아들여 나쁜 습관을 엄히 징계하여서 뒷날에 생길 폐단을 막아서 영구히 준행할 것.

1. 관청에 바치는 밀가루, 들기름, 능이 버섯 등의 잡역은 영원히 없앨 것.

1. 공고(工庫)에 바치는 밀가루, 들기름, 굵은 끈과 가는 끈, 본방전(本防錢) 등의 잡역은 영원히 없앨 것.

1. 수리청(修理廳)에 바치는 여러 가지 잡역은 영원히 없앨 것.

1. 군기청(軍器廳)에 바치는 갖가지 잡역은 영원히 없앨 것.

---

82) 홍릉(洪陵) : 경기도 남양주시 금곡동에 위치한 고종과 명성황후 민씨의 능이다. 1895년 시해 당한 명성황후를 한성부 동부 인창방 청량리(현 숭인원)에 초장하였다가 1919년 고종 사후 합장하였다.

1. 포진청(舖陳廳)[83]에 바치는 들기름, 가는 노끈 등의 잡역은 영원히 없앨 것.

1. 지소(紙所)를 수리하는 본전(本錢)은 즉시 해당 담당자에게 내어 지급할 것.

1. 각 청에 바치는 계방전(契防錢)[84]과 전례에 따라서 바치는 것 등의 잡역은 영원히 없앨 것.

1. 사주인(寺主人)에게 전례에 따라 지급하는 것 등은 영구히 시행하지 말 것.

1. 내공방(內工房)[85]에 납부하는 화공미(畵工米)[86]는 영구히 없앨 것.

1. 통인청(通引廳)의 식본전(植本錢)은 영구히 출납(出納)하여 침해하지 할 것.

---

83) 포진청(舖陳廳) : 국가의 공식 행사에 필요한 돗자리, 방석 등을 보관하거나 이것을 까는 등의 일을 맡은 관청이다.

84) 계방전(契房錢) : 조선 후기 각 지역 백성들이 하급관리들과 결탁하여 돈을 내고 군역·잡역 등을 경감받거나 불법행위를 묵인받던 일종의 이권활동을 계방이라 한다. 이러한 일은 지방사회에서부터 시작되었는데, 하나의 면이 단위가 되어 특정 향리와 결탁, 계방전을 거두어주고 군포의 할당액수를 줄여받거나 잡역을 면제받았다.

85) 내공방(內工房) : 조선시대 과거(科擧)에서 시장(試場)을 관리하고, 시관(試官)의 공궤(供饋)를 담당한 부서를 이른다.

86) 화공미(畵工米) : 그림 그리는 것을 업(業)으로 삼는 사람을 화공이라 하고, 그 대가로 지불하는 쌀을 이른다.

1. 절 소유의 불량답(佛糧畓)[87]을 [경작하는 사람이] 절에 곡식을 납부하기를 거부하는 폐단은 관에서 일체 엄금할 것.

1. 절에서 잡다하게 쓰는 자리와 술, 신발 3종류를 강요하는 등의 폐단은 영구히 없앨 것.

1. 절의 봉산 구역 안에 몰래 묘 자리를 쓰는 폐단이 있다면 관에서 일체 엄금할 것.

1. 봉산 경계 안의 풀 한 포기와 나무 한 그루라도 만일 함부로 베어내는 단서가 있으면 특별히 금단할 것.

1. 이 절목 안의 여러 가지 사무는 삼가 좇아 시행하되, 만일 옛날의 규례를 그대로 반복하여 실어 나르고 바치는 단서가 있다면 해당 총섭이 알리는 대로 특별히 엄하게 징계할 것.

1. 향탄봉산을 수호하는 이는 팔만장경각 도총섭(都摠攝), 산도감(山都監)인데, 지금부터는 본릉(本陵)에서 선택하여 정할 것.

1. 향탄봉산을 보호하여 기르는 뜻으로 총섭 각패(角牌)[88] 1개, 산도감(山都監) 금패(禁牌)[89] 1개, 산직(山直) 금패 2개를 본사(本寺)에 내려보내니, 간수하여 잃어버리지 말고 각기 삼가서 거행할 것.

87) 불량답(佛糧畓) : 사찰에 각종의 물질과 재원을 조달하는 전답을 말한다.
88) 각패(角牌) : 신분을 증명하는 호패이다.
89) 금패(禁牌) : 범법사항을 단속하는 증패이다.

1. 미진한 조건은 추후에 마련할 것.

광무(光武) 4년(1900) 6월 일
칙명을 받듦

홍릉(洪陵) 상선(尙膳)[90] 신(臣) 김규석(金圭錫)
경효전(景孝殿)[91] 상선 신(臣) 강석호(姜錫鎬)
궁내부(宮內府)[92] 서리대신(署理大臣) 신(臣) 윤정구(尹定求)
내부대신(內部大臣)[93] 신(臣) 이건하(李乾夏)[94]
장례원[95] 경(掌禮院卿) 신(臣) 서상조(徐相祖)[96]

---

90) 상선(尙膳) : 조선시대 내시부(內侍府)의 종2품 관직으로 임금의 수라에 관한 일을 맡았다.

91) 경효전(景孝殿) : 명성황후의 빈전과 혼전(魂殿)으로 사용된 장소이다.

92) 궁내부(宮內府) : 조선 말기 궁궐 내의 각사(各司)와 여러 궁가(宮家)를 관장하고 통솔하기 위해 설치한 관아다. 고종 31년(1894)에 설치하여 광무 11년(1907)까지 존속했다. 승선원(承宣院), 경연청(經筵廳), 규장각, 통례원(通禮院), 장악원(掌樂院), 내수사, 사옹원(司饔院), 상의원(尙衣院), 내의원(內醫院), 태복시(太僕寺), 전각사(殿閣司), 회계사(會計司), 명부사(命婦司) 등이 소속되었다.

93) 내부대신(內部大臣) : 갑오개혁으로 조선 초기부터 사무분장기구였던 6조가 내무·외무·탁지·군무·법무·학무·공무·농상 8아문으로 개편되었다. 1895년 내무를 내부로 개칭하였고, 내부대신은 칙임관으로 지방행정·경찰·감옥·토목·위생·호적·구휼 등에 관한 사무를 총괄지휘하고 지방관 및 경무사를 겸임했다.

94) 이건하(李乾夏, 1835~?) : 자는 대시(大始)이며, 고종 1년(1864) 증광문과에 병과로 급제하여 부교리가 되었다. 내부대신·학부대신 등을 역임하였으며, 박기양(朴箕陽)·이상설(李相卨) 등과 함께 규탄선언서를 발표해 일제의 황무지개척권 확보를 저지하였다. 1905년 홍문관학사를 거쳐 충청남도관찰사를 지냈다. 1906년 궁내부특진관·규장각학사 겸 시강원일강관(侍講院日講官)을 지냈다. 일본정부로부터 남작의 작위를 받았다.

95) 장례원(掌禮院) : 조선 말기와 대한제국 시대에 궁내부에 딸린 관아의 하나다. 궁중의 전식(典式), 제사(祭祀), 조의(朝儀), 아악(雅樂)과 속악(俗樂), 능원(陵園) 등에 관련된 업무를 관장하였다.

홍릉령(洪陵令) 신(臣) 이승옥(李承玉)

제2항 궁내부(宮內府)의 절목

위의 절목을 작성하여 발급하는 일. 전라남도 순천군 조계산 송광사는 곧 신라시대의 고찰이며 국가의 원당으로서, 그 소중함이 다른 절과는 아주 다르다. 그러나 근래에 인심이 선량하지 못하여 온갖 폐해가 함께 일어나 절의 모습을 보존하기 어렵다. 지금부터 홍릉의 향탄봉산으로 부속시켜 진상하는 자산으로 삼는 일로써 황제의 칙교를 받들 것이다.

사패지의 경계는 관리를 보내 획정하였으니, 동쪽으로는 접치, 남쪽으로는 장안, 서쪽으로는 평촌, 북쪽으로는 가치(加峙)에 이르렀다. 경계 안에서 만일 몰래 묘지를 쓰거나 함부로 나무를 베는 폐단이 있다면 관에서 모두 엄격히 금지하되, 이른바 잡역은 다음의 기록에 의거하여 영구히 혁파하고 침해하지 말라는 뜻으로 이와 같이 절목을 만들어 내려보내니 이 신칙(申飭)[97]을 받들어 영구히 준행함이 마땅하다.

광무(光武) 4년 6월 일

궁내부(宮內府) 인(印)

---

96) 서상조(徐相祖, 1830~1905) : 자는 경념(景念)으로 철종 3년(1852) 진사시에 합격하고, 고종 19년(1882) 증광별시문과에 병과로 급제하여 봉상시정(奉常寺正)을 거쳐 규장각직각(奎章閣直閣)을 지내고, 1885년 이조참의에 이르렀다. 1901년 궁내부특진관 칙임관3등에 재임중 부사로서 정사 완평군(完平君) 이승응(李昇應)과 같이 청나라에 다녀왔다. 1903년 판돈녕원사(判敦寧院事) 칙임관2등으로 승급하였다.

97) 신칙(申飭) : 단단히 타일러서 경계하는 명령을 가리킨다.

참고 : 아래에 기록한 절목은 제1항의 절목과 같기 때문에 생략한다. 또 궁내부 외에 내부(內部)의 산하인 장례원(掌禮院)에 소속된 홍릉의 절목도 있는데 궁내부의 절목이 동일하기 때문에 번거로움을 피하여 베끼지 않는다. 또 관찰부(觀察府)[98]의 절목도 있는데 역시 동일하기 때문에 베끼지 않는다.

이 봉산을 교섭할 때의 경성위원(京城委員)은 율암당(栗庵堂)[99]과 취암당(翠庵堂)이었고, 당시 총섭은 금명당(錦溟堂)[100]이었다.

---

98) 관찰부(觀察府) : 고종 32년(1895) 갑오개혁으로 8 도(道) 지방제도를 폐지하고 23 부(府) 337 군(郡)으로 개편하였다. 부에는 관찰사(觀察使)를, 군에도 군수(郡守)를 두었다.

99) 율암당(慄庵堂) : 찬의(1867~1929)는 호가 율암, 자는 남계(藍溪)이다. 성은 김씨이고 여수군 율촌면에서 태어났다. 1882년 선암산 월주(月宙)대사에게 출가하여, 1892년 원해(圓海)대사의 법을 잇고, 1926년에는 보조국사탑을 보수하였다.

100) 금명당(錦溟堂) : 보정(1861~1930)은 호가 금명, 자가 다송(茶松), 성은 김씨이고 곡성군 출신이다. 그는 고종 12년(1875) 15세 때에 송광사의 금련(錦蓮)에게 출가하고, 2년 후에 경파(景坡)에게 구족계를 받았다. 이후 10년 동안 경파를 비롯하여 경붕(景鵬), 구련(九蓮), 혼해(混海), 원화(圓華), 원해(圓海), 범해(梵海), 함명(函溟) 등 당시 호남지역의 교학, 특히 화엄학을 대표하는 강사들에게 배웠다. 고종 27년(1890)에 전강(傳講)하여 처음 화엄사에서 강사의 길을 시작하였고, 이후 송광사를 대표하는 강사로 활동하였다. 그가 저술하거나 편찬한 문헌은 『불조록찬송(佛祖錄贊頌)』 1권, 『정토찬백영(淨土讚百詠)』 1권, 『보살강생시천주호법록(菩薩降生時天主護法錄)』 1권, 『질의록(質疑錄)』 1권, 『조계고승전(曹溪高僧傳)』 1권, 『염불요문과해(念佛要門科解)』 1권, 『저역총보(著譯叢譜)』 4권, 『백열록(栢悅錄)』 1권, 『대동영선(大東詠選)』 1권, 『다송시고(茶松詩稿)』, 『다송문고(茶松文稿)』 2권 등이 남아 있다.

제3장 벌채

제1절 주재(主材)[1]의 벌목

제1항 제1차 벌목

제1목 예조(禮曹)의 관문

예조에서 고찰한 일을 아뢴 데 대하여 왕명을 받았다. 봉상시(奉常寺)에서 [예조에] 보고한 문서의 내용 중에 "신유년(辛酉年)에 국용(國用) 및 공신(功臣), 재신(宰臣), 향교(鄕校)의 위판(位版)에 쓰는 밤나무의 경차관으로 본시(本寺) 주부(主簿) 류(柳)를 전라도에 파견합니다. 나라에서 신주로 쓰는 밤나무는 경상도에서는 매 3년마다 벌목하고, 전라도와 충청도에서는 3년을 걸러 벌목하여 각 읍에 많은 폐를 끼쳤습니다. 이런 까닭으로 지난번에 전라감사가 장계(狀啓)를 올려 청하기를 '본도(本道) 순천 송광사 한 골짜기의 밤나무가 매우 무성하고 또 그 지세가 아주 깊숙하여 나무의 품질이 깨끗하니 실로 국용의 재목에 합당합니다.' 하므로, 경계를 정하고 봉표를 세워 전라도에 [할당된] 300주를 모두 베어내는 땅으로 삼아서 각 읍에서 나누어 베어내는 폐단을 덜게 하였습니다.

---

1) 주재(主材) : 신주(神主)를 만드는 데 쓰는 재목(材木)을 이른다.

법이 엄중하거늘 근래 여러 읍의 수령들이 이 일의 존엄함을 알지 못하고 점차 그릇된 규정을 답습하여 매번 힘쓰지 않는 폐해가 많으니, 일의 한심함은 이보다 더 심할 수 없어 할수없이 신칙(申飭)을 더합니다.

밤나무를 베어낸 후 별도로 차원(差員)[2]을 정하여 운반하여 바치는 것 또한 사소한 폐단이 없을 수 없습니다. 이번에는 근래의 사례에 의거하여 차원의 폐해를 특별히 없애 각 향소(鄕所)의 공형(公兄)들이 각각 마음을 다해 거행하며, 밤나무의 원래 규정된 수는 경상도는 400주, 전라도는 300주로 전과 같이 나누어 배정합니다. 경차관이 내려가 벌목할 때의 사목(事目)은 뒷면에 기록하여 통보하니, 두 도의 감사(監司)는 미리 알아서 시행하시기를 바랍니다."라고 하였다.

지난번 율목경차관의 재거사목(賫去事目)[3]의 예에 따라 거행하되, 지방 향교의 위판을 개조할 때 혹시 폭이 부족한 폐단이 있더라도 원래의 수량 가운데 20주는 심통(心通)과 백변(白邊)을 제거하여 방 8촌으로 다듬고, 국용 40주는 심통과 백변을 제거하여 6촌으로 다듬고, 가려서 포장하는 일은 이전에 이미 임금께서 명령을 내렸다. [이러한 문서의] 뜻을 살펴 시행하되, 마땅히 이전의 일과 부합되게 할 것.

관문을 보내니, 모름지기 관문이 도착하는 대로 서로 대조해서 징험하여 시행하기를 요청함.

위의 관문

전라도 경차관 [앞]

---

2) 차원(差員) : 어떤 중요한 임무를 맡겨 다른 곳에 임시로 파견하던 벼슬아치를 가리킨다. 차사(差使) 또는 차사원(差使員)이라고도 쓴다.

3) 재거사목(賫去事目) : 구체적인 세부 규정을 이른다.

함풍(咸豐) 11년(1861) 8월 일

뒷면

1. 밤나무의 원래 수량 가운데 국용 40주는 심통과 백변을 제거하여 방 6촌으로 다듬고, 위판목(位版木) 20주는 심통과 백변을 제거하고 방 8촌으로 다듬어 가려서 포장할 것.

1. 밤나무를 벌목할 때 나뭇결이 바르고 곧으며 세밀한 것을 잘 골라 벌목하여 [남쪽에서 올린다는 뜻의] '상남(上南)'이라 쓰고, 소금물에 삶고 장지(壯紙), 두꺼운 종이, 기름종이를 바르고 초석(草席)으로 묶어 싸서 올려보낼 것.

1. 벌목한 밤나무는 도회관(都會官)을 정하여 올려보낼 것.

1. 범철상지관(泛鐵相地官) 한 사람을 내려보낼 것.

1. 수행하는 서리(書吏) 1인, 경목수(京木手), 문서를 실은 말, 급마(給馬)[4]는 데리고 갈 것.

1. 봉산 사찰의 소중함은 보통의 사찰에 견줄 바가 아니다. 그러므로 본사의 승도들은 각 읍에서 침탈하지 말도록 본래 법으로 금지하는 규정이 있거니와, 경차관이 머물러 있을 때 물품을 제공함에 각 읍의

4) 급마(給馬) : 조선시대에 공무로 외방에 나가는 벼슬아치에게 각 지방의 역원에서 말을 지급하던 일을 말한다. 마패에 규정된 대로 마필과 침식을 제공하였는데 최고 일곱 필까지 지급하였다.

하인들이 혹시 조금이라도 침해하여 폐해를 끼치는 단서가 있다면 마땅히 특별히 엄하게 처리하고 또 영문(營門)에서 따로 엄하게 명령하여 못하도록 금지할 것.

1. 영리(營吏)와 마두(馬頭)는 경계에서 기다릴 것.

1. 인신(印信) 1개를 가지고 갈 것.

제2목 관찰사가 보낸 관문

전라도 관찰사 겸 순찰사가 고찰한 일. 율목봉산에서 벌목할 때 귀인의 행차가 순천 송광사에 오래 머물러서 물품제공 등의 일은 전적으로 한 읍에만 책임지게 할 수 없다. 그러므로 뒷면에 기록하는 5개 읍에게 일을 마칠 때까지 돌아가면서 나누어 담당할 뜻을 이미 감칙(甘飭)[5]하였거니와 그 기간을 예측할 수 없으므로 날짜를 배당할 수 없다.

이와 같은즉, 귀인이 행차하면 날짜를 참작하여 즉시 대접을 맡은 각 읍에서 서로 헤아려 시행하여 지난 일과 부합되게 하라. 문서를 보내니 반드시 관문이 도착하는 대로 서로 맞대어 징험하여 시행하기를 요청함.

위의 관문
율목경차관 [앞]
함풍(咸豊) 11년 9월 16일

---

5) 감칙(甘飭) : 감결(甘結)을 내려 명령하는 것을 이른다. 감결은 조선시대 상급관아에서 하급관아로 보내는 공문의 하나이다.

광양, 능주, 남평, 광주, 곡성이 물품을 제공하는 5개 읍이다.

제3목 관찰사가 다시 보내는 관문

전라남도 관찰사 겸 순찰사가 살피는 일. 귀인을 수행하는 영리 장인선(張仁銑)과 마두 김갑록(金甲錄)을 보내니 상고함이 마땅할 일.

제4목 순천부사(順天府使)의 첩보(牒報)

행(行)[6] 순천도호부사(順天都護府使)가 첩보하는 일. 이 날 사시(巳時)[7] 무렵에 도착한 도의 공문[8] 안에 "본부(本府)의 송광사의 국용 율목봉산에서 벌목할 때 물품 제공을 광양현으로 정하였으나 수행에 따르는 그릇, 땔감, 말꼴 등은 실어나르는 데 폐해가 있으니 본부에서 담당하여 거행한다. 이 경우에 날짜가 매우 급박하여 광양에서 대접함이 혹시 미흡할 우려가 있으니 본부에서 우선 담당하여 거행하라"라고 하였다.

물품을 제공할 각 읍은 영문(營門)에서 광주, 능주, 화순, 곡성, 광양 등 5읍에 이미 나누어 정하였으나, 어떤 고을이 처음 담당할지는 알 수 없다. 그러나 반드시 기일에 앞서 탐색하여 미리 함께 기다린다면 대접하는 도리를 잃지 않을 것이다. 본부는 주읍(主邑)으로 여러 일을 맡고 있었으니 물품제공 등의 일은 처음에 영문에서 [본부에] 배정된

---

6) 행(行) : 관계(官階)가 높고 관직이 낮은 경우에 벼슬 이름 위에 붙여 일컫던 말이다. 가령 종1품 숭정대부(崇政大夫)의 품계를 가진 사람이 정2품의 관직인 이조 판서가 되면 숭정대부행이조판서(崇政大夫行李曹判書)라 했다.

7) 사시(巳時) : 오전 9시부터 11시까지이다.

8) 『사고』에는 비관(秘關)으로 되어 있으나 이관(移關)이 옳은 듯하다.

것이 없었다. 송광사에서 광양으로 가는 거리나 본부로 가는 거리가 그다지 차이가 없으니 이미 배정된 차례대로 읍들은 행차가 도착하는 대로 거행하고, 본부에는 비록 대접하는 일을 배정하고자 하여도 처음부터 그렇게 처리한 적이 없었다. 그런 연유로 통보하오니 일에 부합되도록 할 것입니다.

삼가 바라건대 첩정이 도착하는 대로 서로 대조해서 징험하여 시행하기를 요청합니다.

위의 첩정

경차관 [앞]

함풍 11년 9월 25일 오시(午時) 행(行) 부사(府使) 이(李)[9]

제5목 운반 등장(等狀)[10]

이렇게 삼가 소지(所志)를 올리는 사유는 다음과 같습니다. 본사(本寺)의 승려 수와 사찰의 형편이 이전보다 반으로 감소되는 중에 이번에 신주로 쓰는 나무를 벌목하는 큰일을 당하였으니, 단지 본사의 승려 숫자만으로는 어찌할 수 없습니다.

그러므로 한결같이 절목의 예에 의거하여 봉표 안의 각 마을에 거주하는 백성으로 하여금 차례로 운반하고 삶는 일을 돕게 하여 막중한 나랏일을 완성하도록 해주십시오.

---

9) 이(李) : 『사고』의 제8목 잡록을 참고하면 당시 부사는 이인석(李寅奭)이다.

10) 등장(等狀) : 조선시대 여러 사람이 연명(連名)하여 관부(官府)에 올리는 소장(訴狀)이나 청원서 · 진정서로, 소지(所志)의 일종이다. 소지는 한 사람의 이름으로 올리지만, 등장은 여러 사람의 이름으로 올리는 점이 다르다. 등장은 조선시대 사서(士庶)들이 생활하는 가운데 일어난 일로서 관부의 결정과 도움을 필요로 하는 모든 민원에 관한 내용이 담겨 있다.

이러한 뜻으로 본부(本府) 사또께 하소연하였더니 [본부 사또께서] 풍헌(風憲)[11]과 도색(都色)[12]들에게 명령을 내렸습니다. 이러한 사정으로 감히 문서를 이어 붙여 우러러 호소하오니, 특별히 명령을 내리시어, 즉시 밤나무를 운반하는 나랏일을 받들 수 있도록 천번 만번 바라옵니다.

경차관 님의 처분

철종(哲宗) 12년(1861) 신유년 9월 일

성민(性敏), 두은(斗銀), 의잠(宜岑), 지찬(志贊), 의영(宜映) 등

뒷면

봉표 안의 각 촌 내역

장안(壯安)	110편(片)	이읍(梨邑)	35편
고읍(古邑)	40편	산척(山尺)	35편
평지(坪地)	40편	진촌(津村)	20편
외송(外松)	20편 및 묶어싸는 일꾼		
불당(佛堂)	조역(助役) 및 삶는 일꾼		

데김(題音)[13]

11) 풍헌(風憲) : 풍기(風氣)를 바로잡고 관리의 정사청탁(正邪淸濁)을 감찰 규탄하는 직임을 가리키거나 조선시대에 면(面)이나 이(里)의 직임 또는 그 직임에 있는 사람을 가리킨다.

12) 도색(都色) : 색(色)은 조선 후기에 관청이나 모든 기관에 사무의 구별을 따라 나눈 기구로서 지금의 과(課)나 계(係)와 같은 것이다.

13) 데김[題音(제음)] : 조선시대 백성이 관청에 제출한 소지(所志)에 대하여 관청이 내린 처분, 지시문, 판결문인데 제사(題辭)라고도 한다. 백성이 소지를 내면, 해당 관청에서는 그 소지의 왼쪽 아래 여백을 이용하여 처리 내용을 적고 관인(官印)을 찍어 제출자에게 돌려준다. 이것은 관청의 확인이므로 데김을 받은 소지(所

요청한 대로 시행할 것. 26일.
도색, 풍헌, 총섭에게 맡겨둔다.
경차관[14)]

참고 : 경차관이 정한 절목과 본 등장에서 나누어 배정한 것이 동일하므로 베끼지 않는다.

第6목 본부사(本府使)의 운반에 대한 전령

1. 도색(都色)에게 내린 전령

밤나무를 운반하는 것은 본사 승려들이 책임지고 담당하는데, 지금 승려의 수가 많지 않다고 말하는 것을 보니 막중한 사역을 오랫동안 지체하도록 둘 수 없다. 그래서 부근의 각 동(洞)에서 하루씩 도와 밤나무를 산에서 운반하는 일을 돕도록 해당 면의 면임(面任)들에게 전령을 내리거니와, 뒷면에 기록한 것에 따라 각 동에서 하루씩 돌아가면서 일을 부탁하니 잘못되어 늦어지는 일이 없도록 마땅히 할 일이다.

신유년 9월 24일

2. 송광면(松廣面) 풍헌에게 내린 전령

송광사의 밤나무를 베어낼 때 운반하는 일꾼은 본사에서 책임지고 담당하는데, 이제 승려의 숫자가 많지 않다고 함을 보건대 막중한

志)는 중요한 증거자료가 되어 소중하게 간직되었다. 이러한 뎨김은 '이문성급(移文成給)'처럼 간단하게 처리되기도 하였으나 각종 소송관계 뎨김은 뒷면을 이용하여 쓰거나 별지를 첨부하여 쓰기도 했다.

14) 『사고』에는 처결의 담당자를 표시하는 부분으로 글자를 크게 쓰는데 이를 착관(着官)이라고 한다.

사역을 까닭없이 미룰 수 없으니, 뒷면에 기록한 것에 따라 각 동에서 하루씩 돌아가면서 일을 하는데 늦어지지 않도록 할 것이며 각 해당 동의 동임(洞任)들과 함께 거행하는 것이 마땅히 할 일이다.

신유년 9월 24일

뒷면

장안	70명, 140편	이읍	30명, 60편
고읍	35명, 70편	산척	25명, 50편
평지	25명, 50편	진촌	5명, 10편
외송	7명, 14편		
불당	소금물에 삶는 일과 사역을 보조하는 일		

제7목 경차관의 운반에 대한 전령

1. 송광면 풍헌에게 내린 전령

두려워하는 마음으로 거행할 일은 지금 나라에서 신주로 쓰는 나무를 찍어서 베어내고 운반하는 것이 시급하기 때문에 부근 각 마을에서 운반하는 일에 대하여서 뒷면에 기록한 전령이 있으므로 너는 마땅히 지휘하고 통솔하여 차례로 신속하게 거행함이 마땅하다.

신유년 9월 26일

경차관

뒷면에 수록한 것은 본부 사또의 전령과 같기 때문에 뒷면의 기록은 베끼지 않는다.

2. 장안 동임에게 내린 전령

두려워하는 마음으로 거행할 일은 지금 나라에서 사용하는 밤나무를 찍어서 베어내고 끌어내릴 일이 시급하기 때문에 사례에 의거하여 뒷면에 기록한 것을 명령으로 내리니 이 점을 마음에 간직하고 차례로 신속하게 거행하여 죄에 걸려 형벌을 받는 일이 없도록 마땅히 할 것.

신유년 9월 26일

경차관

그 나머지 여섯 동의 전령은 위와 같다.

3. 불당에 내린 전령

소금물에 삶는 일과 사역을 보조하는 일을 거행하는 것은 전령과 같으니 도착하는 즉시 신속하게 와서 준비하여 거행함이 마땅하다.

신유년 9월 26일

경차관

4. 외송 동임에게 내린 전령

밤나무를 다듬을 때 모두 참여하여 일을 도우라는 뜻은 전에 이미 명령하였거니와 일꾼의 수를 나누는 것과 거행하는 일자는 뒤에 기록하여 배정한다. 이에 의거하여 와서 대기하며, 늦어서 죄에 걸리는 일이 없도록 하는 것이 마땅하다.

신유년 9월 27일

뒷면

첫째날은 4명, 둘째날에서 넷째날까지는 각각 1명씩이다.

이 가운데 끈으로 묶는 일꾼은 각각 별도로 거행한다.

제8목 잡록(雜錄)

경차관 사또는 9월 25일에 송광사 숙소에 머물렀다. 범철관은 26일에 송광사에서 점심[15]을 대접하였다. 광양 입구에 이르렀을 때 대접할 물품이 도착하지 않았으므로 아침저녁 식사는 본읍에서 대접하였다.

그리고 광양에서 거행한 사례를 가지고 두 끼에 들어가는 것을 헤아려 전례대로 해당 고을의 지응소(支應所)에서 제공한다. 26일 낮부터 그믐까지 광양읍에서 대접하였다. 10월 1일부터 5일까지 능주에서 대접하였고, 6일부터 10일 오시까지 남평에서 대접하였다.

경차관 사또는 류용함(柳龍鏥)이고, 범철관은 이형모(李亨模)이며, 서리(書吏)는 지형식(池亨植)이다.

범철관은 10월 4일에 길을 떠나 석곡(石谷)에서 점심을 먹고 옥과(玉果)[16]에서 숙박하였다. 경차관 사또는 초 10일에 길을 떠나 낙안에서 숙박하고 조성(鳥城)[17]에서 점심을 먹고 보성에서 숙박하였다.

9월 27일은 비가 와서 일을 하지 못했고, 28일에 비로소 일을 시작하여 평촌(平村)에서 25명이 일에 참가하여 50편을 옮겼다.

29일에는 목공 27명이 산역(山役)을 했다. 외송에서는 7명이 역에 참가하여 14편을 옮겼다. 산척에서는 25명이 역에 참가하여 50편을

15) 중화(中火) : 길을 가다가 도중에 지어먹는 점심을 이른다.
16) 옥과(玉果) : 지금의 전라남도 곡성군의 면이다.
17) 조성(鳥城) : 지금의 전라남도 보성군의 면이다.

운반했고, 진촌(津村)에서는 5명이 역에 참가하여 10편을 운반했다.

30일에는 고읍에서 35명이 참가하여 70편을 운반했고, 이읍에서 30명이 60편을 옮겼고, 장안에서 70명이 140편을 운반했다. 목공은 바로 그날 55편을 다듬었다.

10월 1일에는 90편, 2일에는 106편, 3일에는 71편을 다음어서 모두 322편이고, 그 가운데 22편은 가려서 취할 때 더해진 숫자였다.

오전 일이 끝나면 오후에는 다른 일을 배정하여 4일에 일을 마쳤다. 5일에 동원된 사람들을 보내주었는데 노자는 지급하지 않았다. 4일에 [신주의] 양쪽 끝을 칠하고 말렸으며 5일에는 묶어 쌌다.

나라에서 쓰는 40편과 위판목(位版木)은 외송에서 함께 묶어 쌌다. 6일에도 묶어 쌌고, 7일에는 묶어 쌀 물건이 지체되었기 때문에 일을 하지 못했다. 8일에는 묶어 싸는 일을 마쳤다.

9일에 유숙(留宿)하였고, 10일에 길을 떠나 이읍에서 송탄(松炭) 2석을 착용(捉用)했고, 추동(楸洞)에서 송탄 2석을 착용하고 노자[18]는 3전(錢)뿐이었다. 서리의 정전(情錢) 100냥 가운데 10냥을 받아 대법당에 시주했다.

본 읍의 도목수가 갈 때 노자 5전과 미투리 1부(部) 이외에는 1푼도 거론하지 말 것.

광양동(光陽洞)에서는 숫돌을 착용했다.

모든 것은 본관(本官)에서 전하는 명령이다.

당시 본부(本府) 사또는 이인석(李寅奭)이었고, 도색(都色)[19]은 이언

18) 『사고』에는 노자(路子)로 되어 있으나 노자(路資)로 바꿔야 옳다.

19) 도색(都色) : 색리(色吏)의 책임자로 보인다. 색리는 감영(監營) 또는 군아(郡衙)에서 곡물을 출납하고 간수하는 일을 맡아보던 관리를 가리킨다.

조(李彦祖)였으며, 감색(監色)은 장영하(張永厦)였고, 서사(書寫)[20]는 정선권(鄭善權)과 김은구(金恩九)였다.

당시 총섭은 성민(性敏)이었으며, 패장(牌將)[21]은 의잠(宜岑)과 지찬(志贊)이었으며, 부편수(副片手)는 백순(伯淳)이었다.

제2항 제2차 벌목

제1목 관찰사의 훈령(訓令)

훈령 제77호

이제 궁내부(宮內府) 제32호 훈령을 받아보니 그 내용에 "봉상사(奉常司)[22]에서 보고하기를, '이번에 몽은(蒙恩)을 추모할 때 사용할 밤나무를 마련하지 않을 수 없으나 지금 본사(本司)에 비축한 밤나무는 정한 길이와 양이 차지 못하여 사용할 길이 없습니다. 어쩔 수 없이 지금 준비한 다음에야 기일에 맞추어 쓸 수 있으나 본사에서 관리하는 국용 율목봉산이 순천 송광사에 있으니 베어서 올려보내라는 훈령을 바랍니다.'라는 내용이었다.[23]

---

20) 서사(書寫) : 해당 업무에 관한 문서를 작성하거나 여타 문서를 베끼는 서리이다.

21) 패장(牌將) : 관청이나 일터에서 일꾼을 거느리는 사람, 패두(牌頭), 전례(典禮) 때에 여령을 거느리던 사람, 공사(公事)에서 장인바치를 거느리던 사람, 군사 조직의 단위인 패를 거느리던 장교 등을 가리킨다.

22) 봉상사(奉常司) : 조선 후기에 제사(祭祀)와 시호(諡號)에 관한 일을 맡아보던 관청이다. 갑오개혁 때 궁내부 산하 장례원(掌禮院)의 속사(屬司)로 있었다.

23) 등인(等因) : 서면(書面)으로 알려준 사실에 바탕하였다는 뜻으로, 회답하는 공문(公文)의 첫머리에 쓰던 말이다. 이 밖에도 운운(云云)의 뜻으로, 보내온 공문의 내용을 요약하고 결론지을 때 쓰는 용어로서 끝머리에 등인이라고 쓰거나 사건이나 현상이 생기게 된 원인이나 까닭을 뜻하기도 한다.

여기에 의거하여 훈령을 내리니 도착하는 즉시 해당 군에 따로 신칙(申飭)하여 밤나무 10그루를 베어서 올려보내되, 심통(心通)과 백변(白邊)을 제거하고 가로와 세로 8촌으로 다듬어서 가려서 포장한다. 벌채할 때 나뭇결이 순하고 고르며 세밀한 것을 엄밀히 가려서 베어내고 '상남'이라 글씨를 새긴 다음 소금물에 삶고 두꺼운 종이로 도배하여 단단히 싸서 음력 8월 보름 전으로 올려보내되 밤을 새워서 바치게 하여 대사를 완벽하게 할 수 있기를 바랍니다"라고 되어 있다.

그러므로 이에 [훈령의 내용을] 조금 고쳐서 명령한다. 필요한 쓰임이 몹시 급하고 바쳐야 할 기한도 벌써 이르렀으니 받들어 행하는데 잠시라도 지체할 수 없다. 본군에서 따로 감독을 정하여 송광사 봉산에 있는 밤나무 10그루를 나뭇결이 순하고 곧으며 세밀한 것을 엄밀히 가려서 베어내되 심통과 백변을 제거하고 가로와 세로 8촌으로 다듬어서 가려서 포장하고 '상남(上南)'이라고 글씨를 새긴 다음 소금물에 삶고 두꺼운 종이로 도배하여 단단히 봉하여 해당 감동(監童)과 함께 밤을 새워 수송하여 감독하여 올려보내되, 잠시라도 지체하여 큰 탈이 생기는 폐단이 없도록 하며, 훈령이 도착한 일시와 거행한 과정을 우선 빨리 보고함이 마땅하다.

광무(光武) 3년(1899) 9월 17일－음력 8월 15일－

관찰사 민영철(閔泳喆)[24)]

순천군 겸임 낙안군수 문창석(文昌錫)[25)] 좌하(座下)

---

24) 민영철(閔泳喆, 1864~?) : 고종 22년(1885) 문과에 합격하고, 검열(檢閱)·설서(說書), 홍문관의 정자(正字)·주서(注書)·응교(應敎)·집의(執義)를 두루 거친 뒤 예조·병조·이조의 참의(參議)를 역임하였다. 한성부의 좌·우윤을 지냈고, 예조·호조·형조의 참판을 역임한 뒤 1901년 회계검사총장(會計檢査總長)과 비서원경(秘書院卿)을 겸하였다. 1902년 군부대신이 되었고, 그 뒤 육군부장(陸軍副將)·군무총장(軍務總長)·철로총재(鐵路總裁)를 역임하였다.

제2목 총섭이 본관에 보낸 첩보

송광사의 총섭이 첩보하는 일. 나라에서 신주로 사용하는 밤나무를 베어내기 위해 경차관께서 본사(本寺)에 행차하신즉 관찰사의 감결(甘結)[26]에, 그 일을 할 때 사용되는 여러 종류의 물건과 물품 제공 등을 여러 읍에 나누어 배정하고 예에 따라 준비하여 역소(役所)에 보내라고 하셨습니다. 이번 것도 규례를 준수하여 여러 읍에 배정하는 뜻을 뒷면에 열거하여 급히 알립니다. 각 항목의 잡비를 세세하게 통촉하시어 균등하게 정하여 분배하셔서 쇠약한 절이 기울어 엎어지는 폐단이 없도록 하여주십시오. 걱정하는 마음이 앞서서 이런 까닭에 급히 알리니 꼭 사정을 살펴주소서.

부제(附題)[27]

규례를 준수하여 배정하는 것이 비록 사목(事目)에 있더라도 지금 관에서 마음대로 할 수 없으니 마땅히 본부(本府)에 보고할 것이다. 지령을 기다릴 일이다.

행(行) 겸사(兼使)[28] 16일.

제3목 총섭이 관찰사에게 보낸 첩보

순천군 송광사의 총섭이 첩보하는 일. 나라에서 주재로 쓰는 밤나무

---

25) 문창석(文昌錫) : 운봉·낙안·회인·여수 등의 군수를 지냈으며 고종 41년(1904) 정무를 돌보지 않았던 죄목으로 장기군수에서 면직되었다.

26) 감결(甘結) : 조선시대 상급 관청이 하급 관청에 내리는 공문서의 하나이다.

27) 부제(附題) : 앞의 첩보에 이어 부치는 군수의 뎨김(題音)이다.

28) 겸사(兼使) : 앞의 관찰사 훈령의 마지막에 언급된 순천군 겸임 낙안군수 문창석을 가리키는 말이다.

를 베어내어 진상할 때 차관(差官)[29]의 행차 및 각 항에 쓰이는 여러 가지의 물건, 물품 제공 등의 항목은 규례에 의해 여러 읍에 배정한즉 규례를 준수하여 준비해서 해당 역소에 바치라고 하셨습니다. 이번 것도 규례에 의거하여 나누어 정하거늘 어떻게 처분하실지 알지 못하여 두렵사오니 황공하옵지만 이런 연유로 급히 보고하오니 사정을 자세히 살펴주소서.

부제(附題)

문서를 받았거니와 나라에서 쓰는 밤나무를 베는 일은 중요하고 이에 들어가는 비용은 이미 규례에 있다. 지금 신식으로 갱장(更張)한 다음이라서 어찌 배정한 사목이 있겠는가? 본군의 공금 중에 나누어 쓰도록 하는 지령문을 써서 낙안군에 보내 알릴 것이다.

행(行) 관찰사

제4목 겸임군수가 관찰사에게 보낸 보고

겸임군수가 밤을 새워 여러 차비(差備),[30] 이교(吏校) 및 공장(工匠)을 거느리고 급히 송광사에 도착하여 일할 절차에 따라 표시를 하고 나무를 베었으나 날이 이미 어둡고 캄캄해져 다만 3그루만 베었습니다. 다음 날 벌목을 마쳤으며 밤낮 가리지 않고 다듬어서 소금물에 삶고, 감색(監色)을 정하여 올려보냈습니다.

제가 엎드려 생각하니 험한 바위에서 자란 나무는 베어내 다듬는

---

29) 차관(差官) : 임시로 파견한 관리를 이른다.

30) 차비(差備) : 특별한 사무를 맡기기 위하여 임시로 임명하는 일을 말한다. 신분에 따라 차비관(差備官)·차비군(差備軍)·차비노(差備奴) 등이 있었다.

데 오랜 시일이 걸리지 않을뿐더러 소금물에 삶은 후 며칠 밤낮을 음지에서 건조시키면 진상할 수 있습니다. 서울로 상납하여 관청에 보일 때 혹시라도 깨지고 손상된 것이 있을까 걱정이 되니 몇 그루를 추가로 바치는 것이 어떨지 모르겠습니다. 막중한 신주를 진상하는 날짜는 음력 8월 보름 전이라고 하시되, 훈령에는 음력 8월 14일 해시(亥時)[31] 무렵으로 하라는 내용이 도착하여 시급히 거행해야 하므로 온갖 걱정이 있었습니다. 그러던 중 송광사의 총섭이 보고하기를, "이전부터 계속해서 나라에서 신주로 쓰는 밤나무를 베어서 거둘 때 들어가는 물건들은 규례에 의해 여러 읍에 배정하였으니 이번에도 규례를 지켜 배정합니다."라고 하였습니다. 문서를 살펴본즉 여러 읍이 분명히 적혀 있는데도 모든 접대와 말의 비용 및 잡물 등의 비용을 송광사에서 제 멋대로 요구하고 거행하여 일을 치우치게 해를 끼치니 동군(同郡)으로 말할 것 같으면 적지 않은 재물을 전적으로 맡게 하신즉 마련해 낼 길이 없습니다. 그러므로 해당 절의 총섭이 올린 보고와 뒷면의 기록을 잇달아 붙여서 보고하오니 특별히 처분을 내려주실 일입니다.

광무 3년(1899) 8월 일

순천군 겸임 낙안군수 문창석

관찰사 합하(閤下)

제5목 나무를 베어내고 다듬는 일정

8월 16일 오후에 일을 시작하여 봉표 안에 있는 11그루 중 당일에

31) 해시(亥時) : 밤 9시부터 11시까지이다.

3그루를 베었다—목수는 9명이다—.

17일 8그루를 베어서 밤을 새워 6그루를 실어 바쳤다.

18일 실어 바친 6그루 중 이 날 4그루를 다듬었다.

19일 6그루를 다듬어 합쳐서 10그루를 이 날 소금물에 삶았는데, 그 가운데 4그루는 버렸다.

20일 다듬은 10그루를 이 날 소금물에 삶아 그 가운데 4그루는 버렸다.

21일 다듬은 4그루를 이 날 소금물에 삶았으나 4그루는 버렸다. 이상에서 다듬은 전체 24그루 가운데 쓸모 있는 것은 12그루였다.

22일 소금물에 삶는 일을 마치고 음지에서 말렸고, 이 날 오후에 처음으로 도배했다.

23일 오전에 다시 두꺼운 종이로 도배했고, 오후에는 세 번째로 기름종이로 도배했다.

이 날 이어서 깨끗한 짚자리로 싸고 붉은 끈으로 단단히 묶어서 일을 마쳤다.

24일 신시(申時)[32]에 진상하는 일꾼 20명이 출발했는데 색리가 함께 떠났다.

제6목 운반하는 일꾼을 각 마을에 배정함

—배정할 때에는 미리 본면(本面)의 풍헌과 면장을 불러 임시로 의논하여 배정하였다—

밤나무를 벨 때 도끼질을 잘하는 사람 : 평촌 5명, 신흥 3명, 진촌 2명.

---

32) 신시(申時) : 오후 3시에서 5시까지이다.

운반하는 사람 : 평촌 50명, 외송 10명, 신흥 10명, 진촌 10명.

소금물로 삶기 위한 땔감을 마련할 사람 : 산척 15명.

소금물로 삶는 일을 맡은 사람 : 채인(菜人)이 담당한다.

새끼줄－진봉(進封)할 때 쓰인다 : 낙수 500파(把), 고읍 500파.

밤나무를 바칠 때의 운반하는 사람 : 모후 3명, 장안 3명, 낙수 2명, 구표(九表) 2명, 월은, 대흥, 봉천, 효정, 덕동, 죽산, 석현, 고부 등은 각 1명.

물품 제공은 본 읍에서 담당.

말꼴 : 불당과 외송에서 담당.

제7목 신주를 진상할 때 함께 수고한 임원

관찰사 민영철

겸임군수 문창석

광주부 예리(禮吏) 최봉환(崔鳳煥)

본군 이방(吏房) 이영주(李榮柱)

낙안 이방 조제남(趙濟南)

감동(監董) 전시민(田時民)

색리(色吏) 임기준(任基準)

순교(巡校)[33] 김내홍(金乃洪)

본군 통인(通引) 정준우(鄭俊祐)

낙안 통인 정동호(丁東浩)

총섭(摠攝) 석(釋) 수현(守玄)

---

33) 순교(巡校) : 조선 후기에 각 부(部)와 제주목(濟州牧)에 두었던 하급 경리(警吏)이다. 주사(主事)의 다음으로 각 관아에 8명씩 두었다.

패장(牌將) 석(釋) 하담(荷潭), 지흔(持欣)

서기(書記) 학수(學守)

제2절 국사전(國師殿)을 수리할 때의 벌채 허가서

내일(內一) 제679호

전라남도 순천군 송광면 송광사 주지 이설월(李雪月)[34)]

대정(大正) 7년(1918) 3월 28일자로 신청한 국사전을 수리하는 재료로 사찰 소유의 나무 가운데 소나무 63그루를 베어내는 건을 허가한다.

대정 7년 4월 13일

조선총독부 백작 하세가와 요시미치(長谷川好道)[35)] 조선총독지인(朝鮮總督之印)

제3절 제6중창 때의 벌채

제1항 허가서

제1목 제1차 허가서

종(宗) 제48호

---

34) 이설월 : 설월용섭(雪月龍燮, 1868~1938)을 가리키며, 전남 순천시 주암면 출신으로 이름은 용섭, 호가 설월이다. 그는 고종 22년(1885)에 출가하였고, 1911~1922년 사이에 송광사 주지를 역임하였다. 1919년에 송광사 사립보명학교장 및 사립불교지방학림 학장을 겸임하였고, 1929~1932년 사이에 송광사 주지로 재임하였다.

35) 하세가와 요시미치(長谷川好道, 1850~1924) : 일본의 군인 출신 정치가이다. 러일전쟁 이후 5년간 조선군사령관(朝鮮軍司令官)으로 재임하였으며, 2대 조선총독을 지냈다. 초대 총독인 데라우치 마사타케의 정책과 조직을 그대로 이어받아 무단통치를 수행하였다.

전라남도 순천군 송광면 송광사 주지 김찬의(金贊儀)[36]

대정 11년(1922) 12월 8일자로 청원한 사찰 소유림 벌채의 건을 다음과 같이 허가한다.

대정 12년(1923) 5월 2일

조선총독 남작(男爵) 사이토 마코토(齋藤實)[37] (인)

아래와 같이 기록한다.

1. 벌채할 그루 수

적송(赤松) 82,000그루 및 업무를 시작할 때 베어야 할 것이 필요한 잡목 약간.

1. 벌채 구역

전라남도 순천군 송광면 신평리 가운데

인귀치(人歸峙) 40정보

신평치(新坪峙) 60정보

신흥치(新興峙) 20정보

1. 벌채 기간

허가한 날짜로부터 3개년

---

36) 김찬의(金贊儀) : 율암찬의(1867~1929)이며, 자는 남계, 속성은 김씨로 여수군 율촌면 출신이다. 1882년에 선암산 월주에게 출가하여 1892년 원해의 법을 잇고, 송광사 주지를 역임하였다.

37) 사이토 마코토(齋藤實, 1858~1936) : 해군 출신의 정치가로 1919~1927년에 조선총독을 지냈고, 이후 제30대 내각 총리대신이 되었다.

제2목 제2차 연기 허가서

종(宗) 제180호

전라남도 순천군 송광면 송광사 주지 김찬의

대정 15년(1926) 7월 14일자로 청원한 사찰 소유림 벌채기간의 연장 건을 다음과 같이 허가한다.

대정 15년(1926) 11월 5일

조선총독 자작(子爵) 사이토 마코토 인(印)

기(記)

1. 벌채할 수종과 수량

벌채를 마치지 않은 적송 71,830그루 가운데 5,000그루 및 잡목 15,000그루

1. 연장기간

허가한 날로부터 2년

이상

제2항 벌채 수량 및 그 대금 통계

제1목 벌채 수량 통계

1. 백탄(白炭) 36,002부(負)
2. 소나무 12,860그루와 가타 잡목 약간

제2목 대금 통계

1. 금(金) 30,532원(圓)　총수입고(總收入高)

내역

1. 금 22,835원　숯값
1. 금 7,697원　나무값

이상

덧붙이는 참고사항 : 당시 중건, 중수 및 기와 갈이 일람

1. 중건부(重建部)

   명성각(明星閣), 화장문(華藏門), 사감고(寺監庫), 여관, 해청당(海淸堂) 별실, 대지전(大持殿) 후문(後門), 삼일암(三日庵) 목욕실, 동천(東川) 대변소, 진남문(鎭南門), 시기문(尸棄門), 비전(碑殿) 장원문(墻垣門)－사감고, 대변소, 장원문, 별실 네 곳은 모두 새로 지었다－

2. 중수부(重修部)

   용화당(龍華堂), 종고각(鍾鼓閣), 보제당(普濟堂) 조실(祖室), 천자암(天子庵), 하사당(下舍堂), 청운당(靑雲堂), 백설당(白雪堂), 해청당(海淸堂), 차안당(遮眼堂), 사감실(寺監室), 향적전(香積殿), 청진암(淸眞庵) 일부, 법성료(法性寮), 광원암(廣遠庵) 일부, 자정암(慈靜庵) 일부

3. 기와 갈이

   설법전(說法殿), 성수전(聖壽殿), 대웅전(大雄殿), 법왕문(法王門), 명부전(冥府殿), 영산전(靈山殿), 약사전(藥師殿), 화엄전(華嚴殿),

불조전(佛祖殿), 삼일암(三日庵), 해탈문(解脫門), 우화각(羽化閣), 천왕문(天王門)

제4절 시업안(施業案) 제1기 벌채

제1항 허가서

종(宗) 제55호

전라남도 순천군 송광면 송광사 주지 이설월

소화(昭和) 5년(1930) 7월 24일 자로 청원한 사찰 소유림 벌채의 건을 다음과 같이 허가한다.

소화 6년(1931) 7월 21일

조선총독(朝鮮總督) 우가키 가즈시게(宇垣一成)[38] 조선총독지인(朝鮮總督之印)

기(記)

1. 벌채 구역

전라남도 순천군 주암면 행정리(杏亭里) 산 162번지 송광사 사찰 소유 임야 156정보 가운데 11정(町) 5단보(段步)[39]

1. 벌채 방법

모두 벌채한다.

---

38) 우가키 가즈시게(宇垣一成, 1868~1956) : 육군 출신의 정치가로 1927년에 조선총독을 지냈다.

39) 단보(段步) : 밭이나 논의 넓이를 나타내는 단위이다. 1변의 길이가 6자인 정사각형의 넓이가 1평인데, 1단보는 이것의 300배, 즉 300평이 1단보가 된다. 1자의 길이가 30.303cm이므로 1단보는 991.3m^2이다. 또한 10단보를 1정보(町步)라고 한다.

1. 벌채할 수목의 종류와 수량

30년생 잡목 800척체(尺締).[40]

1. 벌채 기간

허가한 날로부터 1년 기간

제2항 벌채할 수량 및 대금 통계

제1목 벌채 수량 통계

1. 백탄(白炭)

제2목 대금 통계

1. 금(金)

40) 척체(尺締) : 목재의 부피단위이다. 1척체는 12자×1자×1자로 100재(才)이다. 1재는 12자×1치×1치로 $0.00334m^3$이다.

제4장 분쟁

제1절 장막동산(帳幕洞山)

제1항 제1차 등장

삼가 진술하는 이유는 다음과 같습니다. 엎드려 생각건대 들을 그어 고을을 나눔[1]은 헌원(軒轅)[2]의 남긴 계책으로, 절을 창건할 때 땅을 나누어받는 것은 신라 때부터 존숭되어 온 것입니다. 우리 절은 삼한 때에 창건되었고, 국용봉산(國用封山) 겸 삼대전(三大殿)의 원당이 되어 나라의 수호를 받는 중요한 곳인데 어찌 이전에 분봉받은 땅이 없겠습니까?

지난 경인년(1830)에 비로소 봉산을 설치할 때에 영역 안의 사표(四標)가 도제조(都提調)[3]께서 반포하신 절목에 밝게 나와 있고, 율목봉산이라고 새긴 비석이 접치(接峙)[4] 고개에 있어서 영원한 자취가

1) 『사고』에는 획(劃)이라고 썼지만, 획(畫)이 맞다.

2) 헌원(軒轅) : 중국 신화 전설상의 제왕인 황제(黃帝)의 이름이다.

3) 도제조(都提調) : 조선시대 육조의 속아문이나 군영 등에 두었던 정1품 자문직. 조선 전기에 육조 속아문 가운데 왕권이나 국방 · 외교 등과 연관되어 중요하다고 생각되는 기관에 도제조를 두어 인사나 행정상 중요한 문제 등에 관하여 자문에 응하도록 하였다.

4) 접치(接峙) : 조계산에 있는 고개의 이름이다.

되었습니다. 현재 선암사와 송광사 사이에 장막동(帳幕洞)이 있는데, 이곳은 또한 예전부터 양쪽을 가르는 곳으로, 처음에는 서로 침범하는 일이 없었는데, 소나무와 가래나무를 막 팔려고 할 때 선암사의 승려들이 사단을 일으켜 경계를 빼앗으려 하였습니다.

처음에는 전후의 문서가 없어서 다만 그 사이 어느 해인가 무덤을 만들지 못하도록 했던 일을 근거로 삼았습니다. 그 당시의 무덤 주인은 곡성 사람이었는데, 관청에서 송광면의 면임(面任)에게 엄히 명령하여 [무덤을] 파내는 것을 감독하게 했으니, 대개 이곳이 선암사의 땅이라면 어찌 쌍암면(雙巖面)의 면임에게 파내는 일을 감독하게 하지 않고 도리어 송광면의 면임에게 파내는 일을 감독하게 한 것은 무슨 까닭이겠습니까? 이러한 사실을 보건대 그 땅이 이와 같음은 더욱 뚜렷하다고 할 것입니다.

오랜 세월동안 봉산이던 곳이 하루아침에 근거도 없는 승려에게 빼앗길 참이니 참으로 억울한 일입니다. 그러므로 제조(提調)께서 내려주신 사표(四標)의 절목을 가지고 한 목소리로 우러러 하소연하오니 잘 헤아리신 후 특별히 엄한 처분을 내려 명백히 가려주시어[5] 막중한 봉산을 빼앗기는 데 이르게 하지 말도록 군수님께서 처분해 주시기를 천번 만번 손 모아 간절히 바랍니다.

을미년－태황(太皇) 31년(1895)[6]－ 10월 일

각인(恪仁), 정오(淨旿), 두현(斗玹), 성흔(性欣), 창율(昌律) 등

---

5) 『사고』에는 분간(分干)으로 적혀 있으나 분간(分揀)의 오기(誤記)로 보인다.

6) 을미년 : 고종 32년이다. 을미년이라면 32년으로 고쳐야 옳다.

행사(行使)[7]

선암사와 송광사 두 절은 모두 천년 고찰로 각기 경계를 지켜왔으며, 경계표시가 있은 이래로 부처도 이미 묵묵히 따랐다. 비록 세상이 강박하고 풍속이 어지러워졌다고 하더라도 지금 갑자기 서로 송사를 일으켜 다투니 실로 승려의 도리가 아니다. 산에서 자라는 소나무와 가래나무가 울창한데, 만일 소나무가 없었다면 지금 어떻게 이 같은 송사가 있겠는가? 한 번의 소송으로 판결할 수 없으니 두 절의 주지승은 상세한 적간(摘奸)[8]을 기다릴 일이다.

형리(刑吏)

19일

을미년 10월 21일

선암사 송광사 두 절의 금양(禁養)의 경계를 조사한 기록.

선암사 총섭 계추(啓秋), 송광사 총섭 각인(恪仁)

조사 형리 이길종(李吉鍾)

이 고개의 왼쪽은 송광사에서 주암면 접치의 백보윤(白甫允)에게 팔아서 나무를 베는 일을 맡겼는데, 선암사에서 나무를 베지 못하도록 하여 이것을 조사해 달라고 하기에 이르렀습니다. 때문에 선암사와 송광사 두 절의 여러 승려들이 있는 곳으로 백보윤을 불러와서 속사

---

7) 행사(行使) : 등장(等狀)을 받은 소임자가 '뎨김'을 내리면서 적는 서식(書式)이다. 이것은 순천군수가 형리(刑吏)를 시켜 내린 뎨김이다. 보통은 행사(行使)라는 글자 아래쪽에 도장, 직인, 수결(手決) 등을 표시한다.

8) 적간(摘奸) : 죄상이 있는지 없는지를 밝히기 위하여 캐어 살핌을 뜻한다. 척간(擲奸)이라고도 쓴다.

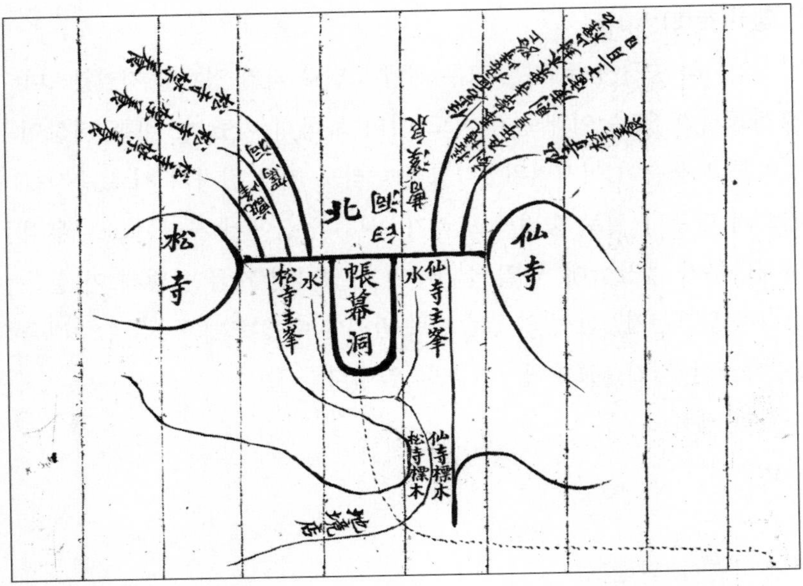

정[9]을 자세히 물어보니, 지금까지 세 차례나 송광사에서 사들인 상황을 말하였기에 바야흐로 지금 명령을 기다립니다. 예전에 파낸 무덤 세 곳은 모두 선암사 승려들이 보고한 것이 옳은데, 송광면의 면장(面掌)의 이름이 실린 곳은 선암사의 문적(文績)[10] 가운데 있습니다.

배제(背題)[11]

이 도형을 보고 또 두 절의 절목을 살피니, 두 절 사이에 있는 시냇물을 경계로 정하였다. 상류가 나뉘어 두 갈래로 흐르다가 아래에서 두 물줄기가 합하는 곳을 장전동(長田洞)이라고 하였다. 옛날부터

9) 리허(裡許) : 리허(裏許)와 같이 쓰이며, 속사정을 가리킨다.
10) 문적(文績) : 문적(文籍)의 오기로 보인다.
11) 배제(背題) : 뎨김의 내용이 많아서 문서의 뒷면에 이어서 붙인 뎨김이다.

매장을 금하여 매장한 무덤들을 파도록 감독한 것이 비록 이 선암사에서 올린 등장에서처럼 세월[12]이 70여 년이고, 율목봉산의 경계를 정한 사표(四標)는 60여 년으로 뒷날의 일이었다고 하더라도, 팔아서 벌목하게 한 지 3차례가 되도록 선암사에서는 어째서 금지하지 않았는가?

시냇물이 이미 정해진 경계가 되었고 또 표석이 두 시냇물 사이의 산기슭에 있으니, 시냇물만 넘어가면 다른 지역이 된다는 것은 이치가 참으로 확실하니 부당하게 서로 다투지 말라. 봉산절목에 의거하여 지키고 소송을 그치는 것이 마땅하다.

24일

제2항 제2차 등장

삼가 원통하고 억울한 일을 아뢰는 것은 다음과 같습니다. 우리 절은 창건 이래로 경계가 정해진 것이 분명하고 자세할 뿐 아니라 경인년에 봉산으로 정해질 때 봉토를 그어 경계를 정한 것이 절목 가운데 분명히 있는데도, 선암사의 승려들이 지난해 10월경에 몰래 간계를 내어 땅의 경계인 장전동을 함부로 빼앗고자 하는 의도로 본관 사또[13]에게 정소(呈訴)[14]하였습니다. [사또가] 색리(色吏)를 보내 산도(山圖)[15]에 의거해 조사하여서 처결하고 엄하게 뎨김으로

12) 연조(年條) : 어떠한 일에 종사한 햇수, 사물의 역사나 유래, 어떠한 해에 어떠한 일이 있었음을 나타내는 조목 등의 뜻으로 쓰인다.

13) 사도(使道) : 사또의 원말이다. 백성이나 하관(下官)이 고을의 원을 공대하여 이르는 말 또는 장졸(將卒)이 그 주장(主將)을 이르는 말이다.

14) 정소(呈訴) : 소장(訴狀), 고장(告狀), 소지(所志) 따위를 관청에 제출함을 가리킨다. 때때로 임금의 행차 앞에서 제출하기도 하였다는 기록도 보인다.

하교하셨습니다.

금년 정월 무렵에 선암사의 승려가 다시 신관 사또에게 청원하여 봉산의 경계인 장전동을 하루아침에 빼앗기게 되었으니 만약 허락하신다면 근거 없는 승려의 폐습이 될 것입니다. 대강을 들어 우러러 호소하오니 잘 헤아리신 후 특별히 엄하게 처분을 내려 봉산을 돌려주도록 봉상시 제조(提調)[16]께서 처분해 주시기를 천번 만번 간절히 바라옵니다.

병신년(1896) 4월 일

계훈(桂訓), 각인(覺仁), 창율(昌律), 정오(正旿), 두현(斗玹), 성흔(性欣), 보인(普仁) 등

봉상시(奉常寺)

경인년에 봉산을 정할 때 이미 경계를 정하였고, 작년에 순천군에서 도형으로 이미 공정하게 판결하였을 뿐 아니라 또 본시(本寺)의 뎨김도 있다. 그런데 선암사의 승려들이 또 이와 같이 소란을 일으키니 매우 한탄스럽다. 봉산은 전과 같이 송광사에 속하는 것이 옳다. 선암사의 승려들이 만일 한결같이 완고하게 거부하면 마땅히 특별히 엄하게 처리할 것이다.

초 6일

송광사 주지승, 선암사 주지승

---

15) 산도(山圖) : 묏자리를 표시한 그림이다.

16) 제조(提調) : 조선시대 잡무 및 기술계통의 관직으로 조달 · 영선 · 제작 · 창고 · 접대 · 어학 · 의학 · 천문 · 지리 · 음악 등 당상관 이상의 관원이 없는 관아에 겸직으로 배속되어 각 관아를 통솔하던 관직이다.

제3항 제3차 등장

엎드려 생각건대 우리 절이 창건된 것은 삼한 때인데, 이래로 경계를 정한 것이 분명하고 자세합니다. 그리고 지난 경인년에 처음 율목봉산을 설치할 때에 영역 안의 경계표시가 반포하신 절목에 밝게 있으며, 봉산의 영역으로 새긴 비석이 지금도 경계인 접치의 길 위에 있어서 영원한 자취가 되었습니다.

지금 송광사와 선암사의 사이에 장막동이 있는데 이전부터 구역이 나뉘어 처음에는 서로 침범하는 일이 없었습니다. 그 사이의 어느 해 이래로 세 차례 소나무와 가래나무를 팔았으며 지난 갑오년(1894)의 시끄러움[17] 이후에 절의 상황이 어려워져서 일의 형편상 부득이하여 바야흐로 소나무와 가래나무를 팔려던 차에 선암사의 승려들이 사단을 일으켜 경계를 빼앗으려고 순천군에 정소(呈訴)하였습니다. 그런즉 산형(山形)을 조사하여 두 절의 승려들을 한 곳에 불러 처결하였는데 작년 정월 무렵에 선암사의 승려들이 남의 위세를 믿고 다시 신관 사또에게 청원하여 봉산 땅의 경계에 있는 장막동을 하루아침에 빼앗기고 말았습니다.

작년 4월경에 봉상시에서 내린 뎨김이 도착[18]하였는데도 예사롭게 보기 때문에 순천군의 뎨김과 산도(山圖), 봉상시의 뎨김을 이어붙여서[19] 원통한 까닭을 밝은 조정[20]에 우러러 호소하고 엎드려 비오니

---

17) 분뇨(紛鬧) : 사람들이 복작복작하여 시끄럽고 바쁘다는 뜻인데, 여기서는 갑오년에 일어난 동학농민전쟁을 가리킨다.

18) 도부(到付) : 공문(公文)이 도달함을 뜻하며, 특히 관찰사가 수령의 장보(狀報)에 대하여 답하는 공문을 가리키기도 한다.

19) 첩련(帖連) : 관계되는 서류를 첨부함을 뜻한다.

20) 『사고』에는 명정(明庭)이라고 적혀 있는데, 명정(明廷)의 오기로 보인다. 명정(明廷)은 밝은 임금이 있는 조정을 가리킨다.

통촉하신 후에 본도(本道)의 영문(營門)에 특별히 훈령을 내려 봉산의 땅 경계를 다시 추급해 주시기를 엎드려 바랍니다.

건양(建陽) 2년 정유년(1897) 7월 일

증율(曾律), 두현(斗玹), 계훈(桂訓), 창율(昌律), 수현(守玹) 등

궁내부(宮內府) 대신(大臣) 처분

뎨김

마땅히 훈칙(訓飭)할 것이다.

3일

제4항 제4차 등장

삼가 소지(所志)를 올리는 일은 다음과 같습니다. 우리 절이 율목봉산이 된 것은 지난 경인년인데, 설치한 초기에 상사(上司)의 절목에 의해 봉산의 경계에 경계를 세우고, 돌에 새겨 구분하였는바 송광사와 선암사 두 절 사이의 장막동을 경계로 삼았습니다.

언제부터인가 본사에서 세 차례 소나무와 가래나무를 팔았는데 갑오년 동학의 소란이 있은 후 절의 상황이 어려워져 부득이 소나무와 가래나무를 팔아서 부족한 것을 보태어 쓰려던 차에 저 선암사의 승려들이 갑자기 간계를 내어 경계를 빼앗고자 했습니다.

그러므로 저희들은 새로 부임한 사또에게 청원하여 도형의 경계를 사실대로 조사하여 바로잡았으나 저들은 다시 간특한 계책을 내어 작년 무렵에 다시 신관 사또에게 거짓으로 고소하여, 소나무와 가래나무를 판 돈 40냥과 땅을 아무 근거도 없이 강제로 빼앗으려 하니

어찌 원통하고 억울하지 않겠습니까?

이에 감히 봉산이 처음 설치되었을 때의 절목과 본관 사또의 도형과 전후 문서를 이어붙여 죽음을 무릅쓰고 밝으신 조정에 우러러 아뢰오니 엎드려 바라건대 통촉하신 후에 저희들의 피해를 자세히 살펴 특별히 처분을 내려주십시오.

저들을 법정에 잡아와 봉산을 강제로 빼앗으려는 습관을 엄하게 징계하시고 빼앗아간 돈 40냥은 즉시 되돌려주어 다시는 어지럽게 소란을 피우는 일이 없기를 순상대감(巡相大監)[21]의 처분을 천번 만번 바라옵니다.

정유년(1897) 7월 일

증율(曾律), 익홍(翊洪), 정오(淨旿), 묘환(妙還), 계훈(桂訓), 유안(有安), 두현(斗賢), 창율(昌律), 각인(覺仁), 수현(守玹), 영우(靈佑)

관찰사

같은 불가 제자로서 산기슭 하나를 다투는 것이 어찌 이리도 지리한가? 선암사 승려들이 경계를 침범하고 송사를 일으켜 속전(贖錢)[22]을 받음이 비록 도리에 맞지 않다고 하더라도, 지금 만약 사건을 다시 조사하여 되돌린다면 송사를 멈출 날이 없을 것이니, 어찌 두 절의 불행이 아니겠는가? 돈은 되돌려주지 말고, 산기슭은 예전대로 지키게 하는 것이 마땅할 것이다.

28일

---

21) 순상대감(巡相大監) : 순상은 관찰사를 이르며, 대감은 조선시대 정2품 이상의 관직을 가진 현직자(現職者)나 산직자(散職者)에 대한 존칭이다.

22) 속전(贖錢) : 돈을 내고 형벌을 벗어나거나 죄를 면하기 위하여 바치는 돈을 뜻한다.

제5항 제5차 등장

삼가 아뢰는 소지(所志)의 일은 다음과 같습니다. 우리 절은 곧 율목봉산으로, 지난 경인년에 처음으로 설치될 때 상사(上司)의 절목에 의거하여 봉산에 사표(四標)를 세우고 돌에 새겨 구역을 나누었던 바, 송광사와 선암사 두 절 사이에 장막동이 있는데, 이곳이 경계로 되었습니다.

몇 해 동안 우리 절이 세 차례에 걸쳐 소나무와 가래나무를 팔았고, 갑오년 동학의 소요가 있은 후 절의 형편이 어려워져 부득이 소나무와 가래나무를 팔아서 부족한 것을 보태어 쓰려던 차에 저 선암사의 승려들이 갑자기 간계를 내어 경계를 빼앗고자 했습니다.

그러므로 저희들은 순천군에 소장을 올리니, [순천군에서] 도형의 경계를 사실대로 조사하여 바로잡았으나 저들은 다시 간특한 계책을 내어 작년 무렵에 다시 신관 사또에게 거짓으로 고소하여 소나무와 가래나무를 판 돈 40냥과 땅 경계를 아무 근거도 없이 강제로 빼앗으려 하니 어찌 원통하고 억울하지 않겠습니까?

이에 감히 봉산의 절목과 전임 사또의 도형과 전후 문서를 이어붙여 우러러 아뢰오니 엎드려 바라건대 통촉하신 후에 저희들의 피해를 자세히 살펴 특별히 처분을 내려주십시오. 저들을 법정에 잡아와 봉산을 강제로 빼앗으려는 습관을 엄하게 징계하시고 빼앗아 간 돈 40냥은 즉시 돌려주도록 사또께서 처분해 주시길 천번 만번 바라옵니다.

정유년(1897) 7월 29일

익홍(翊洪), 두현(斗賢), 증율(曾律), 창율(昌律), 유안(宥安), 정오(淨昨) 등

행사

본영(本營)의 뎨김에 의거하여 시행할 것.

초 3일

제6항 제6차 등장

삼가 의송(議送)[23]을 올리는 일은 다음과 같습니다. 우리 절은 곧 율목봉산으로 지난 경인년에 처음으로 설치될 때 초기에 반포한 절목에 의거하여 네 곳에 봉산의 경계를 표시하여 돌에 새겨 지금까지 없어지지 않았습니다. 송광사와 선암사 두 절의 사이에 장막동이 있는데, 구분이 있던 처음에는 서로 침범하지 않았습니다. 지난 어느 해 이래로 세 차례에 걸쳐 소나무와 가래나무를 팔았고, 갑오년 동학의 소요가 있은 후 절의 형편이 어려워져 부득이 소나무와 가래나무를 팔려던 차에 저 선암사의 승려들이 사단을 일으켜 경계를 빼앗고자 했습니다.

그러므로 저희들은 본관 사또에게 소장을 올려 도형의 경계를 사실대로 조사하여 공정하게 결정했으나 저들은 다시 간계를 내어 작년 무렵에 다시 신관 사또에게 소송하여, 소나무와 가래나무를 판 돈 40냥과 땅을 아무 근거도 없이 강제로 빼앗으려 했습니다. 따라서 저희들은 원통하고 억울하여 봉상사(奉常司)에 호소하자 봉상사에서 교칙(敎飭)으로 엄하게 판결하였는데도 저들은 예사롭게 보았습니다.

그리하여 금년에 다시 관찰사께 나아가 호소하여 엄한 뎨김의 가르침을 삼가 받들었으나 저들은 이 또한 시행하지 않으니, 어찌 고집스럽

23) 의송(議送) : 조선시대에 백성이 고을 수령의 결정에 승복하지 못하고 다시 관찰사(觀察使)에게 상소하던 일이나 민원서류를 가리킨다.

고 사나운 무리들이 이와 같을 수 있겠습니까? 자세히 살피신 후에 특별히 엄한 명령을 내려 저들을 법정에 불러들여 봉산을 강제로 빼앗으려는 습관을 엄하게 징계하시어 빼앗아간 돈 40냥은 곧 돌려주시고, 경계는 예전처럼 구역을 나누어 다시는 섞이는 일이 없기를 수의(繡衣)[24]사또의 처분을 천번 만번 바라옵니다.

정유년(1897) 8월 일

증율(曾律), 익홍(翊洪), 정오(淨旿), 묘환(妙還), 계훈(桂訓), 유안(有安), 두현(斗賢), 창율(昌律), 각인(覺仁), 성흔(性欣), 부선(富善), 수현(守玹), 계오(戒悟), 지현(支玄), 영우(靈佑), 준찰(俊察), 진정(眞定), 증오(證悟) 등

암행어사(暗行御使)

상세히 조사하여 공정하게 결정할 것이니 승려들은 물러가라.

초 6일

제7항 제7차 등장

삼가 아뢰는 의송의 일은 다음과 같습니다. 우리 절의 절과 산은 이미 상사(上司)에 속하여 처음부터 사표(四標)의 봉산의 경계가 있었습니다. 지금 또 홍릉(洪陵)의 향탄봉산에 속함에, 또 칙지(勅旨)[25]를 받들어 사패지(賜牌地)가 되어서 표석을 세우는 절목은 한결같이 경인

---

24) 수의(繡衣) : 수를 놓은 옷 또는 암행어사의 별칭이다. 암행어사는 지방의 군현에 비밀리에 파견하여 변복으로 암행하면서 수령의 득실과 백성의 질고를 탐문하여 사실대로 복명하는 것을 직무로 하였다. 수사(繡使)라고도 쓴다.

25) 칙지(勅旨) : 칙명(勅命) 또는 교지(敎旨)와 같은 말로 국왕의 명령을 가리킨다.

년에 반포하신 바에 준하여서 봉산에 경계를 정하였는데 선암사의 승려들이 몇 년 전에 한 줄기 산기슭이 완연히 이 봉산의 안에 있는데도 사단을 일으켰습니다. 이러한 까닭으로 비록 부와 군에서 공정하게 결정한 뎨김과 신칙이 있는데도 완악한 저 무엄한 무리들은 봉산이 중요한 곳임을 알지 못하고 황공하게도 다시 소란스러운 단서를 일으켰습니다.

그러므로 본군의 명령서, 전후의 도형, 문적(文蹟), 두 차례 봉산에 내리신 절목을 이어붙여 우러러 호소하오니 엎드려 바라건대 잘 헤아리신 후 입지(立旨)[26]를 발급해주시고 특별히 엄한 뎨김을 내리셔서 훗날의 폐단의 소지를 막아주실 것을 천번 만번 바라오며, 순상대감의 처분을 기다립니다.

경자년(1900) 12월 일

지흔(支欣), 유안(宥安), 계훈(桂訓), 창율(昌律), 두현(斗賢), 첨화(添華), 장흡(章洽), 영우(永佑), 장열(長悅), 기호(其浩) 등

관찰사

이 절의 소중함은 다른 절과는 매우 다르다. 경계를 정함에 있어서 도형을 살피지 않고 갑자기 확정하기 곤란하다. 밝고 자세하게 살펴서 송광사와 선암사 두 절에 원통함이 없도록 경계를 정하여 보고하고, 절목을 만들어 발급함이 옳을 것이다.

양력 2월 6일

---

26) 입지(立旨) : 관부(官府)에서 판결문을 쓰고 관인을 찍어 개인이 청원한 사실을 공증해 주던 문서다. 조선 중기 이후부터 통용된 문서 양식으로, 토지 문기(土地文記), 노비 문기(奴婢文記) 따위를 분실 · 도난 · 소실하였을 때 문서가 없어서 발생하는 문제를 예방하기 위하여 이를 발급하는 경우가 많았다.

제8항 제8차 등장

삼가 아뢰는 의송의 일은 다음과 같습니다. 홍릉의 향탄봉산으로써, 경계를 정할 때의 일은 전에 저희들에게 알려주신 뎨김의 가르침 속에 '밝고 자세하게 조사한 뒤 절목을 발급한다.'라고 하셨습니다. 순천군에서 정한 색리(色吏)가 절에 와서 밝고 자세하게 살펴 한결같이 경인년의 반포한 바에 따라서 봉해 주었으며 또 절목이 발급된 전후로 봉산의 영역은 조금도 경계를 침범당한 일이 없었습니다. [그런데도] 저 선암사의 승려들이 단지 전날의 봉산을 파괴한 일을 답습하여 근거도 없는 폐습으로 소란스런 일을 일으켜 한 줌 산기슭을 빼앗으려 하니 관청에서 두 절의 승려들을 불러 옳고 그른 것을 따질 때 반포한 절목과 도형에 의거하여 지극히 공정한 판결로 저들의 무엄함을 꾸짖고, 명쾌하게 패소시켰는데도 저 흉악한 저 근거도 없는 무리들이 뒷날을 알지 못하고 버티니 어찌합니까?

그러므로 서울의 부서와 각 영(營)과 순천군에서 내린 절목과 도형, 문서를 이어붙여 우러러 호소하오니 엎드려 바라건대 자세히 통촉하신 후 특별히 엄한 뎨김을 내리셔서 훗날 폐단이 일어날 소지를 막을 것을 천번 만번 바라오며, 순상대감께서 처분하여 분부를 내려주시옵소서.

경자년 12월 일

성호(誠昊), 수현(守玹), 계훈(桂訓), 유안(宥安), 지흔(支欣), 창율(昌律), 두현(斗賢), 첨화(添華), 장흡(章洽), 영우(永佑), 기호(奇浩) 등

관찰사

이미 전에 뎨김한 것이 있다.

양력 2월 11일

제9항 제9차 등장

삼가 소지를 올려 원통하고 억울한 사유를 진정하는 일은 다음과 같습니다. 엎드려 살피건대 우리 승려들이 거주하는 절은 저 경인년에 위로부터 칙령하시어 율목봉산이 된 뒤로 절의 중요함이 다른 절과 매우 다른바, 우리들이 공무를 받들어 거행하여 수호함이 다른 곳과 구별된다 하여 황송하게도 법전에 의해 시행토록 한 것이 백여 년이 되었습니다. 근래 갑오경장 후에 완악한 저 선암사의 승려들이 흉계를 내어 봉산을 혁파한다는 것에 칭탁하여 경계표시로 금지한 곳 가운데 한 줌 산기슭을 강제로 빼앗아 제 이익만 취하였습니다.

그러므로 저희들은 누차 서로 힐난하며 소장을 제기하여 위로는 봉상사의 처결이 있었고 아래로는 영읍(營邑)의 뎨김이 있었습니다. 아! 저 선암사의 사리에 바르지 않음과 패소한 문적(文蹟)이 조야에 자세히 기재되어 있는데도 선암사의 완악한 습성은 범법의 율을 깨닫지 못하고 다시 욕망을 채우는 것을 답습하여 사사로이 표석을 세운 안쪽의 금지된 기슭을 침범하니 선암사의 행위는 곧 그 읍의 세력을 믿고 나라의 법을 업신여기는 것이니 단지 저희 절만의 분하고 원통한 일만이 아닙니다.

이를 그대로 내버려둔다면 어찌 나라에 봉양(封養)의 경계가 있다고 하겠습니까? 전후에 봉상사에서 발급한 절목과 문서를 이어 붙여[27]

본사(本司)에 우러러 호소하오니 엎드려 바라건대 자세히 잘 헤아리신 후에 해당 도의 관찰부에 엄히 훈계하시어 해당 사찰의 승려들을 잡아들여 단단히 가두고 강제로 빼앗아 간 소나무와 가래나무를 판 돈[28] 40냥과 여러 차례 소장을 내는 데 든 비용 조목으로 375냥 6전을 모두 일일이 돌려주고 한편으로는 막중한 봉산의 경계를 어지럽게 한 죄와 또 한편으로는 읍의 세력에 힘쓰고 권력을 믿은 죄를 응징하여, 저희로 하여금 봉산을 보전하고 밤나무를 금양(禁養)하여 나라를 위해 일하고 공급하도록 하시기를 천번 만번 바라옵니다. 봉상사 각하의 처분을 기다립니다.

광무(光武) 5년(1901) 3월 일

첨화(添華), 두현(斗賢), 창율(昌律), 영우(永佑), 지흔(支欣), 수현(守玄), 장흡(章洽) 등

봉상사(奉常司)

마땅히 궁내부에 보고하고 해당 도에 파견할 것.

8일

제10항 제10차 등장

삼가 아뢰는 의송의 일은 다음과 같습니다. 두 절의 산송(山訟)이 이미 전의 문서에 있습니다. 그러므로 감히 거듭 말하지 않겠으나 막중한 봉산을 빼앗길 수 없으므로 전후 문권(文券)을 이어붙여 우러

---

27) 『사고』에는 첩연(帖緣)으로 적혀 있는데, 첩련(帖連)의 오기로 보인다. 첩련은 점련(粘連)과 같은 뜻이다.

28) 문(文) : 돈의 한 가지 또는 그 돈의 개수를 나타내는 말로 쓰였다.

러 호소하오니 특별히 따로 처분을 내리시어 백여 년을 수호해 온 봉산을 빼앗기는 지경에 이르지 않기를 천번 만번 간절히 바라옵니다. 관찰사께서 처분하여 분부해주소서.

신축년(1901) 2월 일

완규(玩奎), 영우(永佑) 등

관찰사

봉산의 소중함으로써 논한다면 선암사 또한 봉산의 중요한 곳이니 승려들 가운데 공정한 자를 뽑아서 예전의 경계를 찾아내어 소송을 멈추게 할 것이니 물러나 기다릴 것이다.

양력 4월 12일

산계(山界) 도형의 뒷면에 있는 뎨김

하늘에는 뭇별이 있고, 땅에는 산과 내가 펼쳐져 있다. 하늘은 은하수로써 이미 분야를 정하였고, 땅은 강물로써 경계를 나누어 정했다. 두 절의 경계는 조계의 흐르는 물로써 자연스럽게 나뉘었다. 정해진 경계의 나머지 사이에 장막 고개가 있는데, 순천군의 김 등이 말하는 완문(完文)[29]에 반으로 나누었다고 하므로 여기에 의거하여 경계를 나눔이 마땅하다.

18일

명당총섭(明堂摠攝)

---

29) 완문(完文) : 조선시대에 부동산에 관하여 해당 관아에서 발급한 증명 또는 허가 문서를 가리키거나 증명 · 허가 · 인가 · 명령 등의 처분 사안에 대해 당해 관청이 발급한 승인문서를 가리킨다.

참고 : 융희(隆熙) 3년(1909) 기유년에 소유권 증명원을 제출할 때 반으로 나눌 것을 정하여 이후부터 영구히 소송을 멈추고 오늘에 이르렀다.

제2절 가구동산(駕臼洞山)

제1항 지난 시대의 분쟁

제1목 제1차 등장

삼가 소지(所志)를 올리는 사유는 다음과 같습니다. 지난번에 접치의 촌민이 소장을 낸 것에 대한 뎨김 안에 물리치는 뜻이 엄중했습니다. 그런데도 동 차사(差使)가 예전(例錢) 15량을 우리 절에서 거두고자 하였습니다. 당초 봉산에 경계를 정하고 표석을 세웠는데, 그 가운데 "가동(駕洞)은 원래 이 절의 산의 주맥이기 때문에 예전부터 보호하는 곳이고, 구동(臼洞)은 비록 절목에는 표석 안에 있는 것으로 실려 있지만 점민(店民)들이 숯을 굽는 것을 금단할 수 없습니다."라고 하였습니다.

3년 전부터 숯을 굽는 사람들이 주맥인 가동에 굴을 파고 산 안의 잡목을 벌채하여 거두었습니다. 그러므로 굴을 부수고 서로 금단해 달라는 소장을 다투어 올리는 지경에 이르렀습니다. 이번에도 경차관이 친히 살피러 산에 올라 조사할 때 이러한 일의 형세를 보고 탄식하시면서 범인을 잡아오라 명하였습니다.30) 그런데도 어떻게 하여 죄를 면하기를 도모하여 도리어 완전히 감면받았다고 빙자하고 거짓으로

30) 발차추착(發差推捉) : 발차는 죄지은 사람을 잡아오라고 사람을 보내던 일을 가리키고, 추착은 범죄자를 수색하고 추적하여 붙잡아옴을 뜻한다.

날조하여 소장을 올리니 승려들로 하여금 말할 수 없는 지경에 빠지게 하였습니다. 만일 이와 같이 한다면 국용 봉산은 어느 곳으로 돌아갈 것이며 또 예전을 승도들에게서 도로 거둔다면 보호하고 지키는 도리는 모두 없어질 것이니 어찌하겠습니까? 다시 처분을 내려주실 것을 천번 만번 간절히 바라옵니다. 명령을 내리시도록 사또께서 처분하실 일입니다.

신유년(1861) 10월 일

성민(性敏), 미찬(美贊), 계성(戒性), 경선(璟善), 화연(華演) 등

행사

접치 점민의 범죄는 진실로 용서할 수 없는데, 어째서 본관을 통하지 않고 파견된 도사(道使)에게 직접 호소하였는가. 이들 나머지 점민들은 모두 쓸어 없앨 것이다. 이번 소송은 몹시 괴롭고 불쾌한 일이다.

17일

1. 송광사 주지에게 내린 전령

율목봉산은 무엇보다 삼가고 중히 여겨야하는 곳인데도, 이른바 접치의 점민들이 법령을 살피지 않고 허가도 없이 함부로 들어와[31] 숯을 구웠다는 것을 들으니 매우 놀랍고 괴이하다. 지금 특별히 명령하니 만일 혹시라도 법을 어기는[32] 자가 있다면 곧 빨리 보고하여 엄하게 다스림이 마땅하다.

신유년 10월 17일

---

31) 『사고』에는 난입(攔入)으로 적혀 있지만, 난입(闌入) 또는 난입(欄入)의 오기로 보인다.

32) 모범(冒犯) : 일부러 법을 어기는 말이나 행동을 함을 뜻한다.

행사

2. 접치 점민에게 내린 전령

율목봉산을 수호하는 법률의 근본 취지는 무엇보다도 엄중한데 너희들이 쉽사리 숯을 구우니, 이는 어떤 폐습인가? 그 소행을 생각해 보니 몹시 놀라운 일이다. 마땅히 잡아와 엄히 응징함이 옳지만 죄인을 잡는 사이에도 그 폐단이 없지 않다. 그러므로 특별히 용서하고 명령을 내리니, 만일 다시 전날의 습관을 되풀이한다면 세세히 조사하여 예전의 저지른 죄도 면하기 어려울 것이다. 깊이 헤아려 거행함이 마땅하다.

신유년 10월 17일

행사

제2목 제2차 등장

삼가 소지를 올리는 사유는 다음과 같습니다. 지난번에 주암면의 백성들이 회문(回文)[33]으로 모의하여 패거리를 이루고 나라에서 신주로 쓰는 율목봉산에 허가 없이 뛰어들어 두려워하지 않고 법을 어기며 [밤나무를] 베었는데 이것이 많아서 탄로 났습니다. 금단하였으나 도리어 적반하장으로 행패를 부린 것이 헤아릴 수 없고, 봉산을 빼앗고자 하니 세상이 어찌 근거없는 백성을 받아들이는 것이 이와 같겠습니까?

이와 같은 일을 금하지 않는다면 산은 민둥산이 되고 승려들은

33) 회문(回文) : 여러 사람이 차례로 돌려가면서 보도록 쓴 문서로 회장(會章)이라고도 쓴다.

몰락하여 봉산을 수호할 길이 없을 것입니다. 그러므로 감히 이러한 연유로 하여 밝으신 관청에 우러러 호소합니다. 특별히 잘 헤아리신 후에 관청의 위엄으로 우두머리는 법정에 잡아들여 법률에 따라 못된 버릇을 징계하셔서 저희들 쇠잔한 승려들이 무사하게 하옵소서. 명령을 내리시도록 사또께서 처분하실 일입니다.

계사년(1893) 3월 일

계훈(桂訓), 익홍(翊洪), 묘환(妙還), 정오(淨悟), 상진(尙軫), 유안(有安), 상현(尙賢) 등

행사

조사하여 판결하기 위해 소나무꾼 조가(趙哥)는 잡아서 대령할 것.

부록 사과표(謝過票)

위 표는 다음과 같습니다. 송광사와 주암면은 조계산 양쪽 골짜기 사이에 있어서 옛날부터 지금까지 우의가 매우 두터워 속임이 조금도 없었습니다. 올해 봄에 나무꾼이 나무하러 가는 길을 새로 닦다가 뜻이 서로 합치되지 못했습니다. 그러므로 길을 닦다가 우의를 깨었으니, 전과 같이 밤나무와 작은 소나무라도 침범하지 않겠다는 뜻으로 표(票)를 만듭니다.

계사년 4월 초 4일

조도겸(趙道謙), 장덕여(張德汝), 박길지(朴吉之), 박인옥(朴仁玉)

제3목 제3차 등장

다음과 같이 아룁니다. 우리 절에 있는 율목봉산은 소중하기 때문에 이미 사또께서 통촉하셨거니와 이번에 나무땔감을 구하는[34] 시기를 맞아 만약 관청의 명령에 의지하지 못한다면 보호할 수 없습니다. 그러므로 해마다 이때가 되면 가까운 동네의 나무꾼들에게 금지하는 명령을 엄하게 하였습니다. 금년에도 우러러 호소하오니 엎드려 바라옵건대 잘 헤아리신 후에 주암면과 송광면 두 면의 풍헌들에게 특별히 엄한 명을 내려서 금단할 것을 천번 만번 간절히 바라옵니다.

기해년(1899) 3월 일

수현(守玹), 두현(斗賢), 창율(昌律), 장흡(章洽) 등

관(官)

이때를 맞아 금단하는 것은 진실로 규례다. 그러나 이미 허락한다는 관찰부의 신칙이 있다고 말하므로 그 일의 상황을 들어 관찰부로 가서 청원할 것.

30일

제4목 제4차 등장

삼가 의송을 고하는 일은 다음과 같습니다. 우리 절은 신주로 쓰는 나무를 관리하는 봉산으로 소중한 이유가 대감님께서 통촉하신 가운데 있사옵거니와 지난번에 대감님께서 순천군 주암면 광천리에서 점심을 드실 때 나무꾼들이 땔감을 구하고자 하는 등장에 대해 뎨김을 내리신 속에 수년 동안 크게 자란 나무는 벨 수 없다고 하셨는데,

---

34) 절초(折草) : 거름이나 땔나무로 쓰기 위하여 풀이나 잎나무 따위를 베는 것을 뜻한다.

금년에는 나무를 베어가라고 하셨습니다. 그때부터 지금까지 수백 명의 나무꾼이 무리를 이루어 봉산에 허가도 없이 들어와서 어려움 없이 나무를 베고 이어서 세 폐하 성전(聖殿)의 대법당의 뒷산까지 침범하여 풀과 나무가 전혀 없는 지경에 이르렀으니, 나무꾼들이 남의 길을 빌려쓰다가 절을 없애는 것이라 이를 만합니다.

그러므로 이러한 사정을 들어 순천군 사또께 소장을 올리니 뎨김의 분부 가운데 이때 금단함이 진실로 옳은 규례이나 이미 허락한다는 관찰부의 신칙이 있다고 하면서 그 일의 상황을 들어 관찰부로 가서 청원하라고 말씀하셨습니다.

그러므로 원통한 까닭에 밝은 조정에 다시 하소연하오니 엎드려 바라옵건대 잘 헤아리신 후 주암면의 집강(執綱)[35]에게 엄하게 명령하셔서 이 신주를 만드는 봉산으로 하여금 풀과 나무가 전혀 없는 지경에 이르지 않고 특별히 수호할 수 있는 땅이 되기를 천번 만번 바라옵니다. 분부하옵실 일은 순상대감님의 처분뿐입니다.

기해년 4월 일

수현(守玹), 두현(斗賢), 창율(昌律), 증율(曾律), 장흡(章洽) 등

관찰사의 지령

땔감을 구하는 것을 특별히 허가하고 재목을 베는 일은 엄히 금한다는 뜻은 이미 따로 신칙하고 만나서 잘 타일렀다. 지금 이 소장을

35) 집강(執綱) : 조선시대 향약(鄕約)에서 주현(州縣) 밑에 있었던 면(面), 방(坊), 사(社)의 소규모 동약(洞約), 동계(洞稧)의 우두머리다. 풍헌(風憲), 약정(約正), 면임(面任), 사장(社長), 검독(檢督), 방장(坊長), 방수(坊首), 도평(都平) 등이라고도 불렀으며, 주로 주현의 행정 명령을 백성들에게 알리고 조세의 납부를 지휘하는 구실을 하였다.

보니 과연 소장에 기록된 사연[36]과 같이 명령한 신칙을 지키지 않는 백성들의 잘못된 버릇이 가히 놀랍다. 땔감을 구하는 이외에는 하나의 예라도 잡아들여 엄금할 것이다.

광무(光武) 3년(1899) 5월 13일

본관(本官)

부록 표(標)

송광사의 산은 나라의 율목으로 봉해진 곳으로, 소중함이 다른 절과는 매우 다릅니다. 본 면의 무지한 나무꾼들이 땔감을 구할 때 표석 안에 함부로 들어가 무난히 나무를 베어 승려들을 수개월 동안 속였습니다. 이와 같기에 주재 봉산으로 특별히 봉할 때에 파견된 관리와 사또가 자리하고 또 본부의 이방을 부르고 승속을 한 곳에 불러들여 화합을 도모하고 전일에 누가 옳고 틀린지 따지는 것을 영원히 없앴습니다. 뒷날 만일 전과 같은 폐단이 있다면 관에 고하여 징계하여 다스릴 뜻으로 이와 같이 표를 만듭니다.

기해년 8월 19일

표주(標主) 주암면 장관표(張官杓), 이화선(李化善)

증인 박길지(朴吉志), 최성규(崔性圭)

겸관(兼官)의 제교(題敎)

서로 고한 바를 살피고 이 수표(手標)를 보니 그 칙령을 거행함이 아름답지 못함을 가히 알겠다. 지금 이후로는 봉산의 표석 안과 사양산(私養山)[37] 내에 비록 풀 한 포기 나무 한 그루라도 절대 함부로 베지

36) 장사(狀辭) : 소장(訴狀)에 기록된 사연이다.

못하며, 절 논의 도조(賭租)[38]는 체납하지 말고 잘 주어 서로 간에 속임이 없도록 하는 것이 마땅하다.

기해년 8월 19일

제5목 제5차 등장

우리 절은 신주를 만드는 봉산으로서 금지하고 보호하는 절목이 있는데 이번에 땔감을 벨 때 마땅히 엄중하게 수호해야 합니다. 이미 궁부(宮府)와 봉상사의 엄한 신칙이 있었거니와 해당 촌민의 버릇은 국법으로도 교화할 수 없을 정도입니다. 그러므로 이런 까닭에 우러러 호소하오니 엎드려 바라옵건대 잘 헤아리신 후에 주암면과 송광면 두 면에 특별히 엄한 명령을 내리셔서 다가올 폐해를 막으시고 봉산을 기를 것을 천번 만번 간절히 바라오며 아울러 사또님이 처분해주십시오.

경자년(1900) 4월 일

겸관(兼官)

소장에 의거하여 엄금하는 전령을 발급할 것이다.

19일

형리(刑吏)

---

37) 사양산(私養山) : 조선시대에 나무나 풀 따위를 베지 못하게 하면서 사사로이 가꾸던 사유지인 산을 말한다.

38) 도조(賭租) : 남의 논밭을 빌려서 부치고 논밭을 빌린 대가로 해마다 내는 벼를 가리키는데, 도지(賭地)라고도 쓴다.

제2항 새로운 시대의 분쟁

제1목 임야를 조사할 때-세부 측량시-

1. 표지 세우기, 지주의 입회, 지역 소나무 벌채 건의 통지

대정 9년(1920) 10월 10일
순천군 주암면 행정리 임야 조사 사무소
임야조사원 이한범(李漢範) 인(印)
순천군 송광사 귀중[39)]

표지를 세우는 데 지주의 입회와 지역의 소나무를 베는 안건의 통지

제목의 안건에 대하여 조만간 조사할 것이니 표지는 세울 것이고 지주가 입회하고 또 자기 소유 경계 사이는 어느 곳을 가리지 않고 벌목하여 실지 조사상 곤란이 없게 하기 위하여 이에 통지하오니 곧바로 실행할 것.

추신 : 신고서에 절의 도장을 날인하는 곳이 있으니 반드시 가져오기를 바람.

부록 1) 일지(日誌) 초록(抄錄)

대정 8년(1919) 3월 29일, 음력 2월 28일
심응섭(沈應涉)이 임야를 신고하는 일로 주암면 행정리로 갔다.
부기-그러나 당시 행정리 구장(區長)이었던 김성진(金性辰)으로부

---

39) 어중(御中) : 귀중(貴中)과 같은 말로 일본어 편지에서 상대편의 관청 · 단체 · 회사명 뒤에 붙이는 말이다.

터 온 통지서를 잃어버렸기 때문에 애석하다–

대정 9년(1920) 10월 13일 음력 9월 3일

주암면에 있는 송광사 소유의 산 경계를 정한 표기(標旗)를 세우는 일로 10명이 갔다.

부기–10명은 알 수 없으나, 강철월(姜哲月)이 그 일원으로 참여하였다–

2) 장부(帳簿)의 초록–대정 8년도에 송광사 감원(監院)이 전곡(錢穀)이 들어올 때 작성한 책 속에 있다–

85전을 음력 8월 1일 주암면 경계의 산림 신고료로 냈다. 이상.

2. 주암면민의 분쟁

조사원이 측량을 위해 산에 오를 적에 우리 절의 입회원 강철월 등 23명이 참석하였는데, 주암면민으로 행정리에 사는 김성진, 정성운(鄭性雲), 갈촌리(渴村里)에 사는 신동성(愼東性), 창촌리(倉村里)에 사는 김동술(金東述), 박덕인(朴德仁), 이진화(李珍化), 이사홍(李士洪), 복다리(福多里)에 사는 조봉현(趙鳳鉉) 등 20여 명이 모여 분쟁을 일으키기에 이르렀다.

그러나 우리 절의 위원 등은 뜻밖의 일로서 대중의 강한 힘을 대항할 수 없으므로 조금 항의하다가 우리 절에 돌아와 급하게 보고하였다. 즉시 온 절이 총동원되어 현장에 달려갔으나 해는 이미 서산에 지고 조사원은 벌써 측량을 마쳐 버렸다고 하므로 부득이 아무런 성과도 없이 절로 되돌아와서 모두 법에 의하여 회수함을 결의하고 이러한 결의에 따라 제반 증거서류를 갖추어 도지사에게 진술서를 제출하게 되었다. 그런데 주암면민이 뜻하지 않은 분쟁을 일으키게 된 원인은 교통상 편리하다고 하여 임야조사반의 사무소 본부를 광천리에 두었으므로 그 교제가 용이하였기 때문이다.

3. 임야조사반 공문

갑. 반장(班長)의 공문

대정 9년 11월 20일

광천점(廣川店) 반장 궁본중길(宮本中吉) (인)

송광사 귀중

주암면 행정리 임야에 대한 신고서를 다시 제출하였음에도 오히려 해당 임야는 분쟁지로서 정리할 필요가 있기 때문에 증거서류－필사본은 대조의 필요상 함께 제출할 것－ 및 진술서를 이 달 23일까지 광천점에 있는 반 사무소에 제출할 것을 조선임야조사령(朝鮮林野調査令)[40] 제6조에 의하여 통고한다.

을. 조사반 감독원의 공문

대정 9년 12월 20일

광천리 임야조사반 감독원 김제만(金濟萬) (인)

송광사 주지 앞

임야 분쟁지 재조사에 관한 건

---

40) 조선임야조사령(朝鮮林野調査令) : 임야와 임야 안의 토지를 조사 측량하여 그 소유권을 확정할 목적으로 1917년 착수하여 1924년에 완료하였다.

주암면 행정리 산 161번지 임야를 귀사(貴寺)와 행정리에 거주하는 백경인(白敬寅) 사이의 분쟁에 대하여 다시 조사할 필요가 있으니 해당 임야에 관한 신고서를 제출하고, 백경인에게 증거서류를 휴대하게 하여 함께 데리고 이 달 24일 우리 반에 와 주실 것을 요청합니다.

4. 진술서

갑. 제1차 진술

진술서

전라남도 순천군 송광면 조계산 송광사 주지 이설월

본사의 산림 가운데 주암면에 있는 구역의 분쟁에 대하여 아래와 같이 진술함.

1. 본사의 산림은 고려 중엽에 이 절의 개산조이신 보조국사가 정혜사(定慧社)를 창립할 당시부터 동서남북의 금표(禁標)-즉 방생장(放生場)-를 정하였을 뿐 아니라 특히 본사는 역대 왕조의 국사(國師)와 왕사(王師)가 주지를 상속한 중요한 장소로 토지와 삼림에 대한 두터운 임금의 은혜의 호위 아래 그 후부터 720여 년을 경과함에 산림의 사표(四標)로 경계를 정한 것은 자연적으로 엄정하게 되었는데, 다만 몇 해 전부터[41] 부근의 토호민 등이 몰래 잠식하는 폐해를 더하였으므로 온 산의 승려들은 소유권 회복과 산림의 보호를 위해 몇 차례의 분쟁을 하게 된바 그 증거서류는 아래와 같다.

41) 『사고』에는 만근(晩近)으로 적혀 있지만, 만근(輓近)의 오기로 보인다. 만근(輓近)은 몇 해 전부터 현재까지의 기간을 가리킨다.

1. 지금으로부터 92년 전에 토호민의 압박에 대한 수단으로 봉상시 – 지금의 사사과(社寺課) – 제조(提調)에 청원하여 절 소유의 산림을 국가의 보호에 의지하게 되었는바 그 절목에 이르기를 "표석 안의 한 줌 땅과 한 줄기 나무도 우리 절에서 관리하지 않는 것이 없는데, 서울과 다른 지방의 양반들이 입안(立案)을 발급받아 제멋대로 차지하고자 하는 것은 일체 막아서 금하며, 토반(土班)과 민인들이 개인적으로 기른 것이라고 말하거나 혹은 임의로 범작(犯斫)[42]하는 자는 즉시 보고하여 죄를 논한다." 하였으며, 또 주암면민이 주장하는 구역의 사표(四標)는 아래와 같음.

(가) 진촌 뒤쪽 고개는 마을 뒤쪽과 떨어져서 경계가 된다. 북쪽 방향으로 올라가면 비로소 마을이 끝난 곳에서 다시 큰길로써 경계로 한다. 망수봉에 올라서 북쪽 산기슭 초등과 붙어 있는 시냇가 밭두렁길에서 동북쪽으로 향하면 조계산 시루봉이며, 오도곡으로 들어가면 골짜기 안에 수목이 가지런하지 않고 뒤섞여 있다.[43] 북쪽으로 올라가서 10리쯤 되는 오도치에 표석을 세운다.

(나) 오도치에서 동쪽으로 붙어있는 시루봉 뒤 북쪽에 구동과 가동이 있다. [마을을] 등지고 올라가면 10리쯤 되는 곳에 조계산의 주봉에 이른다. 그 아래 조계수 물가에는 모두 수목이 높이 솟아 늘어서 있다. 이와 같이 오도치로부터 접치에 이른 경계는 시루봉 후방에 있는 구동과 가동을 등지고 오르는 조계산 주봉에 이르는 1리 사이니

---

42) 범작(犯斫) : 특별히 가꾸어 베지 못하게 하는 나무를 베는 행위다.

43) 참치(參差) : 길고 짧고 들쭉날쭉하여 가지런하지 아니함, 연이은 모양, 흩어진 모양, 뒤섞인 모양, 낮게 또는 높게 보이는 모양 등의 뜻으로 사용된다. 참(參)은 세 개가 섞인 것이고, 치(差)는 두 개가 섞인 것을 뜻한다. 참치부제(參差不齊)라고도 쓴다.

천연의 골짜기 모양이 송광사 소유의 산림임은 한눈에 밝고 뚜렷하다. 5만분의 1 지도에도 오도치와 접치를 기재하여 당시 관청에서 증명을 얻었음이 지금도 있다.

1. 지금으로부터 27년 전인 을미년(1895) 10월 21일에 순천부사가 송광사와 선암사 두 절의 구역분쟁을 판결한 문서에도 가동과 구동이 분명히 송광사의 금표임을 밝혔고, 또 주암면 접치에는 봉상시 당시의 표석에 새긴 글자가 아직도 그대로 남아 있다.

1. 광무 3년(1899) 3월에 칙령으로 본사 산림의 금표를 정함은 아래와 같다.

동쪽으로는 접치에 이른다. 남쪽으로는 장안에 이른다. 서쪽으로는 평촌에 이른다. 북쪽으로는 가치에 이른다.

1. 지금으로부터 28년 전에 주암면 상도(上道) 사람들이 나무꾼들 다니는 길을 구동과 가동 사이에 새로 만드는 것을 본사에서 관에 고하여 금지한 결과, 그 사람들의 총대(總代)[44] 2명이 즉시 사죄장을 본사에 보내온 일이 있는데 2명 가운데 1명은 아직도 살아 있다.

1. 광무 2년(1898) 무렵에 분쟁구역이 된 구동과 가동의 골짜기에서 기르던 수목을 접치에 살던 백보윤(白甫允)에게 매각한 일은 일반인이 지금까지 기억한다.

---

44) 총대(總代) : 일본어에서 어떤 단체 · 집단의 대표 또는 대리가 되는 자를 이르는 말이다.

1. 대정 2년(1913) 김봉칠(金鳳七)이 주암면의 면장이었을 때 주민들이 사찰 소유의 산림을 빼앗으려는 무리한 행동을 말로 타이르고 진정시킨 일이 있다.

1. 지적 보고는 앞서 기록한 모든 구역을 기입함이 당연하나 산기슭 부근에 사는 사람들의 전답에 접근하여 보호하기 불가능하므로 스스로 내버리고 현재 지적과 같이 신고한다.

상술한 것과 같이 산림의 사표에 대하여 엄밀한 증거가 있을 뿐만 아니라 보호한 숲의 형태로도 족히 700여 년 이래의 역사를 가진 산림이 됨은 한눈에 밝고 뚜렷하다.

위와 같이 진술하며, 단 참고 서류는 별지에 첨부한다.
대정 9년 12월 일
전라남도 순천군 송광면 송광사 주지 이설월

을. 제2차 진술서
진술서의 두 번째
전라남도 순천군 송광면 조계산 송광사 주지 이설월

본사 소유의 산림 가운데 본군 주암면에 속하는 구역에 붙어 있는 고장 면민과의 분쟁에 대해서 이전에 진술서를 제출하여 보고하였고, 아울러 다시 별도의 증거 서류를 첨부하여 아래와 같이 진술하여 아룁니다.

(1) 700년 전부터 오랜 세월 이어져 오늘에 이른 본사에서 완전하게 보호하여 온 것은 실지 상황에 의해 분명함.

(2) 지금으로부터 92년 전 조선 순조(純祖) 29년(1829) 당시 궁내부에서 내려준 확실한 관문기(官文記)에 기재된 사표 안에 본건과 관계된 부분을 보더라도 명확히 절 소유 산림이라는 것을 알 수 있다.-이전에 제출한 증거서류에 명확하다-

(3) 지금으로부터 27년 전[45]인 을미년(1895) 10월 21일 선암사와의 분쟁에 대해 순천부사가 판가름한 결정문의 뒷면에 표시된 도면에 의해서도 명확히 본 관계된 땅은 절 소유 산림으로 인정됨.

(4) 광무 2년 기해년(1899)[46] 옛 궁내부에서 하사한 관문기에도 사유산림의 경계인 사표가 지금 분쟁중인 지역도 포함하고 있는 내용이 분명하게 기재되어 한 점의 의심도 생길 곳이 없음.

(5) 지적에도 같은 모양으로 오늘날까지 점유하고 보호하여 보호해 온 구역에 한해 제출한 일이 있는데 당시 그 고장 면민들도 아무런 이의가 없었음.

(6) 실지의 상황

본건에 관계된 땅의 대부분은 수령 40~50년 내지 100년 된 활엽수가 빽빽하게 자라나 임상 상태는 분쟁지 밖의 절 소유 산림과 모두 같은 수종이면서 동일한 형태로 금양되어 온 것은 보통 관계가 없는 사람에게도 쉽게 인정받을 수 있다. 다만 산기슭의 경계 부근은 그 고장 사람이 밤에 사인(寺人)의 감시를 속이고 도벌하거나, 혹은 실화 등으로 인해 위쪽 방향과 임상이 달라졌다고 하는데, 그 지형과 임상의

45) 『사고』에는 빠져 있는데, 전(前)을 넣어야 된다.

46) 기해년 : 광무 3년이다. 광무 2년은 무술년(1898)이다. 기해년이 옳다면 광무 3년으로 고쳐야 한다.

금양 상태를 조사해 보니 명확히 절에서 보호하고 점유해 온 것을 인정할 수 있으며 주변의 민유림과는 그 상황이 다름.

(7) 그 고장 사람의 대부분은 명확히 절 소유 산림이라는 것을 인정하면서도 한두 명의 모사꾼에 부화뇌동하여 이러한 폭거에 나선 것으로 오늘날에는 이미 다수가 후회하고 있다. 별지 시말서에 기재된 박덕인과 김재반(金在班) 외 6명은 당시의 주모자로서 오늘날에는 자기의 행동이 무리한 일임을 깨닫고 이와 같은 시말서를 제출하기에 이른 것임.

(8) 다음에 정동섭(鄭東燮)과 같은 이는 처음에 주모자 등의 강한 협박에 모임을 그만둔 다수의 인민과 함께 분쟁하게 되었음은 별지 시말서를 통해 분명함. 이외의 부락민 가운데 다수는 모두 이러한 류의 사람들로 한두 명의 계략을 부리는 자들 때문에 꾀를 냈던 것 같음.

대정 10년(1921) 음력 4월 일

5. 서약서 및 시말서

갑(甲). 서약서

다음은 대정 9년 음력 8월경에 산림을 측량하고 조사할 때 본 구역의 총대가 촌민 다수에게 연서(連署)하고 도장을 찍게 함으로써 송광사와 대립하게[47] 되었는데, 각기 스스로 헤아리기를 필시 비용이 얼마나 될지 알 수 없으나 가냘프고 약한[48] 민촌이 도리어 해를 입을까 두려워

---

47) 『사고』에는 지오(支吾)로 적혀 있는데, 여기서는 지오(枝吾) 또는 지오(支梧)로 쓰는 것이 맞는 듯하다. 지오(支梧)는 맞서서 겨우 버티어 나감 또는 서로 어긋나거나 상치됨을 뜻한다.

48) 『사고』에는 잔약(殘弱)으로 적혀 있는데, 잔약(孱弱)이 옳다.

날인이 불가하다고 하는 자가 다수이므로 우리 두 마을 인민은 이 분쟁에 참가하지 말자는 공론이 일치되었으니, 진술서 가운데 날인한 것은 확실히 없애기로 이에 서약함.

대정 10년 음력 4월 10일

새로운 동명 갈마구(渴馬區) 내

전(前) 감성리(甘星里) 단장 김재반

류학룡(柳學龍)

황의옥(黃儀玉)

전 동촌(東村) 단장 박헌영(朴憲永)

문진국(文珍國)

장기로(張基魯)

김상률(金商律)

을. 시말서 1

주암면 면민 일동과 송광사 사이의 분쟁에 참가하지 않겠다고 하여 아래와 같이 약속함.

(1) 주암면 행정리 구역에 있는 송광사 소유 산림의 소유권 문제로 주암면민과 송광사 사이의 분쟁에 대하여 산림 조사시 창촌(倉村) 회의석상에서 그 무리함을 일반에게 선언하고, 본인은 찬성하지 않는다는 취지로 날인하지 아니한 일이 확실하기로 이를 증명함.

(1) 면민된 의무로 2, 3차 회의에 참석하였으나 해당 산의 보호와 금화(禁火)와 지상물의 매매권이 수백 년 동안 송광사에 있는 이유를 설명하고, 본인의 뜻에 맞지 않으므로 찬성하지 않았습니다.

(1) 대정 9년 음력 10월 무렵에 산장(山場)에 갔던 것은 이 면의

상도(上道)를 비롯한 21동이 공동으로 집회할 때에 그 지휘하는 이가 지명자는 한 사람이라도 참가하지 않으면 이 일에 대한 비용 전부를 거둔다고 하기에 부득이 간 것이지 본인의 뜻은 아닙니다.

(1) 사정(査定)하여 공시한 뒤 면민과 절 대중 사이에 소송이 있는 때라도 그 이유를 판명하기 위하여 이를 증명함.

(1) 절에서 해당 산장에 대하여 본인이 대표가 아니라는 의심을 하고 있으나 설령 본인의 명의[49]로 대표 도장을 찍었다고 하더라도 이는 취소하여 대표가 아닌 것으로 함.

대정 10년 5월 2일

주암면 행정리 연서인 정동섭 인

송광사 귀중

병. 시말서 2

접치 산장에 대하여 본인은 본디 동복면민으로 주암면에 집을 옮긴 지 아직 20년이 되지 않았는데, [이곳에] 온 후에 오직 접치산(接峙山)을 송광사산(松廣寺山)이라 함은 들었으나 주암면이라 함은 듣지 못하였으므로, 송광사와 주암면의 인민들 사이에 분쟁이 일어날 때 본인은 마을 대표로 참여하지 않고 앞으로 반드시 그 무리함을 판명하기로 하고 이를 증명함.

대정 10년 신유년 음력 4월 1일

당시 동촌리(東村里) 대표 박덕인(朴德仁) -인장은 본인의 문중에서 사용할 데가 있어서 지장을 찍음-

---

49) 『사고』에는 명의(名儀)로 적혀 있는데, 명의(名義)가 맞다. 명의(名義)는 어떤 일이나 행동의 주체로서 공식적으로 알리는 개인 또는 기관의 이름 또는 문서상의 권한과 책임이 있는 이름을 가리킨다.

송광사 귀중

정. 사정 공시(査定公示)

이상과 같이 제반 서류가 제출되었음에도 불구하고 전라남도 지사로부터 대정 12년(1923) 9월경에 사정 공시를 순천군청 안에서 발표하여 각 관계자의 열람을 허락하니, 다만 본사에 관계된 임야는 아래와 같이 조사되었다.

신흥리 5정(町)50) 2무(畝)51) 국유 연고자 송광사

봉산리 1정 3반(反)52) 5무 국유 연고자 송광사

장안리 161정 7반 1 국유 연고자 송광사

장안리 7반 1무 국유 연고자 송광사

행정리 156정 행정리 외 7개 리

제2목 임야조사위원회53) 시절

1. 불복하는 신청54)

이상 5개 구의 사정이 공정하지 못함에 분을 참지 못하고 즉시 김도희(金道熙)에게 위임하여 임야조사위원회로 불복신청서를 제출하였는데, 그 서류의 내용이 대동소이하므로 이제 번거로움을 피하여

---

50) 정(町) : 면적 단위로 1정은 약 3,000평 정도다.

51) 무(畝) : 면적 단위로 1무는 한 단(段)의 10분의 1, 곧 30평에 해당한다.

52) 단(反) : 면적 단위로 1단은 300보(步)로 1정(町)의 10분의 1로 300평 정도다.

53) 임야조사위원회 : 임야조사사업을 위해 설치된 기관이다. 주로 조사된 임야에 대해 결재하는 일을 맡았는데 그 기간은 1919년부터 1935년까지였다.

54) 신립(申立) : 소송법상 재판에 대해 일정한 소송 행위를 구하는 당사자의 의사표시를 말한다.

행정 1구의 신청서만 베껴 적으니 그 전문은 아래와 같다.

불복신청서

1. 토지의 표시

전라남도 순천군 주암면 행정리 산 162번 임야 156정보

2. 신청 사항

전라남도 도지사에게 행정리 외 7리－복다리(福多里), 갈마리(渴馬里), 창촌리(倉村里), 죽림리(竹林里), 오산리(五山里), 요곡리(蓼谷里), 구산리(九山里) 등－의 소유라고 하는 사정을 취소하고 불복신청인－송광사 대표 당시 주지－의 소유라고 재결하기를 요구함.

3. 사실과 이유

위의 임야는 지금으로부터 730년 전 고려 명종(明宗)시대에 이 절의 개조(開祖)인 보조국사가 정혜결사(定慧結社)를 창립하자 당시 명종으로부터 사패를 받은 임야 가운데 일부로서 해당 임야에 나무를 심어 엄격하게 보호하고 부지런히 심었기 때문에 영원히 계속 보호해 온 일은 소란스럽게 많은 말이 필요하지 않다.

우리 송광사 임야의 경우에는 역대 왕조의 국사와 왕사 및 주지 등이 상속하여 대대로 해당 임야의 사표(四標) 구역선의 고정 또는 황폐한 구역과 소생지(疎生地)[55] 등을 조사하여 그곳에 나무를 심어 식림사업에 태만하지 않는 최선의 노력을 행함으로써 지금과 같은 상태로 나무가 눈에 꽉 차도록 울창하고 청아한 경치는 전남에서 드문 곳이라고 말할 수 있다.

그리고 앞서 서술한 것 같은 연혁과 노력으로 수호해 온 것이 그

55) 소생지(疏生地) : 풀이나 나무 따위가 띄엄띄엄 성기게 나는 땅을 뜻한다.

임야임에도 불구하고 위 구역의 마을에 사는 사람들은 그 임야의 수목을 몰래 베어 매각하거나 자기 집의 연료로 쓰는 일이 자주 있었다. 지금으로부터 92년 전에는 위 각 구역의 마을에 거주하는 이른바 토반(土班) 등이 양반의 권위를 내세워 우리 절의 승려들을 압박하여 그 임야의 나무를 노골적으로 벌채하기에 이르렀다.－조선시대에는 불교를 정부에서 억압하였기 때문이다－

우리 절에서는 이를 봉상시－지금은 사사과－에 소송한 결과 절 소유 임야로서 소유권과 국가의 보호를 받게 되어 만약 그 임야가 위의 각 마을에 사는 백성들이 소유했다면 오늘날과 같이 울창한 숲이 없는 황폐지로 되었을 것이다.

그 이유는 마을에 거주하는 주민에게는 임야의 보호와 식목사업이라는 관념이 없기 때문에 행정관청에서도 조림사업을 장려했는데도 불구하고 그 나무의 나무뿌리까지 채취하는 실례가 무수히 있었다.

그런데도 우리 절에서는 임야의 보호와 식림은 국토의 보안과 수원(水源)의 함양, 일용하는 재목의 충실, 기타 여러 가지에 관계되므로 더욱 노력하여 조림사업에 종사하지 않을 수 없었다.

불사(佛社)를 세우는 곳에는 반드시 나무를 심어 그 아름다운 경치를 보존하는 것이 불교에서 전하는 가르침이다. 그러므로 어떤 나라나 어떤 곳에도 절의 임야에는 나무가 울창한 모습이 있고, 그 중에서도 앞서 기술한 임야는 우리 절에서 730여 년의 역사를 가지고 뼈를 깎는 노력으로 계속해서 수호해 온 곳이다.

그리고 앞에서도 서술한 것처럼 지금으로부터 92년 전 천보(天保) 3년(1832) 무렵 봉상시 제조－직명－에게 청원서를 제출한 결과 엄격한 절목－소유증명서와 같다－을 받았는데, 그 안의 증명에는 “순천군 조계산 송광사는 삼한의 고찰이고, 국가의 원당으로 봉안된 곳이다. 그러므로 사산(寺山)의 가동과 구동, 기타 사패로 경계를 정한 안쪽에는 무지한 주민들이 나무를 몰래 가져가는 폐해를 일체 엄금하고 만일 이를 범하는 자가 있는 경우에는 중죄에 처할 것이다."라고 하였다.

그럼에도 불구하고 앞서 기술한 구역의 마을에 사는 주민들이 야간이나 새벽을 틈타 도벌을 행하는 일에 대해서 우리 절의 승려들은 지금으로부터 30년 전 명치 26년(1893) 3월경에 이러한 사실을 순천부사에게 소송한 결과, 순천부사가 이원(吏員)을 파견하여 그 백성들을 소집한 후, 이제부터는 송광사가 소유한 가동과 구동의 구역 안에서 나무를 도벌하거나 땔감을 하는 자가 있을 때에는 조금도 용서하지 않고 처벌할 것이라고 타이르기에 이르렀다.

지금으로부터 25년 전 명치 32년-광무 3년(1899)- 옛 한국 황제폐하께서는 해인사의 대장경을 인쇄하여 이곳 송광사에 봉안하기에 이르렀다. 대장경을 받는 일로 해서 명치 33년(1900) 6월경에 우리 절 승려들은 폐하께 우리 절의 산림을 보호하는 일을 아뢰었는데, 폐하께서는 네 부서-궁내부, 내부, 장예원, 홍릉-에서 절목을 만들 것을 명령하심에 따라 위의 네 부서에서는 칙령에 따라 절목을 만들어 하사하여 명치 33년 7월경에 전라남도 관찰부에서 칙교를 받들어 절목을 본사에 보냈던 일이 있었다.

또 명치 42년(1909)-융희 3년- 11월경에는 앞의 임야를 측량하게 되자 증명원을 관청에 제출하였는데, 대정 4년(1915) 9월 27일 2460번지의 증명을 받았던 일이 있었다.

그리고 우리 절에서는 해당 임야에 있는 나무들의 솎아내기 혹은 가지치기 등의 허가를 순천군청으로부터 받아 그것을 매각하거나 목탄(木炭)으로 만들어 각 역소나 민간에 배달하였다.

그러므로 위에서 서술한 것과 같은 연혁과 확실하게 소유권을 행사해 온 모든 증거를 종합해 보더라도 앞서 기술한 임야는 우리 절의 소유가 당연하다. 해당 임야의 분쟁을 일으킨 앞서 기술한 마을의 주모자인 조도겸 외 5인은 사과장과 시말서 또는 서약서 등을 보내 그때부터는 송광사 소유인 가동과 구동의 임야에 대한 분쟁과 나무의 벌채 등을 절대로 하지 않겠다고 말했다.

그리고 대정 7년(1918) 임야를 조사할 때에 주암면 행정리 구장으로부터 임야신고서를 제출했다는 통지가 있어서 이에 따르는 임야조사비 85전과 함께 소유신고서를 제출하였다.

실지조사를 할 때에는 구동과 가동의 임야구역 경계선에 표기(標旗)를 세워 경계를 밝혔다. 그런데 앞의 임야가 우리 절의 소유라는 사실은 앞서 서술한 여러 사실에 비추어보아도 명백하다. 또 현재의 나무들을 보더라도 우리 절에서 보호해 온 것이 확실하다. 해당 임야 중 나무가 드문 구역에는 보충하여 심은 실적도 있는데, 여기에 의하더라도 우리 절의 소유라는 것이 명료하다. 또한 순천군청과 송광면, 기타 순천군내에서는 누구라도 해당 임야는 송광사의 소유라는 것을 서로 인정하고 있다. 또 현재 나무의 수령이 70년 내지 100년 이상인 것에 비추어보더라도 우리 송광사의 소유임이 명료하다.

4. 증거서류

전 봉상시로부터 받은 절목 1통 (사본)

홍릉으로부터 받은 절목 1통 (사본)

궁내부로부터 받은 절목 1통 (사본)

내부로부터 받은 절목 1통 (사본)
장예원으로부터 받은 절목 1통 (사본)
전남관찰부(全南觀察府)로부터 받은 절목 1통 (사본)
순천부사로부터 받은 절목 2통 (사본)
전기 임야의 분쟁을 일으킨 주모자 등의 사과장 및 시말서와 함께 서약서 각 1통 (사본)

위와 같이 조선임야조사령 제11조에 의하여 불복하여 신청합니다.
대정 12년(1923) 11월 17일
전남 순천군 송광면 신평리 12번지
불복신청인 송광사 대표 김찬의 (인)
조선총독부 임야조사위원회 귀중

2. 임야조사위원회의 조사

앞서 임야조사위원회로부터 소화 3년(1928) 1월 13일에 주암면 광천리 임야조사위원출장소로 출두하라는 호출장이 도착되었다. 당일 주지 김찬의 화상 이하 감무(監務)－임기산(林綺山)－, 법무(法務)－이청은(李淸隱)－, 임무(林務)－이포응(李布凝)－, 산감(山監)－김길수(金吉洙)－ 등이 제1차로 출두하니, 당시 조사원은 임병억(林炳億)씨－그는 이틀 전에 임명되었다－였다. 그런데 당시의 사실을 일일이 기록하고자 하면 지면이 너무 복잡하고 기사가 너무 세밀하고 번잡하므로 이를 피하기 위하여 당시 일지 가운데 대략 아래와 같이 간추려 기록한다.

1월 14일 서기 최금당(崔錦堂)이 광천리에 가다.

15일 제1차 조사를 마치고 전부 절로 돌아오다.

18일 제2차 조사를 위해 주지, 감무, 감사－양구산(梁丘山)－, 법무, 임무(林務), 서기－박춘곡(朴春谷)－, 산감(山監)－박도암(朴道庵), 최재형(崔在亨), 김길수(金吉洙)－과 한산(閑散)56) 김대우(金大愚), 조추강(趙秋江) 등이 광천리에 가다.

19일 박춘곡, 최재형은 절로 돌아오고 나머지 사람은 조사에 참석하다.

20일 제2차 조사를 마치고 절로 돌아오다.

23일 조사원이 지난 해 섣달과 설을 선암사에서 쇠게 된바 앞서 송광사와 주암면 양측에 대하여 이 날 분쟁지를 임검(臨檢)57)할 뜻을 선언하였으므로 감무와 임무가 선암사를 향하여 출발하다.

26일 임검차 분쟁지를 향하여 산을 오르다가 비가 내려 선암사 내원(內院) 북쪽 모퉁이의 고개 마루에서 하산하여 광천리로 직행하였다. 일행은 조사원과 본사 감무와 임무－임무는 접치에서 절로 돌아옴－ 주암면의 조민섭(趙珉燮)이었다.

27일 감무가 광천리로부터 절로 돌아오다. 그날 양구산, 이포응, 박도암은 다음 날 분쟁지를 임검한다는 조사원의 통지로 광천리로 가다.

---

56) 한산(閑散) : 한량(閑良)과 산관(散官)을 아울러 이르는 말이다. 품계만을 가지고 직무 없이 한가하게 지내는 관직으로 산직(散職) 또는 산관(散官)이라고도 한다. 실직(實職)은 없더라도 관품(官品)을 가진 관리를 의미하며, 한산(閑散)한 벼슬을 말한다.

57) 임검(臨檢) : 행정목적을 달성하기 위하여 담당 공무원이 사무소・영업소・공장・창고 등에 가서 업무의 실시 상황이나 장부・서류・설비 기타 물건을 검사하는 일이다.

28일 조사원의 사고로 그날 또한 임검을 하지 못하게 되었으므로 어제 출두하였던 세 사람은 할 일 없이 절로 돌아오다.

30일 조사원의 호출로 임무와 산감 전석운(全石雲)이 광천리에 갔다 오다.

31일 어제 임무가 돌아오는 편에 이 날 분쟁지의 실지조사를 행한다는 통지를 접하고, 이 날 아침 주지, 감무, 법무, 임무 외 최금당, 전석운, 김길수, 한산(閑散) 김영운(金榮雲), 김대우 등이 현장 즉 오도치-접치 옆-에 도착함에 주암면 측에서도 면장 배형주(裵炯周) 이외 10여 인이 조사원과 함께 왔으므로 그곳에서 현장의 일체 상황을 살핀 후, 조사원은 경성(京城)으로, 면민은 각 마을로, 우리들은 절로 각각 흩어져 돌아오다.

3. 임야조사위원회의 재결서(裁決書)[58]

갑. 재결서 등본을 교부하는 공함(公函)[59]

임위(林委) 발 제 938호

소화 3년(1928) 9월 5일

조선총독부 임야조사위원회

김찬의 귀하[60]

58) 재결서(裁決書) : 행정 관청이 행정에서의 법률관계에 관한 분쟁에 대하여 판정한 내용을 적은 글이다.

59) 공함(公函) : 공함(公緘)이라고도 하는데, 공사(公事)에 관하여 왕래하는 문서나 편지를 통틀어 이르는 말을 가리키거나 높은 벼슬아치들이 죄를 짓거나 어떤 사건에 관계된 경우에 편지를 보내어 신문하거나 질문하던 일 또는 그 편지를 가리킨다.

60) 전(殿) : 일본어에서 남의 이름이나 직명 등에 붙여 존경을 나타내는 말이다.

재결서 등본 교부의 건

전남 도지사의 사정에 대해 불복하는 신청서를 만들어 보고하였는데 별지의 등본과 같이 재결하여 알립니다. 조선임야조사령 제13조에 의해 재결서의 등본을 교부함을 알립니다.

을. 재결서 등본

임위(林委) 제 22108호 대정 12년(1923)

재결서

전라남도 순천군 송광면 신평리

불복신청인 송광사

위 대표자 주지 김찬의

위 불복하여 신청한 사건에 대해 재결하는 것은 아래와 같다.

주문(主文)

전라남도 순천군 주암면 행정리 산 162번지 임야는 불복신청인 송광사의 소유로 함.

사실과 이유

불복하여 신청하는 요지는 본건 임야는 분쟁 밖에 있는 송광면 신흥리 산 120번지 임야, 동면 신평리 산 1번지 임야, 동면 장안리 산 2번지 임야와 한 필지의 토지로서 옛날부터 송광사가 점유하여 보호해 왔다. 지금으로부터 90여 년 전에 율목봉산이 되었고, 다음에는 향탄봉산이 되었으며, 융희 2년(1908)에 이르러 그것을 해제하였음에도 계속해서 우리 절에서 점유하여 보호해 온 것에 대해서 불복신청인의 소유임에도 불구하고 전라남도 도지사는 그것을 행정리 외 7개 리의 소유라고 사정함에 따라 소유권 명의증명을 밝히기 위해서 절목 6통, 전령 2통, 소송문기 5통, 수표(手標) 2통, 통지서와 서약서 각 1통, 시말서 2통, 지적계대장, 조합(照合) 증명서, 입증서 및 사실증명서 각 1통을 증거로 제출하였다.

따라서 그 서류들을 심사함에 사정명의인인 행정리 외 7개 리의 관리인이면서 주암면 면장인 배형주(裵炯周)는 본건 임야가 옛날부터 위 8개 리의 금양림(禁養林)으로, 지금으로부터 80여 년 전 율목봉산이 되었고 다음에 향탄봉산으로 변경되었으며, 불복신청인인 송광사가 보호하여 왔는데, 21년 전에 위 봉산이 해제되면서 다시 전기 8개 리에서 그것을 점유하여 오늘날까지 수목을 보호한 것에 대해서 그 소유가 정당하다고 소송문기(訴訟文記) 3통과 완문(完文) 1통을 증거로 제출하였다.

그런데 그 서류와 불복신청인인 송광사가 제출한 서류는 모두 소유권을 확증하는 데 충분하지 못하여 어느 것도 채용할 수 없다. 증인 조찬섭(趙瓚燮), 정기탁(鄭淇卓), 박헌영(朴憲英), 조중집(趙重鏶), 조창호(趙昌浩), 장기로(張基魯), 황응모(黃應模), 문진국(文珍國), 김기언(金基彦), 김표성(金杓聲), 김판수(金判洙), 지학훈(池學勳), 이치근(李致根), 김학조(金學祚), 김창옥(金昌玉), 임중선(林仲善), 박준장(朴準章), 진영근(陳永根), 이월영(李月泳), 조정헌(趙廷憲), 김활용(金活龍), 이창조(李淐祚) 등의 각 진술과 실제 상황을 종합하여 볼 때 본건 임야는 90여 년 전에 봉산이 되면서 불복신청인인 송광사에 보호를 명령하였던 것이다. 또 융희 2년에 위 봉산을 해제한 이후에도 계속해서 송광사가 그것을 점유하고 보호해 왔던 사실을 인정하기에 충분하다. 사정명의인인 행정리 외 7개 리에서 보호해 온 사실은 인정할 수 없다. 그러므로 해당 임야는 불복신청인인 송광사의 소유라고 인정함이 타당하고, 사정명의인인 행정리 외 7개 리의 관리인 면장 배형주의 주장은 인정할 수 없다.

증인 조영호(趙英浩), 정찬서(鄭燦瑞), 백경인(白敬寅), 김재반(金在班), 정재옥(鄭在玉), 조규두(趙圭斗), 조민섭(趙珉燮), 조한식(趙漢植), 조병훈(趙秉勳), 조규봉(趙奎鳳), 조태선(趙太善), 박정규(朴禎圭), 김정택(金晶澤), 조성모(趙聖模)의 각 진술은 신뢰하지 않는다. 따라서 본회는 불복신청인의 주장을 정당하다고 인정하고, 전라남도 도지사의 사정을 취소하는 것을 재결한다.

소화 3년 7월 28일

조선총독부 임야조사위원회 제2부 부장 위원 원전관(園田寬)[61)]

위원 이동순길(伊東淳吉)

위원 석천등성(石川登盛)

위원 장간원사랑(張間源四郎)

위원 삼포부길(三浦斧吉)

위원 서강방차랑(西岡芳次郎)

위는 등본이다.

소화 3년 8월 22일

조선총독부 임야조사위원회 서기 입정미삼랑(笠井彌三郎) (인)

---

61) 소노다 히로시(園田寬) : 1928년 4월 조선총독부 산림부장으로 임명되었고 1929년 평남지사로 임명되었다.

4. 임야의 땔감 채취권 확인소장

주암면 복다리 주민들이 땔감 채취권을 얻기 위하여 소화 4년(1929) 6월경에 변호사 대택이민(大宅伊敏)에게 위임하여 광주 지방법원 순천지청에 소송을 제기하였으므로, 우리 절에서도 즉시 변호사 여철현(呂喆鉉)에게 위임하여 소송을 진행하게 하였다. 소화 5년(1930) 2월 7일에 이르러 원고 측으로부터 스스로 위 소송을 취하하여 자연히 무사하게 되었으니, 그때의 서류는 아래와 같다.

갑. 원고측 소장

임야 땔감 채취권 확인 청구 사건의 소장

원고 조민섭(趙珉爕) 외 81명, 대리인 대택이민

피고 송광사

소송물의 가격 450원

소장에 붙인 인지 12원

송달료와 우표 92전

소장

원고 조민섭, 조원식(趙元植), 정윤표(鄭潤杓), 정차성(鄭且成), 조병을(趙秉乙), 이신섭(李新爕), 정윤옥(鄭潤玉), 정삼성(鄭三星), 정준호(鄭俊鎬), 이기향(李起香), 조오만(趙五萬), 조진홍(趙振洪), 조인식(趙印植), 조삼룡(趙三龍), 조성태(趙聖泰), 박점렬(朴占烈), 이기주(李基州), 조종실(趙宗實), 조와섭(趙鈋爕), 조조성(趙祚成), 조육만(趙六萬), 조사용(趙四用), 정연석(鄭延錫), 오재수(吳在壽), 강기수(姜奇秀), 최정기(崔正基), 조병오(趙秉五), 조막동(趙莫同), 조한조(趙漢祚), 조복룡

(趙復龍), 조계갑(趙季甲), 이병순(李秉淳), 조현섭(趙炫燮), 강철수(姜哲秀), 강덕봉(姜德奉), 조순옥(趙順玉), 조병렬(趙秉烈), 조규문(趙圭文), 박문기(朴文基), 박경식(朴炅植), 박홍식(朴鴻植), 이형호(李瑩鎬), 이봉섭(李封燮), 조보섭(趙寶燮), 최장문(崔長文), 김준홍(金俊洪), 김삼두(金三斗), 김유광(金有廣), 강덕수(姜德秀), 전만련(全萬連), 정점룡(鄭占龍), 전만복(全萬福), 신점동(申占東), 박동술(朴東述), 이주헌(李珠憲), 김상선(金相善), 김마암(金馬巖), 김봉규(金奉圭), 이광옥(李光玉), 이경렬(李敬烈), 이기열(李器烈), 이희신(李喜新), 이종숙(李鍾淑), 이영순(李永順), 허원(許沅), 박정윤(朴正潤), 김지언(金智彦), 김원호(金元浩), 장봉권(張鳳權), 조홍섭(趙洪燮), 조규호(趙圭鎬), 허문(許汶), 이치억(李致億), 박남식(朴南植), 조병수(趙秉銖), 차병선(車秉先), 조진선(趙振宣), 류형수(柳兄壽), 장응렬(張應烈), 조병길(趙炳吉), 조규영(趙圭英), 최인익(崔寅翼)

위 소송 대리인 변호사 대택이민

순천군 송광면 신평리

피고 송광사

위 대표자 주지 김찬의

임야 땔감 채취권 확인소장

청구의 목적

1. 정해진 신청기재 방식대로 양식에 맞추어 신고

피고는 전라남도 순천군 주암면 행정리 산 162번지 임야 내에 있는 원고 등의 땔감 채취권을 확인해야만 한다.

소송비용은 피고의 부담으로 한다.
이에 재판해 주실 것을 요구한다.

청구의 원인

1. 다툼이 있는 임야는 구 한국정부 시대부터 주암면이 점유하여 주암면의 원고 등 마을 주민 이외에 동면 행정리 외 6개 리의 사람이 공공연하게 들어가서 땔감을 채취해 살아왔는데, 소화 3년 8월 임야 사정에서 그 산지는 피고 소유라고 사정되었더라도 원고 등은 땔감 채취권을 취득하였고, 피고 또한 그것을 옛날부터 승인해 온 것이 사실인데, 작년에 원고의 권리를 부인하였기에 본 소송의 청구를 위해 다음과 같이 보고합니다.

증거 방법

1. 구두 변론을 할 때 적절하게 제출한다.

부속서류

1. 납부서 1통
1. 위임장 1통

위와 같이 소송을 제기합니다.
소화 4년 6월 6일
위 원고의 소송대리인 변호사 대택이민 (인)
광주지방법원 순천지청 판사 궁내석직(宮內石直) 귀하

을. 기일 호출장

소화 4년 민 제491호

원고 조민섭 외 81명

피고 송광사

위 당사자 사이의 임야 땔감 채취권 확인 사건에 대한 구두변론의 기일이 소화 4년 6월 18일 오전 8시로 정하였으니 당청에 출두하십시오.

소화 4년 6월 10일

광주지방법원 순천지청

조선총독부 재판소 서기 서방정기(緒方定紀) (인)

피고 대표자 김찬의 귀하

병. 피고 승계인의 신청서

소화 3년 민 제491호

소송 수속 승계인 호출의 신청

순천군 주암면 복다리 원고 조민섭 외 81명

순천군 순천면 혼마찌(本町) 위 소송대리인 변호사 대택이민

순천군 송광면 신평리

피고 송광사

위 대표자 주지 김찬의의 승계인

위 대표자 주지 이설월

위 당사자간의 소화 4년 민 제491호 임야 땔감 채취권 확인 청구 사건의 피고 대표자 주지 김찬의는 소화 4년 6월 6일에 사망하여 소송이 중단되었는데, 위 승계인 이설월은 피고 송광사 주지로 소화 4년 8월 23일에 취임하여 소송 수속을 계승했음에도 불구하고 계승을

지체하여 계승 및 본안 변론을 위해 위 승계인의 호출을 신청합니다.

소화 4년 10월 16일

위 원고대리인 변호사 대택이민

광주지방법원 순천지청 판사 귀하

정. 기일 호출장

소화 4년 민 제491호

원고 조민섭 외 81명

피고 송광사

위 당사자간의 임야 땔감 채취권 확인 청구의 구두변론 기일을 소화 4년 11월 15일 오전 10시로 정하였으니 당 청으로 출두하십시오.

광주지방법원 순천지청

조선총독부 재판소 서기 우형식(禹亨植) (인)

피고대표자 이설월 귀하

무. 여(呂) 변호사의 답변서 초고

답변서

원고 조민섭 외 81명

피고 송광사

위 당사자간의 소화 4년 귀 관청 민 제491호 임야 땔감 채취권 확인 청구 사건에 부치는 답변은 아래와 같습니다.

형식상의 답변

본건 소송을 각하하고 소송비용은 원고 등의 부담으로 한다는 판결을 요구합니다.

답변의 요지

원고는 본건 임야는 순천군 주암면 원고 등 주민 외 동면 행정리 외 6개 리의 주민에게 입회권이 있다고 주장하였지만, 원고 등 81명만이 본 소송을 제기하였습니다. 그렇더라도 과연 앞서 기재한 각 동리에서 공동입회권이 있다고 하면 위의 사실은 분명히 공동 소송이 되지만 위 원고 등 81명은 각 주민을 대표하는 자격이 없습니다. 또 만약 원고 등의 거주지인 복다리 주민에게도 입회권이 있다고 하더라도 위 복다리는 호수가 152호, 인구 723인－소화 3년 말 순천군의 통계－을 가진 큰 마을입니다. 또 복다리 주민 전부가 직접 소송당사자가 된다고 하더라도 원고 등 81명은 그것을 대표할 권한이 없습니다.

5. 보존 등기

재결서에 의하여 행정리 산 162번지 임야는 본사의 소유로 결정되었으나 아직 본사의 이름으로 등기되지 못하였음이 큰 결함이므로 소화 4년 1월경에 대서인 배형식(裵炯軾)에게 위임하여 신청서를 제출하게 한바, 같은 달 31일에 광주지방법원 순천지청에 제출하여 그 날 등기를 마치니 그에 대한 참고는 아래와 같다.

교부받은 번호 제1172호, 등기번호 제7170호, 과세표준 부동산 가격 936원이다.

등록세 4원 68전이다.

참고로 붙임

행정산(杏亭山)에 대한 송광사와 주암면 주민 사이의 분쟁은 이로써 종식되다.

제5장 특별 연고림

조선특별연고삼림양여령1)이 반포됨으로써 앞의 행정산과 동시에 불복신청서를 제출한 장안리 산 2번지, 같은 산 405번지, 봉산리 산 16번지, 신흥리 산 121번지에 대하여 소화 2년(1927) 4월 30일－5월 30일 도에 송부하기를 마침－에 양여권을 제출함과 동시에 불복신청취하서를 제출하였는데, 이제 번거로움을 피하기 위하여 그 가운데 1건씩을 등초하니 그 전문은 아래와 같다.

제1절 불복신청취하서 제출

불복신청취하서

토지의 표시	도	군	면	동리	지번	지목	면적
	전남	순천	송광	장안	산 2	임(林)	161정 7,100보

---

1) 조선특별연고삼림양여령 : 일제는 임야조사사업이 종결된 직후 1926년 4월 5일 '조선특별연고삼림양여령'을 제정하여 국유림 가운데 '불요존치의 임야'를 일본인 삼림자본가, 지주, 일부 조선인 삼람지주에게 소유권을 주었다. 이 법령에 따라 사찰에 임야가 무상으로 제공되었다.

위 전라남도 도지사의 사정에 대하여 앞서 불복을 신청했는데, 금번 조선특별연고삼림양여령에 의하여 양여를 출원함에 대해서 본인에게 그 양여가 허가되었으므로 본 문서로써 불복신청을 취하합니다.

소화 2년 4월 30일

전남 순천군 송광면 신평리 12번지 불복신청인 송광사 주지 김찬의

조선총독부 임야조사위원회 귀중

제2절 양여원 제출

특별연고삼림 양여원

소재 전남 순천군 송광면 장안리 산 2번지

면적 161정 7단 1무　보

특별연고의 사유

임야 조사서에 등재된 연고자로서 조선특별연고삼림양여령 제2조 제1항 제1호에 해당한다.

위 조선특별연고삼림양여령 제 1조의 규정에 의해 양여되기를 바랍니다.

소화 2년 4월 30일

전남 순천군 송광면 신평리 12번지 송광사 주지 김찬의 (인)

조선총독부 자작(子爵) 사이토 마코토 귀하

제3절 동 허가

송광사

소화 2년 4월 22일 날짜로 청원한 특별연고삼림양여 건은 아래와 같이 허가한다.

소화 4년(1929) 3월 12일

조선총독 야마나시 한조(山梨半造)[2] (인)

기(記)

1. 위치 전남 순천군 송광면 장안리 산 2번지
2. 면적 161 7반 1무 보

부 참고

이 외의 3구역 또한 동일한 양식이므로 생략한다.

---

2) 야마나시 한조(山梨半造, 1864~1944) : 육군 출신의 정치가로 1927년부터 1929년까지 조선총독을 지냈다.

제6장 시업안(施業案)

소화 2년 6월경에 전라남도 산업과로부터 우리 절에 기수(技手)를 파견하여 시업안 측량을 행하였는데, 당시는 아직 행정리의 분쟁 문제가 해결되지 못하였으므로 동 구(區)는 부득이 예상치 못하여 시기를 기다리게 되었다. 그러나 그 후 앞 절에 기재한 것과 같은 재결을 얻게 되었으므로 소화 4년 10월경에 다시 동 기수가 와서 동 구의 시업안 측량을 완료하니, 동 측량이 전후 두 차례에 이른 만큼 시업안 설명서와 동 인가서가 각 2건씩 있게 되었다. 그런데 이제 그 편집의 편의를 도모하기 위하여 설명서는 본편의 부록으로 등재하고, 인가서는 본편에 편집하여 실으니, 그 두 차례의 인가 전문은 아래와 같다.

제1절 제1차 인가

산(産) 제786호

송광사

소화 2년 11월 1일 날짜로 신청한 송광사 사유림 시업안의 건을 인가한다.

소화 2년 11월 26일

전라남도지사 석진형(石鎭衡)[1] (인)

제2절 제2차 인가

산(産) 제387호

송광사

소화 5년(1930) 2월 10일 날짜로 신청한 송광사 사유림 시업 요령의 건을 인가한다.

소화 5년 6월 19일

전라남도지사 우마노 세이이치(馬野精一)[2] (인)

---

1) 석진형(石鎭衡) : 1926년 8월 14일부터 1929년 1월 19일까지 전라남도 지사를 지냈다.

2) 우마노 세이이치(馬野精一) : 1929년 12월 11일부터 1931년 9월 23일까지 전라남도 지사를 역임하였다.

부록 사업안

제1차 - 소화 2년(1927) 7월 -
순천군 송광면 송광사 사유림 시업안 설명서

제1장 총론

제1절 지황(地況)

1. 지세

본 사업구역은 전라남도 순천군 송광면 송광사 사유임야로서 전남 동부에서의 물산 집산지다. 순천읍내에서 서쪽으로 12리 떨어진 섬진강 상류인 보성강의 동쪽 1리에 위치하고 있다. 해발 높이 500척에서 2,700척에 이르는 조계산 서쪽을 차지하여 면적은 1,404정 1단 3무보(畝步)의 사업구역이 되므로 송광사 사유림 사업구라고 명명한다.

본 사업구역은 내산과 외산으로 크게 나눌 수 있으며, 내산은 산등성이로 둘러싸인 하나의 분지로서 북서쪽 모퉁이만 열려 있고, 외산은 산등성이의 바깥쪽을 차지하여 동쪽은 선암사 사유림과 접해 있고 다른 쪽은 모두 민간에서 소유한 임야와 인접하여 경사가 매우 험하지만 토질이 비교적 비옥하여 삼림이 자라기에 좋다. 본 사업구역은 그 기반 암석이 선캄브리아기에 속하는 회색의 화강편마암으로서 토양은 풍화되고 분해된 것이다.

2. 기후

본 사업구역은 온대 남부에 속하는 기후로 온난하며 낙엽활엽수가 무성하고, 추위와 더위가 모두 심하다. 무더위는 7월과 8월에 있는데 그 평균온도는 30도 6분이고, 강추위는 1월과 2월에 오는데 그 평균온도는 영하 3도다. 첫 서리는 10월 하순에 있고, 마지막 서리는 4월 상순에 있으며, 첫 눈은 11월 하순에 있고, 마지막 눈은 3월 하순에 내린다. 강우량이 가장 많은 계절은 6월과 7월이며, 가장 적은 계절은 1월과 2월이다. 바람의 주된 방향은 여름철에는 남풍과 동풍이며, 겨울철에는 북서풍이다. 강풍은 북서풍이 많아도 지세가 일반적으로 낮기 때문에 바람의 피해를 입는 일은 드물다.

제2절 숲의 현황

1. 수종과 숲의 성립

본 사업구역의 삼림 식물대는 난대 북부에 속하고, 해발 고도가 낮아 기후가 온난하면서 토질이 비교적 비옥하여 상당히 많은 수종이다. 그 대표적인 나무는 졸참나무 종류, 떡갈나무 종류, 백양나무 종류, 단풍나무 종류, 층층나무 종류, 참피나무 등의 활엽수와 적송(赤松)이며, 현존 사찰의 건축재로서 사용되었지만 모든 활엽수가 수령이 오래되고 점차 난벌되면서 침엽수가 침입하여 현재는 오히려 침엽수의 면적이 반 이상이 되었다.

그런데 본 사업구역은 대정 12년(1923)부터 벌채를 시작하여 지나치게 벌채하는 난벌이 계속되고 있다. 그래서 숲의 모습이 점점 파괴되어 산꼭대기 부근에는 나무가 없는 지대가 생겨 가시와 덩굴류가 무성하게 자라 있다. 이읍리(梨邑里) 구역 이외의 외산에는 관리와 보호가 충분하지 못해서 해마다 화재가 일어나 지력이 떨어지고, 활엽수는 점차 자취가 사라지면서 침엽수로 대체되는 중이다. 특히 장안리 구역에는 피해가 심하여 그 반 이상은 나무가 없는 지대가 되어 싸리나무와 잡초가 무성하다.

2. 숲의 모습

본 사업구역의 숲의 모습과 임종별 면적은 다음과 같다.

임상 종류	면적	임종별 면적			비고
		침엽수	활엽수	침활혼효림	
미입목지(未立木地)	140.17		140.1		
산생지(散生地)	61.33	21.00	40.33		
입목지(立木地)	1,202.63	600.36	259.19	343.08	
계	1,404.13	621.36	439.69	343.08	

*　면적의 단위는 정, 단, 무보이다.
**　소수점 이하는 단과 무보이다.

이들의 분포 상황을 보면 미입목지(未立木地)와 산생지(散生地)는 주로 대정 12년도부터 벌채지가 되었으며, 외산에는 해마다 화재 피해지로서 지역에 사는 주민이 입산하는 일이 많다. 입목지는 평균 수령[1]이 25년인데 상당히 우거져 막혀 있으며 침엽수와 활엽수가 섞인 혼효림을 이루어 매 정의 평균 재적(材積)[2]이 70척체를 넘는다.

---

1) 『사고』에는 수령(樹令)으로 적혀 있는데, 수령(樹齡)의 오기다.
2) 재적(材積) : 목재 또는 수목의 부피다. 재적은 통나무 · 각재 등 개개의 실질적인

제2장 시업관계

제1절 삼림의 관리와 보호

우리 절은 지금으로부터 730년 전 고려 명종 27년(1197)에 고승인 보조국사가 창건하여 여섯 번의 중창[3]을 거쳐 현재에 이르렀다. 건물 70여 동이 있는데 무엇보다도 희귀한 활엽수의 큰 목재를 사용하여 세운 것을 보아도 예전의 숲의 모습을 두루 살펴 알기가 어렵지 않다. 그런데 몇 번의 중창으로 숲의 모습이 점점 어지럽게 되고, 조선시대에 이르러서는 불교를 배척하자 일반 민심도 사찰을 떠나 수시로 입산하여 함부로 베어서 그 소유임야의 일부도 잃어버렸다.

그런데도 현재는 일반 인민의 권리 관념이 발달함에 따라 사찰에도 산감(山監) 3명을 항상 배치하여 산내를 순시하며 엄중하게 임야를 보호하고 감독을 하는 중이다. 본 사업구역은 앞서 이야기한 것처럼 현재 소유권 분쟁이 있어 거주하는 구역 등에 경계가 뚜렷하지 못한 곳에 대해서는 '사(寺)'자를 새긴 경계표를 묻어 두는 것이 적당하다.

제2절 삼림경제에 관한 일

1. 지역 주민의 상태와 삼림에 대한 민정

본 사업구역의 근거지가 되는 송광면은 호수가 1,641호고, 생업은 대부분 농업이며, 1호 평균 5인 가족으로, 평균 경작지 면적은 겨우 9반보(反步)[4]에 불과하여 한 가족의 생계를 유지하기 어려워서 자연

재적을 표시하는 실적(實積)과, 장작과 같이 쌓아 놓은 상태의 재적(공간이 포함된)을 표시하는 층적(層積)의 두 종류가 있다.

3) 『사고』에는 중창(中創)이라고 적혀 있는데, 중창(重創)이 맞다.

히 생활의 밑천을 임야에서 구하는 일이 많다. 그런데 이들 지역 주민은 오랜 세월 동안 관습에 따라 애림사상이 부족하여 마구잡이로 벌채함으로써 숲의 모습이 황폐화되고 땔감도 이 숲에서 구하는 일이 많다.

그러므로 본 사업구역의 경영을 맡기 위해서는 항상 그곳 주민과 연락하여 조성된 숲을 보호하고 벌채와 재목 운반 등의 삼림노동은 반드시 그곳 주민을 고용함으로써 부수입을 얻어 생계에 도움이 되도록 하여 주민생활 수준을 높이도록 하고 아울러 숲의 혜택을 자세히 알도록 하여 애림사상을 함양하도록 노력해야 할 것이다.

2. 삼림노동자의 임금과 기능에 관한 일

본 사업구역의 근거지가 되는 송광면의 총 인구는 9,200명으로 약 90%는 농업을 생업으로 하기 때문에 이들을 고용할 때는 본 사업구역의 시업 수행상 어떤 지장도 없다. 그리고 본 사업구역에서는 대정 12년도부터 벌채를 시작하여 해마다 많은 인부를 부려 벌목, 목재의 운반, 제탄(製炭) 등의 삼림노동에 종사시키고 있기 때문에 그곳 주민 중에는 상당히 숙련된 사람이 많다. 이 지역에서의 품삯은 보통 농업에서는 56전인데 삼림노동자는 60전에서 90전이 된다.

3. 교통 운반

본 사업구역 중앙의 송광사에서 송광면 낙수리까지 수레와 말이

4) 반보(反步) : 토지의 넓이를 측정하던 단위인 단보(段步)와 동일하다. 1단보의 넓이는 999.74m^2(300평)에 해당한다.

통과하는 도로가 약 1리 정도 된다. 다시 약 2리 반을 가면 광천리인데, 광주와 순천 사이를 잇는 2등 도로가 있다. 또 약 9리를 가면 순천읍내에서 약 15리 떨어진 곳에 광주로 가는 도로가 있다.

또 한편으로 낙수리에서 보성까지는 강을 따라 뗏목을 이용하는 것이 편리하다. 그리고 낙수리와 송광사 사이 약 1리에 이르는 현재의 거마(車馬) 도로는 자동차가 통과할 수 있도록 넓히기 위해 이미 측량을 마쳤다. 송광사로부터 각 숲의 소반(小班)[5]에 이르는 작은 운반도로는 현재 산감(山監)의 순시도로가 사통팔달로 되어 있어 시업안이 완성된 후에 다시 특설할 필요가 없다.

4. 임산물의 수급 관계와 가격, 기존의 수지 관계

본 사업구역에 있는 마을에서의 목재 수요 상황을 보면 용재의 수급은 거의 없고 겨우 일반 가호에서 쓰이는 건축용재와 관재(棺材)의 수요만 있어서 이른바 목재시장이라고 부를 만한 것이 없으며 가격 또한 정해져 있지 않다. 또 땔나무의 수요에 대해 살펴보아도 목탄과 나뭇가지 등을 구입하는 것은 거의 없고, 겨우 낙엽과 땔나무로 쓰는 잡풀의 수급이 있을 뿐이다.

그러므로 대량으로 벌채할 때에는 전라남도 동부의 물산집산지가 되는 순천읍내 또는 전남의 수도인 광주에서 시장을 선택해야 한다. 광주의 시장 가격은 대체로 솔 통나무가 1척체에 10원이고, 동 각재(角材)는 14원이며, 활엽수 용재는 수종에 따라 현저하게 차이가 있고, 목탄(木炭)은 1관(貫)[6]에 21~22전이다. 순천읍내에서의 시장 가격은

5) 소반(小班) : 산림 경영의 편리를 위하여 임시로 세분한 구역을 가리킨다.
6) 관(貫) : 척관법에 의한 질량의 기본 계량단위로 1관은 3.75kg이다.

솔 통나무가 1척체에 8원이고 각재는 1척체에 12원이며, 목탄은 1관에 17~18전이다.

본 사업구역의 첫 번째 시업기에 벌채한 나무 가운데 적송은 용재로 쓰고, 활엽수 가운데 특별히 큰 나무는 용재로 사용하며, 그 이외는 제탄 재료로 한다. 그리고 광주와 순천의 시장 가격과 운반 경로를 고려하면 산에서의 원래 가격은 침엽수 용재가 1척체에 1원 70전이고, 활엽수 제탄 자재가 1척체에 1원이 되는 것이 적당하다.

본 사업구역의 지난 10년간의 수지 관계는 아래와 같다.

연도	수입				세출			공제 과부족액	비고
	나뭇가지 및 땔감 채취료	소나무 용재 매각대금	잡목 제탄자재 매각대금	계	산감(山監) 기타 급료	삼림 조합비	계		
6년	81.60			81.60	388.00		388.00	-306.40	
7년	66.20			66.20	388.00		388.00	-321.80	
8년	273.90			273.90	388.00		388.00	-114.10	
9년	333.30			333.30	388.00		388.00	-54.70	
10년	120.00			120.00	388.00		388.00	-268.00	
11년	112.40			112.40	388.00		388.00	-275.60	
12년	90.00	2720.17	305.85	3116.02	647.00	227.90	874.90	+2241.12	
13년	157.00	2251.21	306.36	2714.57	647.00	232.10	879.10	+1835,47	
14년	110.10	5303.16	4701.51	10114.77	647.00	227.10	874.10	+9240.67	
15년	134.00	1373.80	2657.17	4164.97	647.00	227.10	874.10	+3290.87	
계	1478.50	2648.34	7970.89	21097.73	4916.00	914.20	5830.20	+15267.53	

* 연도는 대정연간이다.

** 수치의 단위는 소수점 이상은 원, 이하는 전이다.

제3장 삼림 구획과 측량

제1절 사업 구역

본 사업구역은 교통이 비교적 편리하여 하나의 큰 집단을 이룬 곳으로 사찰의 소유임야로서 상당한 숲을 온전하게 잘 지켜나가고 있지만, 경영 방법에 따라 숲의 보전과 수확의 다과에 큰 영향을 미치고 사찰 기본재산의 안정을 위태롭게 만들기 때문에 하나의 사업 구역으로서 합리적인 경영을 행함이 마땅하다.

제2절 임반(林班)[7]

본 사업구역은 사찰의 소유로 되어 있어 경비 때문에 집약된 시업을 하기가 곤란하고 수년 전부터 벌채를 시작하여 해마다 상당한 수입을 올리고 있기 때문에 임반은 상당히 적은 면적으로 구분된다. 임반 구획에서는 시업상의 편리를 목적으로 산줄기 또는 계곡 등의 자연지형에 의한 구획선은 언뜻 보기에도 명료하기 때문에 벌채를 위하여 그 중요한 곳에 두세 그루 구부러진 나무에 표시한다. 인접한 각 임반의 번호를 기입하고, 임반 번호는 운반 경로를 고려하여 계곡의 입구부터 [시작하여] 동남쪽으로 이어지는데 그 수는 16개이며, 면적이 최대인 곳은 제9임반의 159정 1무보이며, 최소인 곳은 제4임반의 37정 3단 5무보이며, 그 평균 면적은 87정 7단 5무보이다.

본 사업구역은 임야조사에서 지번 면적이 확정된 6,000분의 1 도면이 있기 때문에 주위 측량을 생략하고 컴퍼스를 가지고 각 임반 경계의

7) 임반(林班) : 산림의 위치를 명확히 하고 사업실행이 편리하도록 영림구(營林區)를 세분한 고정적인 산림 구획단위다.

실측을 행하고 면적계(面積計)로 면적을 산정한다.

제3절 소반(小班)

숲의 모양과 지황이 서로 틀리면 5만분의 1도에 적당하게 표시하는 정도로 하여 구획하고, 눈으로 보고서 60분의 1도 위에 기입한다. 다만 제1임반은 임상이 나빠서 빨리 나무를 심을 필요가 있으며 또한 집약적 시업이 요구되므로 특히 작은 면적으로 구분한다.

그리고 본 사업구역은 일반 경제림과는 그 취지가 다르며 사찰의 존엄한 풍치를 고려할 필요가 있기 때문에 사찰 부근의 보이기 쉬운 구역은 시업 제한지로서 영구하게 울창한 임상을 보전하도록 한다. 소반의 번호는 주로 운반경로를 고려하여 붙이고, 그 총수 59개의 평균면적은 23정 8단보이다.

제4장 삼림 조사

제1절 지황 조사

지황은 삼림구획에 기초하여 각 소반마다 아래의 요령으로써 조사한다.

1. 방위는 8분 방위에 의해 소반의 평균 방향을 나타내고, 경사는 평탄－5도 미만－, 완만한 경사－20도 미만－, 급경사－30도 미만－, 험조(險阻)－45도 미만－, 절험(絶險)－45도 이상－의 다섯 종류로 한다.

2. 토지, 토양의 종류는 식토(埴土)－60% 이상의 점토를 포함한

것－, 양토(壤土)－20~40%의 점토를 포함하고, 그 나머지는 가는 모래로 된 것－, 사토(砂土)－80% 이상 모래로 된 것－, 역토(礫土)－40% 이상 자갈을 포함한 것－, 노토(壚土)－이상의 부식물을 포함한 것－의 다섯 종류이다.

깊이는 얕음－1척 미만－, 중간－1척 이상, 2척 미만－, 깊음－2척 이상－의 세 종류다.

결합도(結合度)는 견(堅)－건조하면 쉽게 분쇄되지 않는 것－, 연(軟)－건조된 덩어리도 쉽게 분쇄할 수 있는 것－, 송(鬆)－건조해도 덩어리로 되지 않는 것－의 세 종류가 있다.

습도(濕度)는 건(乾)－외견상 습기를 함유하지 않거나 그와 같은 것－윤(潤)－토양 가운데 수분을 포함하여 윤기가 있는 것－, 습(濕)－다량의 수분을 포함하여 그것을 누르면 수분이 떨어지는 것－의 세 종류로 분류한다.

3. 지위는 사업구역을 통틀어 상중하로 나눈다. 지황은 나무의 생장이 양호한가 아닌가, 기타 토양의 표면 상태와 잡초의 종류 및 그 무성한 정도 등을 참고한다. 입목지에 있는 것은 주로 입목의 생장 상태에 지황 조사의 결과를 감안하여 판정한다.

제2절 숲의 현황 조사

1. 수종과 혼합 비율

본 사업구역의 주요 수종은 적송, 졸참나무, 떡갈나무 등이며 군락의 모습으로 혼합림을 이루고 있는데 그 섞여 있는 비율은 나무 그루수의 비율과 나무의 줄기와 가지가 차지하고 있는 면적에 의해 십분율로 나타내고 0.1 미만은 순림(純林)[8]으로 간주한다.

2. 소밀도(疏密度)

소밀도는 나무의 줄기와 가지가 지면을 덮는 점령면적의 비율을 비교하여 눈으로 관측하는 한편 단위면적에 대한 나무 그루 수를 참작하여 미입목(未立木 : 0.1 미만), 산생(散生 : 0.3 이하), 심소(甚疎 : 0.5 이하), 소(疎 : 0.7 이하), 적(適 : 1.0 이하), 밀(密 : 1.1 이상)의 6등급으로 나눈다. 그리고 일일이 구획되지 못한 적은 면적의 미입목지나 산생지가 산생하는 소반에서는 그 평균 소밀도를 표시하기로 한다.

3. 숲의 모습

숲의 나이[9]에 대한 조사는 침엽수를 가지의 숫자로, 활엽수를 벌채흔적으로 추측하는데, 이령림(異齡林)[10]에 대해서는 그 나무 나이의 범위를 표시한 각 영급(齡級)[11]의 점령면적에 주의하여 그 평균 숲의 나이를 표시한다. 그리고 심한 차이가 있는 것이 작은 부분에 지나지 않을 때에는 나무 나이의 범위에서 제외한다.

---

8) 순림(純林) : 단순림(單純林)과 같은 말인데, 단일수종(單一樹種)으로 구성된 산림이다.

9) 『사고』에는 임령(林令)으로 적혀 있는데, 임령(林齡)의 오기다. 임령(林齡)은 산림이 생겨서 자란 기간으로 나무의 종류와 자라는 특성 및 경제적 조건에 따라 나이를 헤아린다.

10) 『사고』에는 이령림(異令林)으로 적었는데, 이령림(異齡林)의 오기다. 이령림(異齡林)은 수령(樹齡)의 차이가 많은 나무로 이루어진 삼림이다.

11) 영급(齡級) : 몇 개의 임령(林齡)을 묶어서 한 개의 연령단위로 표시한 것이다.

4. 재적(材積)

재적은 숲의 모습과 이용 정도를 살펴 두세 개의 소반에 표준지 조사를 행하고 그 결과를 참고하여, 해당 소반의 숲의 현황과 대조하는 비교목측법(比較目測法)으로 조사하여 정한다. 재적은 시업의 필요상 적송과 잡목으로 크게 나눈다.

제3절[12] 장래 시업 전망의 조사

삼림경제에서 현재 각 숲의 부분을 가장 유리하게 다루는 것은 해당 소반을 어떻게 할지를 추정하여 당면의 시업에 유감이 없도록 해야 할 것이다. 또 장래에 채택될 작업종과 윤벌기[13] 등을 예정하여 작업의 구성에 대한 참고자료로 삼는다. 주로 제1시업기와 제2시업기 이후로 구분하여 전자에 대해서는 심고 베는 손질과 보호하고 무육(撫育)[14]하는 등 당면한 시업에서 필요로 하는 사항을 숲의 부분의 상황에 기초하여 더욱 정밀하게 하고, 후자에 대해서는 극히 그 개요를 조사한다.

제5장 장래의 시업 방침

제1절 작업종의 결정

작업종의 결정에 대해서는 수종의 성질에 적합한 것인가는 물론

---

12) 『사고』에는 장(章)으로 적혀 있는데, 절(節)이 맞다.

13) 윤벌기(輪伐期) : 하나의 임분(林分)을 같은 면적씩 차례대로 모두 벌채할 계획하에 벌채하기 시작하여, 전체 산림이 모두 벌채될 때까지의 소요기간이다.

14) 무육(撫育) : 임목의 생장 촉진과 재질(材質)의 향상을 위해 실시하는 작업이다.

임업의 목적과 경제적인 관계에 따라 선정하는 것으로, 본 사업구역은 시업 제한지를 제외하고는 어떠한 시업에 제한받는 일이 없으므로 오직 수종과 경제적인 관계를 고려해야 한다. 앞서 서술한 것과 같이 교통이 편리할 뿐만 아니라 사찰의 소유로 되어 있어 비교적 단기간에 자본을 회수할 필요가 있기 때문에 윤벌기가 길어서 큰 목재를 생산할 여유가 없는 곳은 침엽수림이다.

침엽수와 활엽수가 섞여 있는 숲에서는 수요가 상당히 많아서 용재를 생산할 수 있는 가장 짧은 연한을 가려 선택하여 교림(喬林)[15]을 모두 벌채하는 작업을 채택한다. 활엽수림에서는 자본 회수의 단축을 위하여 왜림(矮林) 작업을 채택하여 제탄 자재림(資材林)으로 경영한다.

시업 제한지는 사찰의 풍치를 존엄하게 보존하기 위해 설치하는 것으로서 오랜 기간의 윤벌기를 채택하여 교림을 골라서 벌채하는 작업을 선택하여 울창한 대삼림을 이루게 하고 한편으로는 사찰의 개축 등에 사용하는 큰 목재의 생산을 담당하게 한다.

제2절 수종의 결정

본 사업구역에 현존하는 수종은 적송인 침엽수와 졸참나무류, 떡갈나무류, 백양목류, 단풍나무류, 상수리나무, 밤나무 등의 활엽수로서 군락 혼합림을 이루어 상당히 울창하게 보존된 상태이며 이른바 향토 수종으로 간주할 수 있다. 이들 수종을 본 사업 구역에서 심는 수종으로서 선정하면 양호한 조림 성적을 얻을 수 있다.

15) 교림(喬林) : 형질이 우량한 목재로 특히 큰키나무의 생산을 주목적으로 하는 산림이다.

그리고 현재의 침엽수림에 대해서 자생하는 어린나무를 무육하거나 또는 적송과 흑송을 보완하여 심음으로써 침엽수림으로 만든다. 침엽수와 활엽수가 섞여 있는 숲에 대해서는 활엽수의 싹과 침엽수의 자생하는 어린나무를 키움으로써 침엽수와 활엽수의 혼효 상태를 지속하게 한다. 활엽림은 나무의 싹을 새로이 심음으로써 활엽수림이 되게 한다.

본 사업구역의 관문이 되는 제1임반과 제2임반의 침엽수 산생지는 지표가 겉으로 드러나 있어서 풍치를 위해서 방치할 수 없기 때문에 물오리나무와 사방오리나무를 보완하여 심어서 침활혼효림이 되게 한다.

제3절 윤벌기의 결정

윤벌기는 일반 경제림에서는 가장 많은 순익을 얻지만 함께 투하자본의 이율을 고려하여 결정해야 한다. 윤벌기를 계산할 기초수치가 없기 때문에 현재 나무의 생육 상황, 지방 임산물의 수요와 사찰의 경제관계에 의해 결정한다.

본 사업구역에서 임목이 자라는 모습을 보면 침엽수는 수령이 40년이 되면 중간둘레의 직경[16]이 8촌에서 1척[17]이 되어 용재로서 충분히 이용할 수 있다. 한편 광주와 순천의 목재 수요 상태를 보면 직경[18] 1척 내외의 통나무 목재가 가장 수요가 많기 때문에 이러한 점들을 고려하고 한쪽으로는 자본의 회수를 단축하기 위해 윤벌기를 40년으

16) 『사고』에는 경(經)이라고 적혀 있는데 오기다.
17) 『사고』에는 촌(寸)으로 썼다가 척(尺)으로 고쳐쓰려고 한 듯한 글자의 형태다.
18) 『사고』에는 경(經)이라고 적혀 있는데 경(徑)으로 보아야 한다.

로 한다.

활엽수림은 용재보다 제탄 자재로 생산한다. 한편 그 생육 상태를 보면 본 사업구역은 땅이 상당히 비옥하기 때문에 수령이 15년에 이르면 가장 알맞은 제탄 자재가 되므로 윤벌기를 15년으로 한다. 그러면서도 활엽수림 안에 있는 장래 용재가 될 만한 특수한 수종에 대해서는 알맞게 남겨둔다.[19]

시업 제한지에는 경제상의 입장에 따르지 않고 사찰의 풍치를 존엄하게 함을 주안점으로 하여 다소 경제적인 희생을 감수하고 윤벌기를 80년으로 하여 큰 목재의 생산과 풍치 유지를 주로 한다.

본 사업구역은 특히 노령림[20]이 없고 또 침엽수와 활엽수의 혼효림이기 때문에 숲의 현황을 개선하기 위해 시급히 벌채할 필요도 없다. 미입목지와 산생지에 보완하여 심는 한편 잡목을 솎아 베는 것(除伐)과 솎아베기(間伐) 등 손질을 하여 손쉽게 규정된 상태로 만들기 위해서는 특별히 정리할 시기를 설정할 필요가 있다.

제4절 시업기 편입

규정되지 않은 현재의 숲을 가능한 한 작은 경제적 희생을 통해 빨리 규정 상태로 유도하면서도 지속적인 생산물의 보존을 기대하는 것이 삼림시업의 안목이다. 그러면서도 규정 상태를 시급히 실현해야 하는 것은 적지않은 눈앞의 이익을 희생하더라도 본 사업구역과 같이 사찰의 소유림에서는 현재의 수입을 도외시하기 어려우므로, 먼저

---

19) 보잔목(保殘木) : 산림을 벌채할 때 임목의 일부를 산생(散生) 또는 군상(群狀)으로 남겨둔 것을 가리킨다.

20) 『사고』에는 노령림(老令林)이라고 적혀 있는데, 노령림(老齡林)의 오기다.

생산물의 보존과 지속을 선결 문제로 삼아야 된다.

그러므로 본 사업구역에서 교림을 모두 베는 작업은 제11임반의 1소반,[21] 제12임반의 1소반, 제14임반의 4소반의 101정 1단보 8,594척체로 한다. 왜림 작업은 제12임반 2소반, 제13임반 2, 3소반의 80정 7단 8무 6,616척체로 하고 제1시업기에 편입하여 벌채한다.

숲을 조성하는 것은 본 사업구역의 관문이 되는 제1임반 1, 2소반, 제2임반 1, 2소반의 40정 7단보의 적송 소생지에 매 정마다 800그루의 물오리나무와 사방오리나무를 심고, 제1시업기간 중에 교림을 전부 베는 곳에 대해서는 적송의 어린 나무가 생길 것을 헤아려 벌채한 다음 해부터 매 정마다 800그루의 적송과 흑송을 보충해서 심고, 활엽수는 싹을 최대한 보호하고 무육한다. 그리고 왜림 작업의 벌채 장소는 완전히 자연스럽게 갱신하여 싹과 어린 나무를 무육하는 것으로 한다.

제5절 벌채 순서와 벌채량의 확정

벌채 순서는 운반 관계 및 주된 바람의 방향을 고려하여 정해야 하지만 제1시업기에 벌채된 곳은 어느 곳이라도 몇 년 전부터 벌채가 진행되어 이미 운반도로가 설치되어 있기 때문에 운반상 특별히 벌채 순서를 제한할 필요가 없다. 때문에 현재 벌채중인 제14임반 4소반부터 벌채하여 점차 제12임반 1소반, 제11임반 1소반에 이르러 제1시업기간 중에 벌채를 마치도록 한다.

---

21) 『사고』에는 소반의 단위로 ‘イ, ロ, ハ, ニ, ホ’의 다섯 음절로 구분하고 있는데, 여기서는 임의로 1, 2, 3, 4, 5와 같이 아라비아 숫자로 표기한다. 이하 소반의 단위는 모두 이와 같다.

제1시업기의 벌채량은 재적(材積)을 기준으로 하고, 제2영급 이상의 재적은 윤벌기를 40년으로 하여 벌채하도록 한다. 한편으로는 매년의 벌채 면적이 같도록 하면서도 생장량은 생산물 조절의 안전을 위해 미리 비축해 둠으로써 표준년 채벌량의 산정에 가산한다. 현재 보통시업지에 대한 벌채량의 산정식을 표시하면 다음과 같다.

(1) 전벌교림작업(全伐喬林作業)

해마다 벌채할 표준면적은 교림을 전체 베는 작업의 순면적-(미입목지 및 산생지 면적+제1영급면적)을 윤벌기로 나눈 것인데, 그 계산은 790.99(정)-(42.70(정)+14.57(정)) = 473.42(정) / 40(년) = 11.84(정)이다.

제1시업기에 편입할 벌채 면적은 11.84(정)×10 = 118.40(정)이다.

해마다 벌채하는 표준 재적은 교림을 전체 벨 때의 순재적-(미입목지 및 산생 재적+제1영급재적)을 윤벌기로 나눈 것인데, 그 계산은 다음과 같다.

1. 침엽수는 29,471척체-3,995척체 / 40(년) = 25,476척체 / 40(년) = 637 척체인데 제1시업기에 편입할 입벌 재적은 637×10 = 6,370척체이다.

2. 활엽수는 8,414척체 / 40(년) = 210척체인데, 제1시업기에 편입할 입벌 재적은 210×10 = 210척체이다.

(2) 왜림작업

해마다 벌채할 표준면적은 왜림작업의 총면적-(미입목지 및 산생지 면적+제1영급면적)을 윤벌기로 나눈 것인데, 407.24(정)-(180.50

(정)+95.80(정)) / 15(년) = 130.94(정) / 15(년) = 8.73(정)이다. 제1시업기에 편입할 입벌 면적은 8.73(정)×10 = 87.30(정)이다.

해마다 벌채할 표준 재적은 왜림작업의 순재적-(미입목지 및 산생지 재적+제1영급재적)을 윤벌기로 나눈 것인데, 그 계산은

1. 활엽수 = 9,925척체-1,177척체 / 15 = 8,748척체 / 15 = 583척체인데 제1시업기에 편입할 입벌 재적 = 583척체×10 = 5,830척체이다.

2. 침엽수는 2,527척체이지만 제1시업기에는 나머지를 보호하여 벌채하지 않는다.

위의 산정식에서 제1시업기의 벌채장소 및 벌채 재적은 전벌교림작업에서는 제11임반 1소반, 제12임반 1소반 및 제14임반 4소반의 101정 1단보 8,590척체를, 왜림작업에서는 제12임반 2소반과 제13임반 2, 3소반의 80정 7단 8무보 6,616척체가 그에 해당하는데, 그렇게 할 경우 해마다 벌채할 양은 전자는 859척체, 후자는 662척체가 되지만 수년간 양을 모아서 벌채하는 것이 유리하다고 인정될 때는 격년으로 벌채해야 할 것이다.

제6절 숲의 조성

1. 숲의 조성 방법

투하자본을 가능한 한 적게 하고 생산물을 많게 하는 것은 임야를 경영할 때의 주안점이 되는바, 특히 본 사업구역과 같이 사찰이 소유하여 자본의 투하가 자유롭게 허락된 곳에서는 힘써 자본을 절약해야 할 뿐만 아니라 숲의 조성에서도 가능한 한 자연적인 갱신에 의지하고,

자연적인 갱신이 불가능한 곳에서만 인공조림을 해야 한다.

제1임반의 제1, 2소반, 제2임반의 1, 2소반은 본 사업구역의 관문이면서도 땅이 척박하고 지표가 노출되어 있고 수령이 20년 된 적송이 산생하고 있지만 전혀 가지치기를 하지 않아서 경관을 위해 방치할 수가 없다. 때문에 물오리나무와 사방오리나무를 매 정마다 800그루씩 보충하여 심어서 침활혼효림으로 만들고 부근의 민간 소유 임야와 뚜렷이 구획하여 한눈에도 일반 민중에게 사찰의 소유임야라는 것을 알게 한다.

제11임반의 제1소반, 제12임반의 제1소반, 제14임반의 제4소반의 벌채한 곳은 자연적으로 어린나무와 싹이 자랄 수 있도록 벌채한 이듬해에는 적송과 흑송을 매 정마다 800그루씩 보충하여 심고 자연적으로 자란 어린나무와 싹은 힘써 보호하여 기르도록 한다.

그리고 왜림작업에서 벌채한 곳은 완전히 싹의 갱신에만 의지할 수 없기 때문에 인공으로 조림한다. 이하에 항목을 나누어서 숲의 조성 방법을 서술한다.

(1) 나무심기에 관한 일

본 사업구역은 기후가 온난하므로 3월 상순부터 중순에 걸쳐서 숲을 조성하기 때문에, 건조기에 들어갈 때에는 이미 뿌리를 내려 가뭄에 견딜 수 있다. 그리고 나무를 심는 인부는 모두 지역주민을 부려서 조림의 경험을 얻게 함으로써 나무를 심는 것에 대한 관념을 함양하도록 한다. 심어야 할 나무 수는 실지 정황에 따라 일정하게 하되 어린 나무의 발생 정도를 살펴서 평당 한 그루를 심도록 한다.

(2) 묘목 구입에 관한 일

제1시업기에 소요되는 묘목의 수는 물오리나무와 사방오리나무 32,560그루, 적송과 흑송 80,880그루로, 매년 약 11,300그루의 나무를 심을 수 있다. 이를 위해 묘포(苗圃)를 경영하는 일은 도저히 불가능하기 때문에 위에서 소요되는 그루 수는 순천군 삼림조합에 구입의 알선을 의뢰하도록 한다.

(3) 조림지 정리에 관한 일

조림지 정리는 풀을 베는 법에 의하는데 나무를 심은 전년도의 가을철에 한다.

(4) 손질과 돌보기에 관한 일

임지(林地)의 밑깎기는 여름철 8월경에 그 해에 나무를 심은 곳에 행하지만 나무를 심는 것에 대해 지식이 없는 지역주민을 고용하여 그 일을 행하기 때문에 충분한 지도감독을 하여서 심은 묘목을 베어버리는 일이 없도록 특히 주의한다.

2. 조림비의 산정액

1. 정보당 조림비

종 목	수 량		단 가		금 액		적 요
	소나무	활엽수	소나무	활엽수	소나무	활엽수	
묘목 대금	800 그루	800 그루	56모(毛)	56모(毛)	4.48원	7.20원	산지 인도 가격임
임시심기[假植] 때의 운반 비용	20명	20명	0.70원	0.70원	0.14원	14원	1인 1일 400그루. 인부의 고용은 지역부락민을 취함
나무 심는 비용	5.33원	5.33원	0.70원	0.70원	3.73원	3.73원	1인 1일 150그루
잡비					0.50원	0.50원	인부 고용 기타
계					8.85원	11.57원	
보식비(補植費)					1.33원	1.74원	
합계					10.18원	13.31원	

위 표의 비율로써 제1임반 제1, 2소반, 제2임반 제1, 2소반에 대하여 매년 4정 7무보에 물오리나무와 사방오리나무를 심는다. 벌채된 곳에는 매년 10정 1단 1무보에 벌채된 다음 해 봄에 흑송과 적송을 심는다. 그 말라죽은 나무는 [묘목을] 심은 다음 해에 보충하여 심는다.

각 연도 조림비 일람표

연차	1년차	2년차	3~10년차	11년차	계
연도	소화 3년도	소화 4년도	소화 5~12년도	소화 13년도	
면적	활엽수 4.07	활엽수 4.07 소나무 10.11	활엽수 4.07 소나무 10.11	활엽수 4.07 소나무 10.11	
1정보당 금액	11.57	활엽수 13.31 소나무 8.85	활엽수 13.31 소나무 10.18	활엽수 1.74 소나무 10.18	
금액	47.09	활엽수 54.17 소나무 89.47	활엽수 54.17 소나무 102.92	활엽수 7.08 소나무 102.92	1,557.45
비고	47.09	합계 143.64	합계 157.09	합계 110.00	

* 면적의 단위는 정, 단, 무보인데, 소수점 이하는 무보이다.

** 금액의 단위는 원, 전인데 소수점 이하는 전이다.

제7절 시업상 필요한 시설의 계획

본 사업구역의 관리경영기관으로서 이상적인 시업을 하기 위해서는 전속 기술자를 항상 배치할 필요가 있지만 사찰의 경제상 어렵기 때문에 현재 항상 배치된 산감(山監)으로서 임업 기술을 연구하게 하여 전적으로 임야의 보호와 관리를 담당하여 시업안을 실행하게 하고, 도와 군에서 지도하기를 바란다.

본 사업구역은 수년 전부터 벌채를 시작하여 이미 운반로를 설치하였고, 또 산감의 순시로가 사방으로 통해 있다. 특히 개설이 필요한 송광사에서 낙수리 자동차도로까지 약 1리의 거리는 거마 도로인데, 어느 정도 수리한다면 자동차도로로 쓸 만하다. 이미 측량을 마쳤기에 머지 않아 공사를 시작할 예정이므로, 지금 즉시 수리에 착수한다.

본 사업구역 가운데 제15임반과 제16임반은 사찰의 외산으로 불리는 구역으로서 감시를 하지 않았기 때문에 해마다 화재의 피해를 입었고, 내산으로 불길이 번져나갈 우려가 있어서 이 구역과 내산의 경계가 되는 산줄기에는 고정된 방화선을 설치하여 너비 5칸을 절개하고, 매년 가을철에 잡초를 베어내는 일을 한다.

다른 경계선은 산 중턱이므로 약간만 절개하더라도 하등의 의미가 없기 때문에 방화선만을 설치한다.

제8절 장래의 수입과 지출 전망

본 사업구역의 연간 벌채량은 침엽수가 543척체이고, 활엽수가 890척체이며, 산지 가격을 침엽수는 1원 70전, 활엽수는 1원으로 하면, 그 수입은 1,819원 10전이다. 그리고 지출은 조림비, 보호관리비,

삼림조합비인데, 연도별 조림비는 앞서 서술한 것과 같고, 보호관리비는 임무(林務) 1인, 산감 2인, 탄감(炭監) 1인의 수당이 518원이고, 삼림조합비는 매년 227원 10전을 예상한다.

각 연도 수입과 지출 대조표

연차	1년차	2년차	3년에서 10년차	계
연도	소화 3년도	소화 4년도	소화 5~12년도	
수입	1,819원 10전	1,819원 10전	1,819원 10전	1,819원 10전
지출	792원 19전	888원 74전	902원 19전	8,894원 45전
차액	1,026원 91전	930원 36전	916원 91전	9,292원 55전
비고				

제9절 시업안 실행에 대한 의견

1. 숲의 조성 방법에 관해서는 그 대요에 그쳤기 때문에 숲을 조성할 때는 군의 삼림조합에서 기술원을 파견도 교섭하여 지도를 청한다. 심을 묘목을 선택할 때에는 정교하고 세밀한 주의를 기울여 불량한 묘목을 심는 것을 피해야 하고, 자생하는 어린 나무는 힘껏 보호하여 인공조림의 면적을 적게 해야 한다.

2. 벌채에 즈음해서는 적당한 방법으로 널리 매수 희망자를 모집하여 산지 가격의 오르내림을 계산하고, 매매상 합계에 따라 격년으로 벌채한다.

3. 경계가 갈수록 분명하지 못한 곳이 있을 뿐만 아니라 소유권의 확정을 빠뜨려서 [관청의 결정에] 복종하지 않고 신청서를 제출중인 구역 등이 있다. 특히 경계를 명료하게 할 필요가 있기 때문에 인접한 임야의 소유자와 함께 입회하여 '사(寺)'자를 새긴 석표를 묻어야 한다.

4. 지역주민 입산자에 대해서는 땔감의 채취구역을 한정하여 벌채될 곳과 조림지에는 절대로 입산하지 않도록 엄중하게 감독해야 한다.

5. 나무를 모두 벌채할 때에는 매수자는 벌채될 곳의 갱신에 대해서는 함부로 난벌하는 경향이 있기 때문에 특히 감독하여 벌채될 곳에서의 어린 나무를 손상시키는 일이 없도록 해야 한다.

제10절 시업안 편성의 공정(功程)

	외업(外業)		내업(內業)	여행	합계	비고
	삼림조사	측량				
연일수(延日數)	10	10	40	8	68	

소화 2년(1927) 6월 조사원 산업 기수 경전경덕(慶田景德)

제2차 - 소화 4년(1929) 10월 일 -
순천군 송광면 송광사 사유림 시업방법서

1. 소재지　순천군 주암면 행정리

2. 소유자　순천군 송광면 송광사

3. 면적　156정보

4. 삼림 구획

면(面)	리(里)	지번	임반	소반	면적				비고
					시업지	시업 제한지	제지(除地)	계	
주암	행정	산 162	1	1	1,549			1,549	
				2	1,073			1,073	
				3	823			823	
				4	999			999	
				5	420			420	
				계	4,864			4,864	
			2	1	659			659	
				2	1,443			1,443	
				3	989			989	
				계	3,091			3,091	
			3	1	2,724			2,724	
				2	2,671			2,671	
				3	2,250			2,250	
				계	7,645			7,645	
				합계	15,600			15,600	

5. 땅의 현황

본 임야는 송광, 주암, 쌍암 3면의 경계가 되는 조계산 북쪽의 일부를 차지하는 송광사로부터 약 1리 떨어진 곳에 있다. 약 0.5리에는 광주와 순천 사이의 2등 도로가 있어 우마가 통과할 수 있을 정도로 교통이 비교적 편리한 곳이다. 해발고도가 1,200척에서 2,800척으로 경사는 일반적으로 급하고 험준하지만 땅이 비옥하여 숲의 생장에 매우 양호하다.

기층 암반은 선캄브리아기에 속하는 회색의 화강편마암으로, 토양은 그것이 풍화되고 분해된 것이다. 본 임야는 기후가 일반적으로 온난하고 추위와 더위가 모두 심하지 않다. 주된 바람의 방향은 여름철에는 동남풍이고 겨울철에는 북서풍이며, 강풍은 북서풍이 많지만 임목이 바람의 피해를 입는 일은 없다.

6. 숲의 현황

본 임야는 온대남부에 속하여 상당히 많은 수종을 포함하고 있다. 주요 임목은 적송, 졸참나무류, 떡갈나무류 등이고, 산기슭 부분에는 적송만으로 이루어진 숲이 있고, 산줄기 부근은 활엽수와 잡목 숲인데, 적송은 수령이 10년에서 20년이고, 잡목은 30년인데, 매 정(町) 평균축적은 적송이 35척체이고, 잡목이 70척체이다.

7. 본 임야에 대한 종래의 관행

본 임야는 옛날부터 송광사의 소유 임야로서 보호되어 왔으며, 80여 년 전에 율목봉산이 되어 본사에서 밤나무를 보호할 것을 명령받았다. 융희 2년(1908)에 봉산을 해제하면서 주암면 행정리 외 7개 리는 봉산을 해제하면서 부락의 점유 임야라고 주장하여 그 임야를 조사할 때 잘못으로 그 부락 소유로 사정된 것을 송광사가 인정하지 않고 신청서를 냈다.

소화 3년(1928)에 본사의 소유로 사정되었지만 그 사정에 불평을 품은 부락민은 지금도 오히려 본 임야에 입산하여 도벌하는 일이 많기 때문에 본 임야의 경영을 담당하기 위해서는 산감을 독려하여 철저히 임야를 순시하여 저들의 도벌을 방지하지 않으면 안 된다.

8. 시업관계

(1) 벌채에 관한 일

본 임야의 적송은 수령이 10년 내외의 어린 나무이기 때문에 제1 시업기간 중에는 벌채하는 일이 없도록 하고, 활엽수와 잡목은 수령이 30년 내외로 상당히 축적되어 있기 때문에 그 면적 36정 5단 9무, 재적(材積) 2,627척체 가운데 22정 5단보, 1,575척체를 제1시업기간 중에 아래와 같이 벌채하도록 한다.

벌채표

연차	임반	소반	면적	수종	1정보당 척체	총 척체	비고
소화 5년도	3	3의 안쪽	1,150	잡목	70	800	
소화 10년도	3	3의 안쪽	1,100	잡목	70	775	
계			2,250			1,575	

(2) 숲의 조성에 관한 일

본 임야는 위에서 기술한 것과 같이 상당한 임상을 보존하고, 땅도 비옥하여 자연적인 조림으로 충분히 다시 새롭게 할 수 있기 때문에 인공조림은 행하지 않는다. 현재 적송이 숲을 이루고 있는 산기슭 부분은 앞으로도 적송림으로서 큰나무들을 모두 벌채하는 작업을 행하고 산줄기 부근의 활엽수와 잡목의 숲은 작은 나무들을 벌채하여 싹이 다시 자라면 숯을 만드는 자재림으로 삼는다.

(3) 손질과 돌보기에 관한 일

특히 손질을 해야 할 곳이 없어도 제1시업기에 벌채된 곳에 대해서는 자연적으로 자라는 싹을 힘껏 보호하고 돌본다. 봄철에 새로 돋아나는 어린 싹의 채집기에는 특히 주의해야 한다.

9. 관리와 보호에 관한 시설

본 임야는 앞에서 서술한 것과 같은 사정으로 송광사의 소유임야로 결정된 것으로서, 주암면의 관계된 8개 리 주민 가운데에는 본사에 대하여 반감을 품고 산감의 눈을 속이고 입산하여 도벌하고, 또 심하게는 방화하는 일 등이 있다. 때문에 산감을 독려하여 임야를 순시하게 하며, 한편으로는 군의 삼림조합과 연락을 취하여 조합 기수보(技手補)의 순회를 부탁하여 이러한 사고를 방지해야 한다.

본 임야의 경계는 산기슭 부분은 도로로써 일반 사유임야와 접했으며, 남서쪽의 산줄기는 본사 사유림과 연속하며, 동쪽은 일반 사유림과 경계가 되어 구분이 명확하다.

10. 시업관행에 관한 의견

본사는 본 임야 이외에 1천 수백 정보의 광대한 임야를 소유하여 이미 시업안의 편성을 마치고 착착 실행중이기 때문에 해당 임야의 경영에서는 이들 임야와 동시에 작업하고 벌채할 때에는 벌채된 곳이 황폐해지지 않도록 특히 유의해야 한다.

소화 4년(1929) 10월 조사

조사원 전라남도 산업 기수 경전경덕

동고록(同苦錄)

고문(顧問) 주지	설월용섭(雪月龍燮)
교열(校閱) 전 강사(講師)	해은재선(海隱裁善)1)
편집(編輯) 감무(監務)	기산석진(綺山錫珍)2)
서사(書寫) 법무(法務)	용은완섭(龍隱完燮)3)
외호(外護) 감사(監事)	금당재순(錦堂在順)4)

---

1) 해은재선(1890~?) : 속성은 김씨(金氏)로 화순군 벽송리 출신이다. 1907년에 송광사의 용암의 문하에 출가하고, 금명에게 구족계를 받았다. 1922년에 송광사 건물 37동을 새로 짓거나 보수하였다. 1945~1948년에 송광사 주지를 역임하였다.

2) 기산석진(1892~1968) : 순천시 송광면 장안리에서 태어났고, 속성은 임씨(林氏)다. 14세에 송광사 천자암에서 취월(翠月)을 은사로 출가하였고, 호붕(浩鵬)에게 사미계를 받았다. 1917년에 금명보정에게 사집과 초등과를 이수하고, 송광사 보통과를 이수하였다. 이어 중앙락림 중학과, 불교중앙학림을 마치고 1923년에 송광사 주지대리를 맡기도 하였다. 해방 이후에는 중앙총무원 이사, 원장 등을 지내고 1962년 통합 종단의 초대 총무원장으로 추대되기도 하였다. 그는 금명보정의 지도를 받아 송광사 사고를 편찬하는 데 많은 역할을 하였다.

3) 용은완섭(1897~?) : 속성은 주씨(朱氏)로 완산부 방천리에서 태어났다. 14세에 금명의 문하에 출가하고, 1920년부터 4년간 일본에 유학하였다. 1929년에 송광사 강원의 교사로 있으면서 『화엄강요』 1권을 출판하였다.

4) 금당재순(1899~1973) : 속성은 최씨(崔氏)로 순천시 송광면 출신이다. 1912년에 월국의 문하에 출가하고 1928~1931년에 여수 은적암 주지, 1956~1963년에

소화 6년(1931) 음력 11월 일

사임(寺任)

서기(書記)　　하산성우(荷山成佑), 영환(永桓)[5]

사감(寺監)　　동봉계만(東峰啓萬)

불감(佛監)　　석산봉연(石山奉衍)

임무(林務)　　도산동근(道山東根)

산감(山監)　　기송상영(琪松祥英)

탄감(炭監)　　포응동수(布凝東秀), 운저선기(雲渚善基)

당시 대중(大衆)은 150여 명이다.

송광사 주지를 역임하였다.

5) 의운영환(1905~?) : 성씨는 손씨(孫氏)로 순천시 외서면 출신이다. 1918년에 맹훈을 은사로 출가하고 1932년에 벌교 송명학교 교원, 1940년에 전남도청 학무과 서기를 지냈다.

송광사 주지계보

조계산 송광사 주지 계보

인가

보조국사(普照國師)로부터 홍진(弘眞)·보제(普濟)·보각(普覺)국사까지는 역대 제왕이 특명으로써 주석케 하셨으나 조선 초엽부터 임란 이전까지는 그 출처가 자세하지 않다. 그러나 이후부터 순조 경인년(1830) 봉산 이전까지는 본군의 인가를 얻고, 이후로부터 고종 경자년(1900) 봉산 이전까지는 총섭(總攝)의 명칭으로써 봉상시(奉常寺)의 인가를 얻고, 이후부터 기로소(耆老所) 원당(願堂)을 받들어 세우기 이전까지는 섭리(攝理)의 명칭으로써 4부(四府)－즉 궁내부(宮內府)·내부(內部)·장예원(掌禮院)·홍릉관(洪陵官)－의 인가를 얻고, 이후부터 사찰령 반포 이전까지는 판사(判事)의 명칭으로써 기로소의 인가를 얻고, 이후부터 오늘날까지는 주지의 명칭으로써 총독의 인가를 얻게 되었다.

계보

편자는 일찍이 송광사 사고(史庫)를 편집하고자 하여 모든 옛날

문서 상자를 더듬어 살피며 조사하다가 문득 주지·판청(判廳) 선생안(先生案) 2책을 얻어 보게 되었다. 그런데 주지안(住持案)은 조선 경종 3년 계묘년-서기 1723년-에 주지 기인(起仁) 대사가 편록(編錄)한 것이고, 판청안(判廳案)은 정조 22년 무오년-서기 1798년-에 대영(大榮) 화상이 편록한 것으로서, 이것은 곧 이후부터 법식을 이루어 오늘에 이른 진본(珍本)이었다.

이에 문득 기쁜 마음을 이기지 못하여 곧 여러 책의 편록 사이에 흩어져 일부가 빠져 있는 이전 직함의 향기로운 이름을 발견 순서대로 수록하여 주지의 계보를 편성한다. 보조국사-고려 신종 3년 경신년(1200)-로부터 운곡(雲谷) 대사-조선 세종 13년(1431)-까지의 232년간은 다행히 그 계보와 직함이 일관되게 이어져 있으나, 이듬해부터 육정(六正) 대사-성종 8년(1477)-에 이른 45년간, 이듬해부터 석정(釋精) 대사-성종 21년(1490)-에 이른 12년간, 이듬해부터 계림(戒林) 대사-명종 15년(1560)-에 이른 69년간, 이듬해부터 성전(省全) 대사-선조 7년(1574)-에 이른 13년간, 이듬해부터 적연(寂然) 대사-선조 10년(1577)-에 이른 18년간, 성은(性訔) 대사-광해군 13년(1621)-부터 송계(松溪) 대사-인조 8년(1630)-에 이른 19년간, 비능(斐能) 대사-인조 25년(1647)-부터 득운(得雲) 대사-숙종 4년(1678)-에 이른 31년간, 이듬해부터 행준(行俊) 대사-숙종 32년(1706)-에 이른 27년간은 각각 그 직함이 빠져 있다.

그러나 행준(行俊) 대사는 즉 기인(起仁) 대사가 편록한 [책의] 수위자(首位者)로서 이로부터 오늘날까지는 그 직함이 연속-혹 2, 3대가 빠져 있다-되어 완전히 그 계보를 이루기에 충분한 것이다. 그런데 그 임기는 곧 보조국사로부터 임진왜란 약간 후까지는 재위자(在位者)

의 자율에 맡겨두었다. 그러나 임진왜란이 끝난 후 무렵부터 순조 30년 경인년(1830)에 이른 수백 년 간은 반년, 이듬해 신묘년(1831)부터 융희 4년 경술년(1910)에 이른 80년간은 1년, 이듬해 신해년(1911)부터 오늘날까지는 3년을 일기(一期)로 하였으니, 이제 그 방함(芳銜)을 이어 맞추어 계보를 차례로 늘어놓으면 아래와 같다.

소화 7년 임신년(1932) 10월 일

주지 방함(芳銜)

보조지눌(普照知訥)	고려 신종(神宗) 3년(1200)부터 희종(熙宗) 6년(1210)까지
진각혜심(眞覺慧諶)	희종 6년부터 고종(高宗) 21년(1234)까지
청진몽여(淸眞夢如)	고종 21년부터 고종 39년(1252)까지
진명혼원(眞明混元)	고종 39년부터 고종 43년(1256)까지
원오천영(圓悟天英)	고종 43년부터 충렬왕(忠烈王) 12년(1286)까지
원감충지(圓鑑沖止)	충렬왕 12년부터 충렬왕 19년(1293)까지
자정일인(慈靜一印)	충렬왕 19년부터 27(1301), 28년(1302) 무렵까지
자각도영(慈覺道英)	충렬왕 27, 28년 무렵부터 충렬왕 말년 무렵까지
담당(湛堂) □ □	충렬왕 말년 무렵부터 충선왕조(忠宣王朝)까지
혜감만항(慧鑑萬恒)	충선왕 말년 무렵부터 충숙왕(忠肅王) 초기까지
묘엄자원(妙嚴慈圓)	충숙왕 초기부터 충숙왕 2(1315), 3년(1316) 무렵까지
혜각묘구(慧覺妙軀)	충숙왕 5(1318), 6년(1319) 무렵
각엄복구(覺嚴復丘)	충숙왕 7(1320), 8년(1321) 무렵부터 충정왕(忠定王) 2년(1350)까지
복암정혜(復庵淨慧)	충정왕 2년부터 공민왕(恭愍王) 12년(1363) 무렵까지

홍진(弘眞) □ □	공민왕 12년부터 공민왕 20년(1371) 무렵까지
보제혜근(普濟惠勤)	공민왕 20년 9월 27일부터 22년(1373) 9월까지
묘엄자초(妙嚴自超)	공민왕 22년 9월부터 우왕(禑王) 원년(1375) 여름까지
보각혼수(普覺混修)	우왕 원년 가을부터 2년(1376) 3월까지
혜암상총(慧庵尙聰)	우왕 2년 여름 무렵
□ □ 석굉(釋宏)	우왕 4(1378), 5년(1379) 무렵
고봉법장(高峯法藏)	조선 태조(太祖) 4년(1395)부터 세종(世宗) 2년(1420)까지
□ □ 중인(中印)	세종 2년부터 9년(1427)까지
□ □ 운곡(雲谷)	세종 9년부터 13년(1431)까지
□ □ □ □	세종 14년(1432)부터 성종(成宗) 7년(1476)까지 45년간이 빠져 있다.
□ □ 육정(六正)	성종 8년(1477) 무렵
□ □ □ □	성종 9년(1478)부터 20년(1489)까지 12년간이 빠져 있다.
□ □ 석정(釋精)	성종 21년(1490) 무렵
□ □ □ □	성종 22년(1491)부터 명종(明宗) 14년(1559)까지 69년간이 빠져 있다.
□ □ 성전(省全)	선조(宣祖) 7년(1574) 무렵
□ □ □ □	선조 8년(1575)부터 선조 25년(1592)까지 18년간이 빠져 있다.
□ □ 적연(寂然)	선조 26년(1593)부터 30년(1597)까지
□ □ 신안(信安)	선조 31년(1598)부터 40년(1607)까지
□ □ 응선(應禪)	선조 41년(1608)부터 광해군(光海君) 10년(1618)까지
□ □ 성은(性訔)	광해군 11년(1619)부터 13년(1621)까지

□ □ □ □	광해군 14년(1622)부터 인조(仁祖) 17년(1639)까지 19년간이 빠져 있다.
송계성현(松溪性玄)	인조 18년(1640) 무렵
□ □ 비능(斐能)	인조 25년(1647) 무렵
□ □ □ □	인조 26년(1648)부터 숙종(肅宗) 3년(1677)까지 31년간이 빠져 있다.
□ □ 득운(得雲)	숙종 4년 무오년(1678)
□ □ □ □	숙종 5년(1679)부터 31년(1705)까지 27년간은 빠져 있다.
□ □ 행준(行俊)	숙종 32년 병술년(1706) 가을 등
□ □ 사응(思應)	정해년(1707) 봄 등
□ □ 탁옥(琢玉)	정해년 가을 등
□ □ 극행(克行)	무자년(1708) 봄 등
□ □ 낭우(朗祐)	무자년 가을 등, 기축년(1709) 봄 등
□ □ 득오(得悟)	기축년 가을 등
□ □ 도혜(道慧)	경인년(1710) 봄과 가을 등
□ □ 득오(得悟)	신묘년(1711) 봄 등
□ □ 위안(偉眼)	신묘년 가을 등, 임진년(1712) 봄 등
□ □ 낭우(朗祐)	임진년 가을 등
□ □ 두잠(斗岑)	계사년(1713) 봄 등
□ □ 찬현(贊玄)	계사년 가을 등, 갑오년(1714) 봄 등
□ □ 택린(澤璘)	갑오년 가을 등, 을미년(1715) 봄 등
□ □ 희오(稀悟)	을미년 가을 등
□ □ 기인(起仁)	병신년(1716) 봄과 가을 등, 정유년(1717) 봄 등

□ □ 낭우(朗祐) 정유년 가을 등
□ □ 낭안(朗眼) 무술년(1718) 봄 등
□ □ 석린(釋璘) 무술년 가을 등, 기해년(1719) 봄 등
□ □ 책륵(策勒) 기해년 가을 등
□ □ □ □ 경자년(1720) 봄 등
□ □ 원해(圓解) 경자년 가을 등
□ □ 도혜(道慧) 경종(景宗) 원년 신축년(1721) 봄 등
□ □ 찰현(察玄) 신축년 가을 등, 임인년(1722) 봄 등
□ □ 각존(覺存) 임인년 가을 등
□ □ 기인(起仁) 계묘년(1723) 봄 등
□ □ 각존(覺存) 계묘년 가을 등
□ □ 책륵(策勒) 갑진년(1724) 봄 등
□ □ 거변(巨卞) 갑진년 가을 등
□ □ 광선(廣善) 영조(英祖) 원년 을사년(1725) 봄 등
□ □ 찰현(察玄) 을사년 가을 등, 병오년(1726) 봄 등
□ □ □ □ 병오년 가을 등
□ □ 각존(覺存) 정미년(1727) 봄 등
□ □ 책륵(策勒) 정미년 가을부터 무신년(1728) 가을까지 등
□ □ 낭우(朗祐) 기유년(1729) 봄 등
□ □ 형하(泂荷) 기유년 가을 등
□ □ 호인(好忍) 경술년(1730) 봄 등
□ □ 준택(俊澤) 경술년 가을 등
□ □ 견학(見學) 신해년(1731) 봄 등
□ □ 조현(祖玄) 신해년 가을 등

□ □ 경현(敬玄)	임자년(1732) 봄 등
□ □ 탁륵(卓勒)	임자년 가을 등, 계축년(1733) 봄 등
□ □ 호안(好安)	계축년 가을 등, 갑인년(1734) 봄 등
□ □ □ □	갑인년 가을 등
□ □ 찬열(贊悅)	을묘년(1735) 봄 등
□ □ □ □	을묘년 가을 등
□ □ 형하(泂荷)	병진년(1736) 봄 등
□ □ 료오(了悟)	병진년 가을 등
□ □ 견학(見學)	정사년(1737) 봄과 가을 등
□ □ 준택(俊澤)	무오년(1738) 봄 등
□ □ 진취(眞趣)	무오년 가을 등
□ □ 찬열(贊悅)	기미년(1739) 봄과 가을 등
□ □ 달민(達敏)	경신년(1740) 봄과 가을 등
□ □ 호윤(好允)	신유년(1741) 봄 등
□ □ 진취(眞趣)	신유년 가을 등
□ □ 자신(慈信)	임술년(1742) 봄 등
□ □ □ □	임술년 가을 등
□ □ □ □	계해년(1743) 봄 등
□ □ 호인(好忍)	계해년 가을 등
□ □ 달민(達敏)	갑자년(1744) 봄 등
□ □ 찬열(贊悅)	갑자년 가을 등
□ □ 조징(照澄)	을축년(1744) 봄 등
□ □ □ □	을축년 가을 등
□ □ □ □	병인년(1746) 봄 등

□ □ 자인(慈仁)　　병인년 가을 등
□ □ □ □　　정묘년(1747) 봄 등
□ □ 관헌(冠軒)　　정묘년 가을 등
□ □ 조현(祖玄)　　무진년(1748) 봄 등
□ □ 달민(達敏)　　무진년 가을 등
□ □ 창오(昌悟)　　기사년(1749) 봄 등
□ □ □ □　　기사년 가을 등
□ □ 호윤(好允)　　경오년(1750) 봄 등
□ □ 찬열(贊悅)　　경오년 가을 등
□ □ 은총(隱聰)　　신미년(1751) 봄 등
□ □ 선찰(善察)　　신미년 가을 등
□ □ 보환(普還)　　임신년(1752) 봄 등
□ □ 창오(昌悟)　　임신년 가을 등
□ □ 문정(文定)　　계유년(1753) 봄 등
□ □ 척일(陟日)　　계유년 가을 등
□ □ 득계(得界)　　갑술년(1754) 봄 등
□ □ 의화(儀和)　　갑술년 가을 등
□ □ 행신(幸信)　　을해년(1755) 봄 등
□ □ 경잠(鏡岑)　　을해년 가을 등
□ □ 가일(可一)　　병자년(1756) 봄 등
□ □ 관호(冠浩)　　병자년 가을 등
□ □ 진기(晋奇)　　정축년(1757) 봄 등
□ □ 경평(敬平)　　정축년 가을 등
□ □ 섭초(攝楚)　　무인년(1758) 봄 등

□ □ 우경(宇警) 무인년 가을 등
□ □ 돈화(頓華) 기묘년(1759) 봄 등
□ □ 창오(昌悟) 기묘년 가을 등
□ □ 이현(利賢) 경진년(1760) 봄과 가을 등, 신사년(1761) 봄과 가을, 임오년(1762) 봄 등
□ □ 일영(一英) 임오년 가을 등
□ □ 가웅(可雄) 계미년(1763) 봄 등
□ □ 섭초(攝楚) 계미년 가을 등
□ □ 득초(得初) 갑신년(1764) 봄 등
□ □ 회영(會英) 갑신년 가을 등
□ □ 창오(昌悟) 을유년(1765) 봄 등
□ □ 섭초(攝楚) 을유년 가을 등
□ □ 간욱(侃郁) 병술년(1766) 봄과 가을 등
□ □ 효학(孝學) 정해년(1767) 봄 등
□ □ 민행(敏行) 정해년 가을 등
□ □ 간욱(侃郁) 무자년(1768) 봄과 가을 등
□ □ 관영(冠英) 기축년(1769) 봄 등
□ □ 효학(孝學) 기축년 가을 등
□ □ 승감(勝鑑) 경인년(1770) 봄과 가을 등
□ □ 명찬(明贊) 신묘년(1771) 봄 등
□ □ 효학(孝學) 신묘년 가을 등
□ □ 우영(于榮) 임진년(1772) 봄 등
□ □ 승감(勝鑑) 임진년 가을 등
□ □ 쌍언(雙彦) 계사년(1773) 봄 등

□ □ 평원(平遠)　　계사년 가을 등
□ □ 민행(敏行)　　갑오년(1774) 봄 등
□ □ 직원(直遠)　　갑오년 가을 등
□ □ 효학(孝學)　　을미년(1775) 봄 등
□ □ 민행(敏行)　　을미년 가을 등
□ □ 승감(勝鑑)　　병신년(1776) 봄 등
□ □ 일익(日益)　　병신년 가을 등
□ □ 운한(雲閑)　　정조(正祖) 원년 정유년(1777) 봄 등
□ □ 의변(儀卞)　　정유년 가을 등
□ □ 순명(順明)　　무술년(1778) 봄 등
□ □ 직원(直遠)　　무술년 가을 등
□ □ 운한(雲閑)　　기해년(1779) 봄과 가을 등
□ □ 국민(鞠敏)　　경자년(1780) 봄 등
□ □ 필운(必芸)　　경자년 가을 등
□ □ 직원(直遠)　　신축년(1781) 봄 등
□ □ 우영(于榮)　　신축년 가을 등
□ □ 의변(儀卞)　　임인년(1782) 봄 등
□ □ 운한(雲閑)　　임인년 가을 등
□ □ 직원(直遠)　　계묘년(1783) 봄 등
□ □ 위명(謂明)　　계묘년 봄 등
□ □ 효학(孝學)　　계묘년 가을 등
□ □ 의변(儀卞)　　갑진년(1784) 봄 등
□ □ 위명(謂明)　　갑진년 가을 등
□ □ 운한(雲閑)　　을사년(1785) 봄 등

□ □ 국민(鞠敏)	을사년 가을 등
□ □ □ □	병오년(1786) 봄 등
□ □ 운한(雲閑)	병오년 가을 등
□ □ 효학(孝學)	정미년(1787) 봄 등
□ □ 교훈(敎訓)	정미년 가을 등
□ □ 직원(直遠)	무신년(1788) 봄 등
□ □ 철명(哲明)	무신년 가을 등
□ □ 근혜(勤惠)	기유년(1789) 봄 등
□ □ 정평(正平)	기유년 가을 등
□ □ 위명(謂明)	경술년(1790) 봄 등
□ □ 직원(直遠)	경술년 가을 등
□ □ 철명(哲明)	신해년(1791) 봄 등
□ □ 윤수(允修)	신해년 가을 등
□ □ 교훈(敎訓)	임자년(1792) 봄 등
□ □ 대영(大榮)	임자년 가을 등
□ □ 직원(直遠)	계축년(1793) 봄 등
□ □ 윤수(允修)	계축년 가을 등
□ □ □ □	갑인년(1794) 봄과 가을 등
□ □ 직원(直遠)	을묘년(1795) 봄 등
□ □ 경수(敬守)	을묘년 가을 등
□ □ 성윤(性允)	병진년(1796) 봄과 가을 등
□ □ 철명(哲明)	정사년(1797) 봄 등
□ □ 봉준(鳳俊)	정사년 가을 등
□ □ 경순(慶淳)	무오년(1798) 봄 등

□ □ 국민(鞠敏)　　무오년 가을 등
□ □ 위명(謂明)　　기미년(1799) 봄 등
□ □ 경순(慶淳)　　기미년 가을 등
□ □ 품수(品守)　　경신년(1800) 봄과 가을 등
□ □ 낙천(樂天)　　순조(純祖) 원년 신유년(1801) 봄 등
□ □ 묘찰(妙察)　　신유년 가을 등
□ □ 열환(悅還)　　임술년(1802) 봄 등
□ □ 성홍(性洪)　　임술년 가을 등
□ □ 철명(哲明)　　계축년(1803) 봄 등
□ □ 려종(麗宗)　　계축년 가을 등
□ □ 경순(慶淳)　　갑자년(1804) 봄 등
□ □ 서감(敍鑑)　　갑자년 가을 등
□ □ 우정(宇正)　　을축년(1805) 봄 등
□ □ 계잠(戒岑)　　을축년 가을 등
□ □ 철명(哲明)　　병인년(1806) 봄 등
□ □ 경순(慶淳)　　병인년 가을 등
□ □ 의진(疑振)　　정묘년(1807) 봄 등
□ □ 형순(亨淳)　　정묘년 가을 등
□ □ 묘찰(妙察)　　무진년(1808) 봄 등
□ □ 묘심(妙諶)　　무진년 가을 등
□ □ 근민(謹旻)　　기사년(1809) 봄 등
□ □ 품수(品守)　　기사년 가을 등
□ □ 모원(模源)　　경오년(1810) 봄 등
□ □ 명성(明性)　　경오년 가을 등

□ □ 형순(亨淳) 신미년(1811) 봄 등

□ □ 봉운(奉芸) 신미년 가을 등

□ □ 대영(大榮) 임신년(1812) 봄 등

□ □ 서일(敍馹) 임신년 가을 등

□ □ 근민(謹旻) 계유년(1813) 봄 등

□ □ 붕성(鵬性) 계유년 가을 등

□ □ 성윤(性允) 갑술년(1814) 봄 등

□ □ 근민(謹旻) 갑술년 가을 등

□ □ 대영(大榮) 을해년(1815) 봄 등

□ □ 근민(謹旻) 을해년 가을 등

□ □ 내종(來宗) 병자년(1816) 봄 등

□ □ 궤붕(軌朋) 병자년 가을 등

□ □ 도우(道祐) 정축년(1817) 봄 등

□ □ 종언(宗彦) 정축년 가을 등

□ □ 서일(敍馹) 무인년(1818) 봄 등

□ □ 여안(厲安) 무인년 가을 등

□ □ 형순(亨淳) 기묘년(1819) 봄 등

□ □ 쾌율(快律) 기묘년 가을 등

□ □ 의성(倚聖) 경진년(1820) 봄 등

□ □ 장일(莊日) 경진년 가을 등

□ □ 성윤(性允) 신사년(1821) 봄과 가을 등

□ □ 봉운(奉芸) 임오년(1822) 봄 등

□ □ 혜종(惠琮) 임오년 가을 등

□ □ 유언(幽彦) 계미년(1823) 봄 등

□ □ 정순(定淳)　　계미년 가을 등
□ □ 설옥(說玉)　　갑신년(1824) 봄 등
□ □ 만언(滿彥)　　갑신년 가을 등
□ □ 보언(寶彥)　　을유년(1825) 봄 등
□ □ 계홍(戒洪)　　을유년 가을 등
□ □ 유언(幽彥)　　병술년(1826) 봄 등
□ □ 계묵(契默)　　병술년 가을 등
□ □ 안숙(眼淑)　　정해년(1827) 봄 등
□ □ 혜종(惠琮)　　정해년 가을 등
□ □ 안운(眼云)　　무자년(1828) 봄 등
□ □ 형순(亨淳)　　무자년 가을 등
□ □ 광언(廣彥)　　기축년(1829) 봄 등
□ □ 서일(敍馹)　　기축년 가을 등
□ □ 준학(準學)　　경인년(1830) 봄과 가을 등
□ □ 유언(幽彥)　　신묘년(1831) 봄 등

총섭(總攝) 방함

□ □ 광언(廣彥)　　신묘년 가을 등
□ □ 장붕(壯鵬)　　임진년(1832)
□ □ 안숙(眼淑)　　계사년(1833)
□ □ 권숙(勸淑)　　갑오년(1834)
□ □ 응원(應源)　　헌종(憲宗) 원년 을미년(1835)
□ □ 안정(眼靜)　　병신년(1836)
□ □ 만잠(萬岑)　　정유년(1837)

□ □ 만활(萬活) 무술년(1838)
□ □ 재영(在榮) 기해년(1839)
□ □ 계묵(契默) 경자년(1840)
□ □ 성훈(成勳) 신축년(1841)
□ □ 친언(親彦) 임인년(1842)
□ □ 묵원(默源) 계묘년(1843)
□ □ 미찬(美贊) 갑진년(1844)
□ □ 위현(偉賢) 을사년(1845)
□ □ 석잠(碩岑) 병오년(1846)
□ □ 후원(厚源) 정미년(1847)
□ □ 처륜(處倫) 무신년(1848)
□ □ 금심(錦心) 기유년(1849)
□ □ 묵헌(默軒) 철종 원년 경술년(1850)
□ □ 의영(宜映) 신해년(1851)
□ □ 인성(仁性) 임자년(1852)
□ □ 계묵(契默) 계축년(1853)
□ □ 두은(斗銀) 갑인년(1854)
□ □ 성심(性心) 을묘년(1855)
□ □ 의잠(宜岑) 병진년(1856)
□ □ 지운(志云) 정사년(1857)
□ □ 준순(準淳) 무오년(1858)
□ □ 경원(敬圓) 기미년(1859)
□ □ 홍인(洪仁) 경신년(1860)
□ □ 성민(性敏) 신유년(1861)

□ □ 미찬(美贊)　　임술년(1862)
□ □ 지찬(志贊)　　계해년(1863)
□ □ 미총(美總)　　고종(高宗) 원년 갑자년(1864)
□ □ 윤관(允寬)　　을축년(1865)
□ □ 익홍(翊洪)　　병인년(1866)
□ □ 의영(宜映)　　정묘년(1867)
□ □ 헌일(憲日)　　무진년(1868)
□ □ 긍찬(亘贊)　　기사년(1869)
□ □ 성민(性敏)　　경오년(1870)
□ □ 정오(淨旿)　　신미년(1871)
□ □ 정우(淨佑)　　임신년(1872)
□ □ 경원(敬圓)　　계유년(1873)
□ □ 준순(準淳)　　갑술년(1874)
□ □ 경관(敬寬)　　을해년(1875)
□ □ 묘환(妙還)　　병자년(1876)
□ □ 평윤(平潤)　　정축년(1877)
□ □ 재신(在信)　　무인년(1878)
□ □ 군성(君誠)　　기묘년(1878)
□ □ 봉신(奉信)　　경진년(1880)
□ □ 관영(寬榮)　　신사년(1881)
□ □ 익홍(翊洪)　　임오년(1882)
□ □ 경언(敬彦)　　계미년(1883)
□ □ 재호(在昊)　　갑신년(1884)
□ □ 서조(捿嶋)　　을유년(1885)

□ □ 응관(應寬) 병술년(1886)
□ □ 정오(淨旿) 병술년
□ □ 두문(斗文) 정해년(1887)
□ □ 묘환(妙還) 무자년(1888)
□ □ 관영(寬榮) 기축년(1889)
□ □ 광운(廣芸) 경인년(1890)
□ □ 경문(敬文) 경인년
□ □ 우정(宇正) 신묘년(1891)
□ □ 유안(宥安) 신묘년
□ □ 상진(尙眞) 임진년(1892)
□ □ 계훈(桂訓) 계사년(1893)
□ □ 두현(斗玹) 갑오년(1894)
□ □ 각인(恪仁) 을미년(1895)
□ □ 창율(昌律) 병신년(1896)
□ □ 증율(曾律) 정유년(1897)
□ □ 각인(恪仁) 무오년(1898)
□ □ 성흔(性欣) 무오년
□ □ 수현(守玹) 기해년(1899)
□ □ 보정(寶鼎) 경자년(1900)
□ □ 완규(玩珪) 신축년(1901)
□ □ 장협(章洽) 신축년
□ □ 계오(戒悟) 임인년(1902)
□ □ 지현(志玄) 임인년

섭리(攝理) 방함

화성주흔(華性湊炘)	임인년
취암경은(翠巖景恩)	계묘년(1903)
금명보정(錦溟寶鼎)	갑진년(1904)

판사(判事) 방함

율암찬의(栗庵贊儀)	갑진년
회성영우(檜城靈祐)	을사년(1905)
제봉계선(霽峯戒宣)	병오년(1906)
위송태일(衛松泰日)	융희(隆熙) 원년 정미년(1907)
설월용섭(雪月龍燮)	무신년(1908)
우운장협(友雲章洽)	무신년
대우금추(大愚錦秋)	무신년
회성영우(檜城靈祐)	무신년
우해장익(優海藏益)	무신년
응월문기(凝月文奇)	무신년
각방윤무(各房輪務)	기유년(1909) 최근에 일한병합(日韓併合)의 조짐이 있어 민병(民兵)이 봉기하여 산과 들을 침탈하니 대중이 견딜 수 없어 사방으로 흩어졌다. 이때 그 소임을 맡을 수 없었기 때문에 각방에서 돌아가면서 사무를 보았다.
용암진수(龍巖振秀)	경술년(1910)
영운준찰(榮雲俊察)	신해년(1911)

주지(住持) 방함

설월용섭(雪月龍燮)	명치 44년 신해년 11월부터 대정 11년 임술년(1922) 7월까지
율암찬의(栗庵贊儀)	임술년 7월부터 소화(昭和) 4년 기사년(1929) 6월까지
설월용섭(雪月龍燮)	기사년 6월부터 임신년(1932) 10월까지
기산석진(綺山錫珍)	임신년 10월부터 단기(檀紀) 4278년 을유년(1945) 11월까지
해은재선(海隱裁善)	을유년 11월 15일부터 정해년(1947) 12월까지
취봉창섭(翠峯昌燮)	무자년(1948) 1월부터 기축년(1949) 5월까지
추강봉우(秋江鳳羽)	기축년 6월부터 경인년(1950) 10월까지
금당재순(錦堂在順)	경인년 11월부터 병신년(1956) 10월까지
추강봉우(秋江鳳羽)	병신년 11월부터 정유년(1957) 8월까지
금당재순(錦堂在順)	정유년 9월부터 계묘년(1963) 2월까지
취봉창섭(翠峯昌燮)	계묘년 3월부터 정미년(1967) 2월까지
인암봉록(忍庵鳳祿)	정미년 3월부터 경술년(1970) 1월까지
취봉창섭(翠峯昌燮)	경술년 2월까지

참고문헌

(1) 資料

『朝鮮王朝實錄』 『新增東國輿地勝覽』 『韓國文集叢刊』
『韓國寺志叢書』 『朝鮮寺刹史料』 『韓國佛敎全書』
『全國寺刹所藏木板集』 『朝鮮佛敎通史』

(2) 辭典類

諸橋徹次, 『大漢和辭典』 全13卷, 大修館書店, 1986.
『漢語大字典』 全8卷, 四川辭書出版社 · 湖北辭書出版社, 1986.
『漢語大辭典』 全11卷, 上海辭書出版社, 1986.
『新版禪學大辭典』, 大修館書店, 1985.
『望月佛敎大辭典』, 全10卷, 世界聖典刊行協會, 1974.
『佛敎美術辭典』, 東京書籍株式會社, 2003.
中村元, 『佛敎語大辭典』, 東京書籍, 1975.
小野玄妙 · 丸山孝雄, 『佛敎解說大辭典』 全13卷, 大東出版社, 1968.
『伽山佛敎大辭林』(1~10권), 가산불교문화연구원, 1998~2008.
檀國大學校 東洋學硏究所, 『韓國漢字語辭典』, 檀國大學校出版部, 1995.
李政, 『한국불교인명사전』, 불교시대사, 1993.
李政, 『한국불교사찰사전』, 불교시대사, 1996.
小泉袈裟勝, 『單位の歷史辭典』, 柏書房, 1989.
한국학중앙연구원, 『한국민족문화대박과사전』, 1991.

(3) 논저

古鏡, 『曹溪山 松廣寺志』, 송광사 출판사, 2001.

오희복, 『봉건 관료기구 및 벼슬이름 편람』, 여강출판사, 1992.

金甲周, 『朝鮮時代 寺院經濟研究』, 동화출판사, 1983.

權相老 編, 『韓國寺刹全書』, 동국대 출판부, 1979.

이기봉, 「조선후기 封山의 등장 배경과 그 분포」, 『문화역사지리』 제14권 제3호, 2002.

박봉우, 「封山考」, 『山林經濟研究』 제4권 제1호, 1996.

여은경, 「조선후기 대사찰의 總攝」, 『교남사학』 3, 1987.

여은경, 「조선후기 산성의 僧軍攝」, 『대구사학』 32, 1987.

여은경, 「조선후기 사원침탈과 僧契」, 『경북사학』 9, 1986.

박용숙, 「조선조 후기의 僧役에 관한 고찰」, 『부산대 인문사회과학대학논집』 31, 1981.

배재수, 「조선후기 봉산의 위치 및 기능에 관한 연구」, 『산림경제연구』 제3권 제1호, 1995.

원문

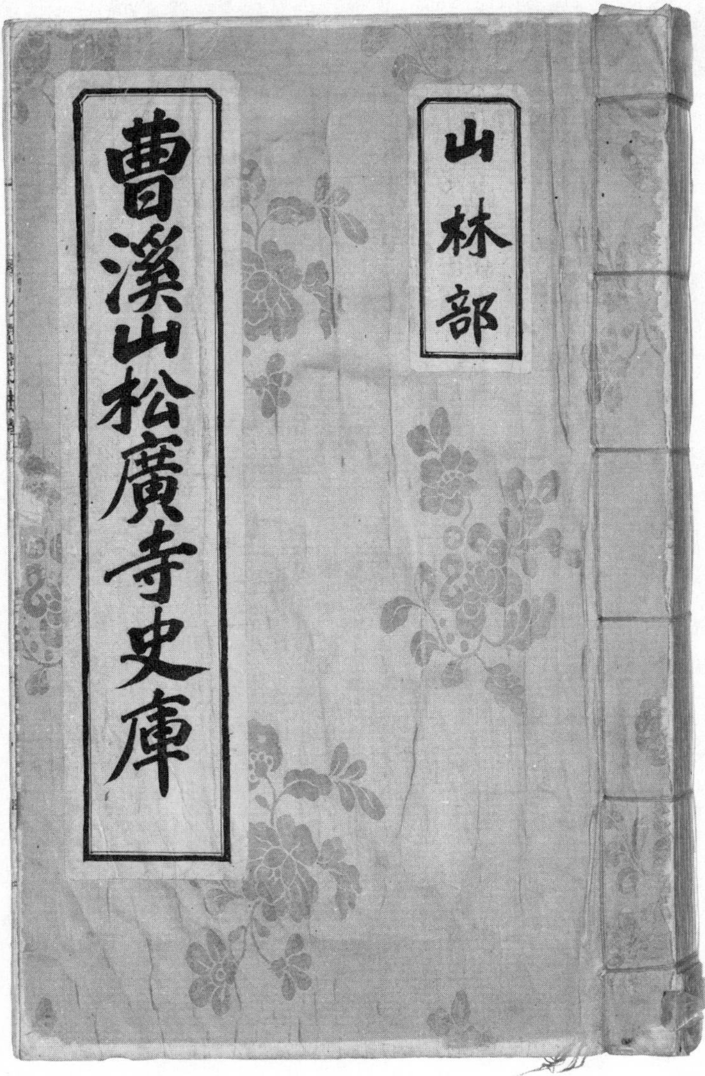
曹溪山松廣寺史庫
山林部

曹溪山松廣寺史庫目錄

第二節 香炭封山
第一項 奉承判下節目
第二項 宮內部節目
第三章 伐採
第一節 主材斫伐
第一項 第一次斫伐
第一目 禮曹關文
第二目 觀察使移關文
第三目 觀察使再關文
第四目 順天府使牒報
第五目 運曳等狀

第六目 本府使對運曳傳令
一、傳令都色
二、傳令松廣面風憲
第七目 敬差官對運曳傳令
一、傳令松廣面風憲
二、傳令長安洞任
三、傳令佛堂
四、傳令外松洞任
第八目 雜錄
第二項 第二次斫伐
第一目 觀察使訓令

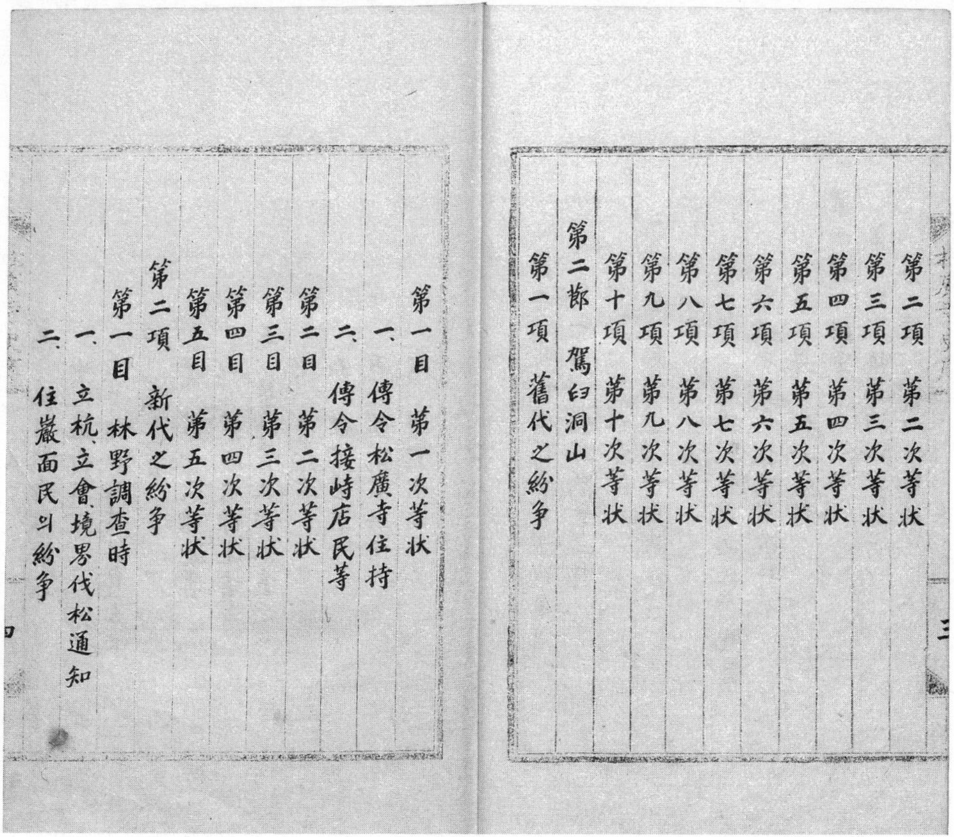

第二項 第二次等狀
第三項 第三次等狀
第四項 第四次等狀
第五項 第五次等狀
第六項 第六次等狀
第七項 第七次等狀
第八項 第八次等狀
第九項 第九次等狀
第十項 第十次等狀
第二節 駕臼洞山
第一項 舊代之紛爭
第一目 第一次等狀
一、傳令松廣寺住持
二、傳令接峙店民等
第二目 第二次等狀
第三目 第三次等狀
第四目 第四次等狀
第五目 第五次等狀
第二項 新代之紛爭
第一目 林野調査時
一、立杭、立會、境界伐松通知
二、住巖面民의 紛爭

三、林野調査班公文

甲、班長公文

乙、調査班監督員公文

四、陳述書

甲、第一次陳述書

乙、第二次陳述書

五、誓約書及始末書

甲、誓約書

乙、始末書其一

丙、始末書其二

丁、査定公示

第二目 林野調査委員會時

一、不服申立

二、林野調査委員會調査

三、林野調査委員會의裁決書

甲、裁決書謄本交付公函

乙、裁決書謄本

四、林野紫草採取權確認訴

甲、原告側訴狀

乙、期日呼出狀

丙、被告承繼人申立書

丁、期日呼出狀

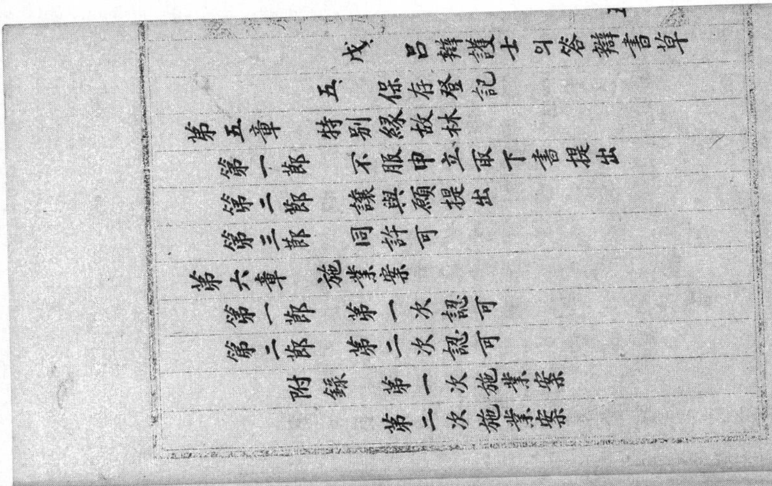

戊. 己 辯護士의 答辯書 草
五. 保存登記
第五章 特別緣故林
第一節 不服申立取下書提出
第二節 讓與願提出
第三節 同許可
第六章 施業案
第一節 第一次認可
第二節 第二次認可
附錄 第一次施業案
第二次施業案

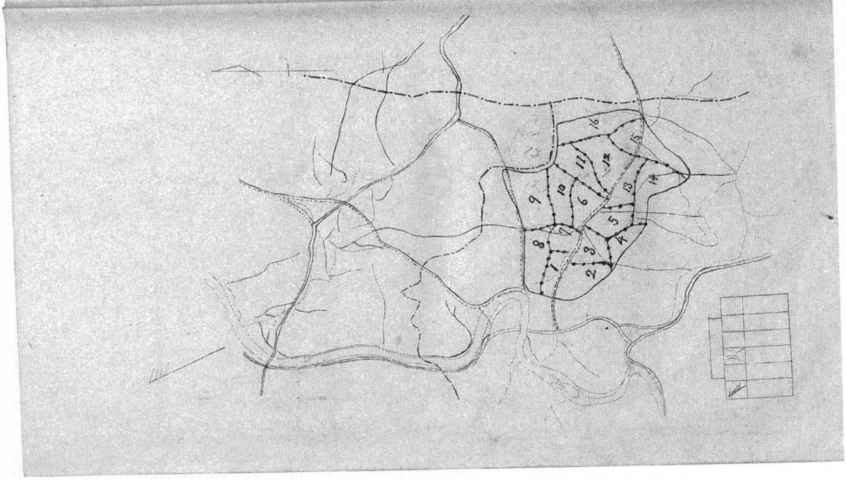

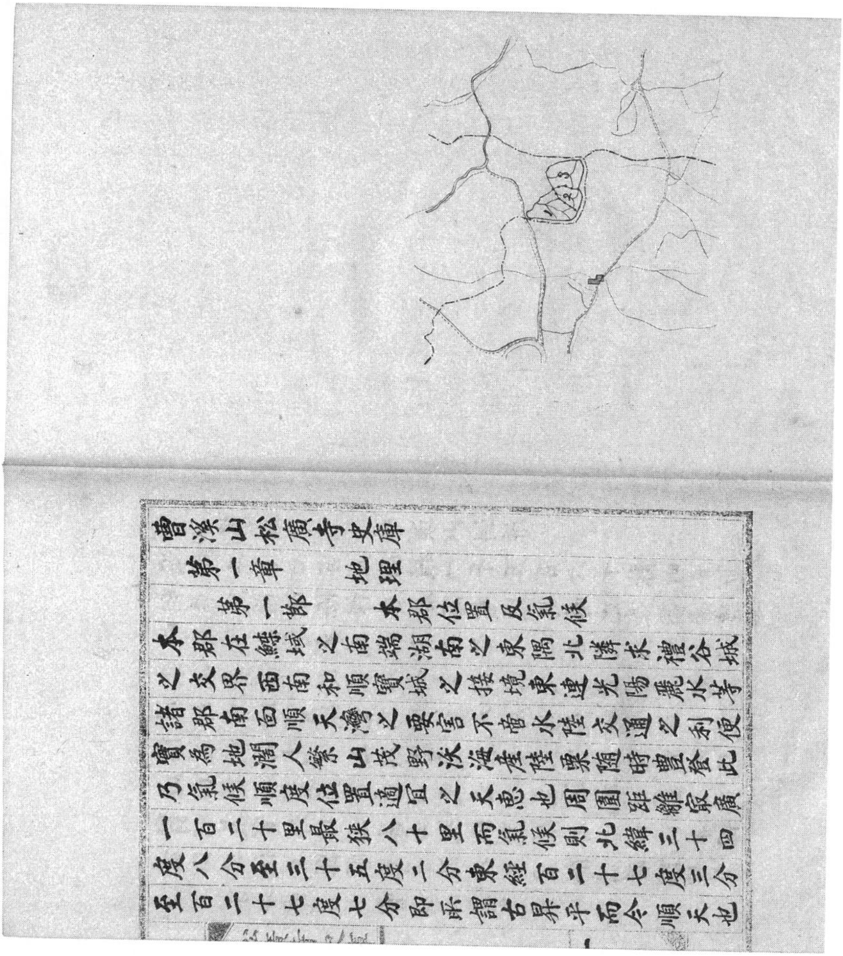
曹溪山松廣寺史庫
第一章 地理
第一節 本郡位置及氣候
本郡在鰈域之南端湖南之東隅北溝求禮谷城之交界西南和順寶城之接境東連光陽麗水等諸郡南面順天灣之要害不啻水陸交通之利便實爲地潤人繁山茂野沃海産陸粟隨時豐登此乃氣候順度位置適宜之天惠也周圍距離最廣一百二十里最狹八十里而氣候則北緯三十四度八分至三十五度二分東經百二十七度三分至百二十七度七分卽所謂古昇平而今順天也

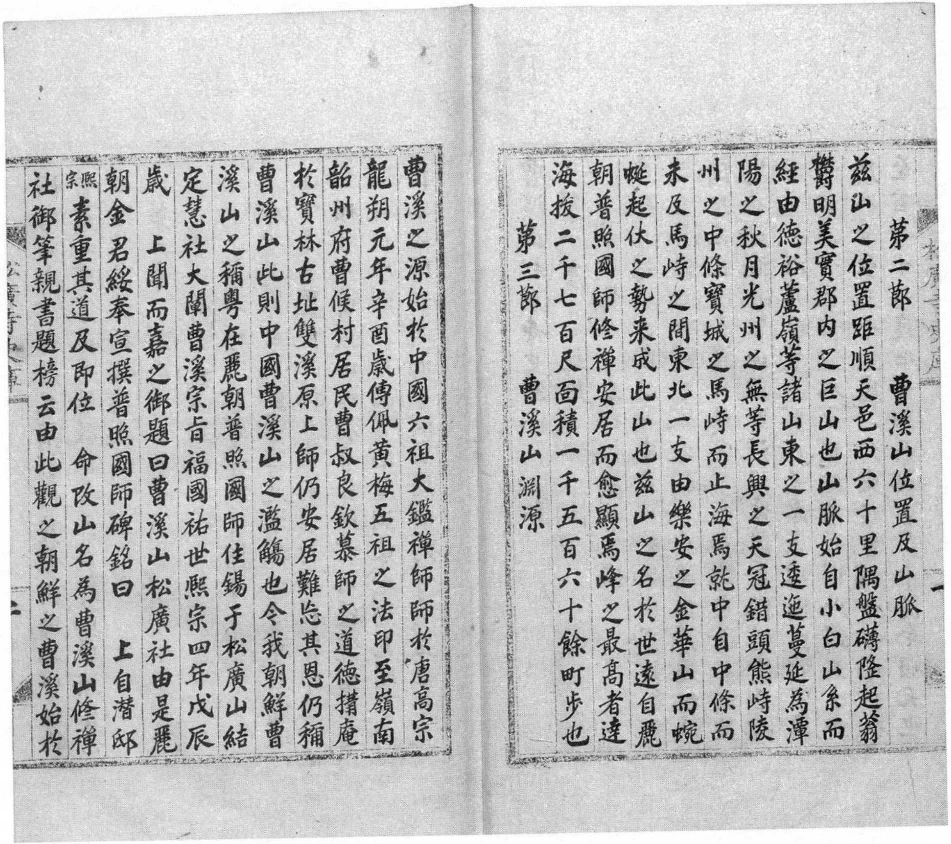

第二節　曹溪山位置及山脈

玆山之位置距順天邑西六十里隅盤礴隆起蓊鬱明美實郡內之巨山也山脈始自小白山糸而經由德裕蘆嶺等諸山東之一支逶迤蔓延爲潭陽之秋月光州之無等長興之天冠錯頭熊峙陵州之中條寶城之馬峙而止海馬就中自中條而來及馬峙之間東北一支由樂安之金華山而蜿蜒起伏之勢來成此山也玆山之名於世遠自麗朝普照國師修禪安居而愈顯焉峰之最高者達海拔二千七百尺面積一千五百六十餘町步也

第三節　曹溪山淵源

曹溪之源始於中國六祖大鑑禪師師於唐高宗龍朔元年辛酉歲傳佩黃梅五祖之法印至嶺南韶州府曹侯村居民曹叔良欽慕師之道德措庵於寶林古址雙溪原上師仍安居難忘其恩仍稱曹溪山此則中國曹溪山之濫觴也令我朝鮮曹溪山之稱粤在麗朝普照國師住錫于松廣山結定慧社大闡曹溪宗旨福國祐世熙宗四年戊辰歲　上聞而嘉之御題曰曹溪山松廣社由是麗朝金君綏奉宣撰普照國師碑銘曰　上自潛邸熙宗素重其道及即位　命改山名爲曹溪山修禪社御筆親書題榜云由此觀之朝鮮之曹溪始於

國師時特下御題之稱明矣其餘興陽之曹溪山
靈巖之曹溪山者皆從後普照國師與曹溪宗僧
刱建棲息故稱如是也歟

第二章 封山

第一節 栗木封山

第一項 奉常寺下付節目

奉常寺爲節目成給事節達下教本寺申目粘連
達下是白置觀此狀 達則臣於今秋省部之行
到順天府曹溪山松廣寺登臨寺之後麓看審週
遭是白乎則其東南有南庵洞東庵洞毛開方洞
掘木西陽洞九洞等洞登周回約可爲五十里也

而山勢甚是幽僻栗木極其森鬱望之蔚然實合
封山是如乎本道栗木封山只有求禮縣鷰谷寺
一洞而間式年斫取者不過爲三百株則其材用
之不敷可以推知是白乎所令以臣之所覩處論
之以若宜土之材尚闕封山之議果爲識者之嘆
是白乎所就此栗木所産諸洞而定界封標凡係
禁護培養之節一依鷰谷之例而成出節目着意
遵行爲白遣栗木段與鷰谷間式年輪回定式量
宜斫取則栗木有長養之效材用無苟艱之慮是
白乎等以上項順天府松廣寺南庵等地自令爲
始新定封山事由馳 達爲卧乎所自本寺 達

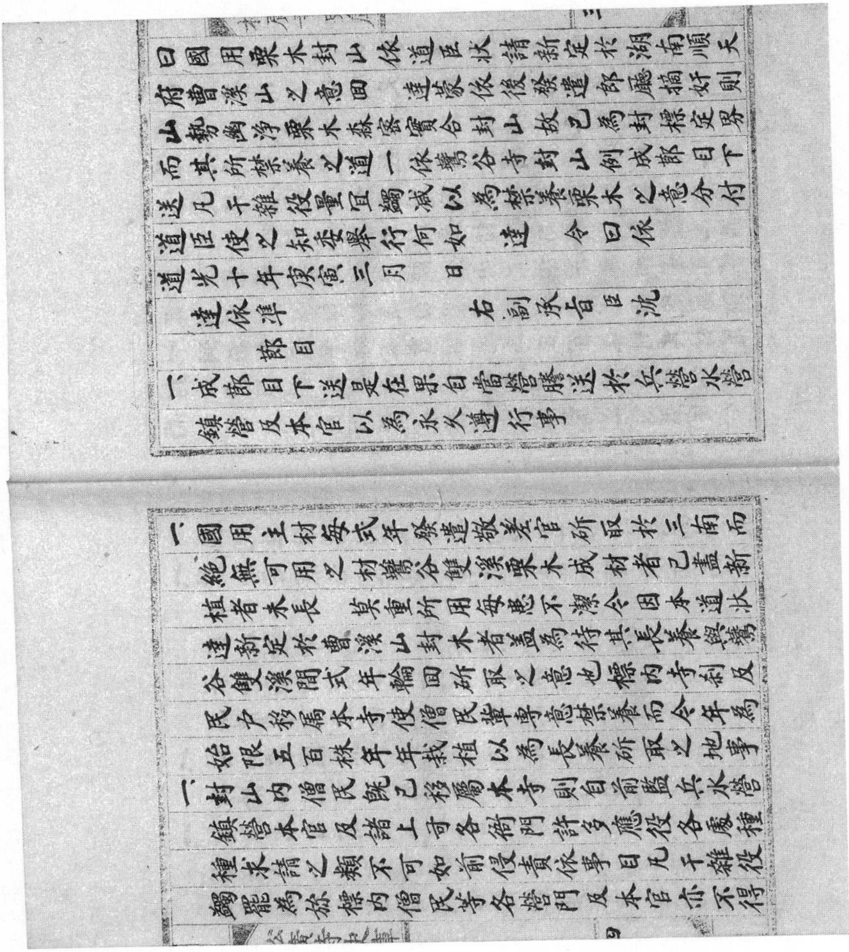
曰國用栗木封山依道臣狀請新定於湖南順天
府曹溪山之意回 達蒙依後發遣郞廳摘奸則
山勢幽淨栗木森密實合封山故已爲封標定界
而其所禁養之道一依鷰谷寺封山例成節目下
送凡干雜役量宜蠲減以爲禁養栗木之意分付
道臣使之知委擧行何如 達 令曰依
道光十年庚寅三月 日
右副承旨臣沈
達依準
節目
一成節目下送是在果自當營騰送於兵營水營
鎭營及本官以爲永久遵行事
一國用主材每式年發遣敬差官斫取於三南而
絶無可用之材鷰谷雙溪栗木成材者已盡新
植者未長 莫重所用每患不潔令因本道狀
達新定於曹溪山封木者盖爲待其長養與鷰
谷雙溪間式年輪回斫取之意也標內寺刹及
民户移屬本寺使僧民輩專意禁養而令年爲
始限五百株年年栽植以爲長養斫取之地事
一封山內僧民旣已移屬本寺則自前監兵水營
鎭營本官及諸上司各衙門許多應役各處種
種求請之類不可如前侵責依事目凡干雜役
蠲罷爲旀標內僧民等各營門及本官亦不得

任意推治如有罪科毋論輕重報本寺待回
題舉行一以重封山事體一以爲專意禁護事
一封標内自前民人等冒耕處可合種栗之地則
毋論山腰山下自今栽植栗木禁護長養事
一封山事體無異黃腸標内片土寸木莫非本寺
所管京中及他處兩班之圖出立案欲爲橫占
者一切防禁士班民人輩稱以私養或有任意
犯斫者即爲入 達論罪一如黃腸犯伐之律
事
一封山定標之後則人葬處所當一併掘移而事
在旣往雖姑仍置自今爲始更勿許葬爲乎矣

奸民輩或有冒葬偸斫之弊是去等犯者依律
勘處分叱除良摠攝都別將即爲 稟報本寺
以爲治罪掘禁之地而如或拘於顔私掩護不
告發覺於本寺摘奸則當該犯者入 達論罪
摠攝都別將嚴刑遠配斷不容貸事
一本寺摠攝及栗木都別將自本寺差出而成給
印信將牌標内凡事使之眼同勿管則事體與
他閑漫寺刹住持及道内僧統自別是乎所凡
事一依南北漢摠攝例稍有風力俾爲有助於
禁養之節爲旀亦不失 大臣將牌之體統弁
依藥谷雙溪例施行事

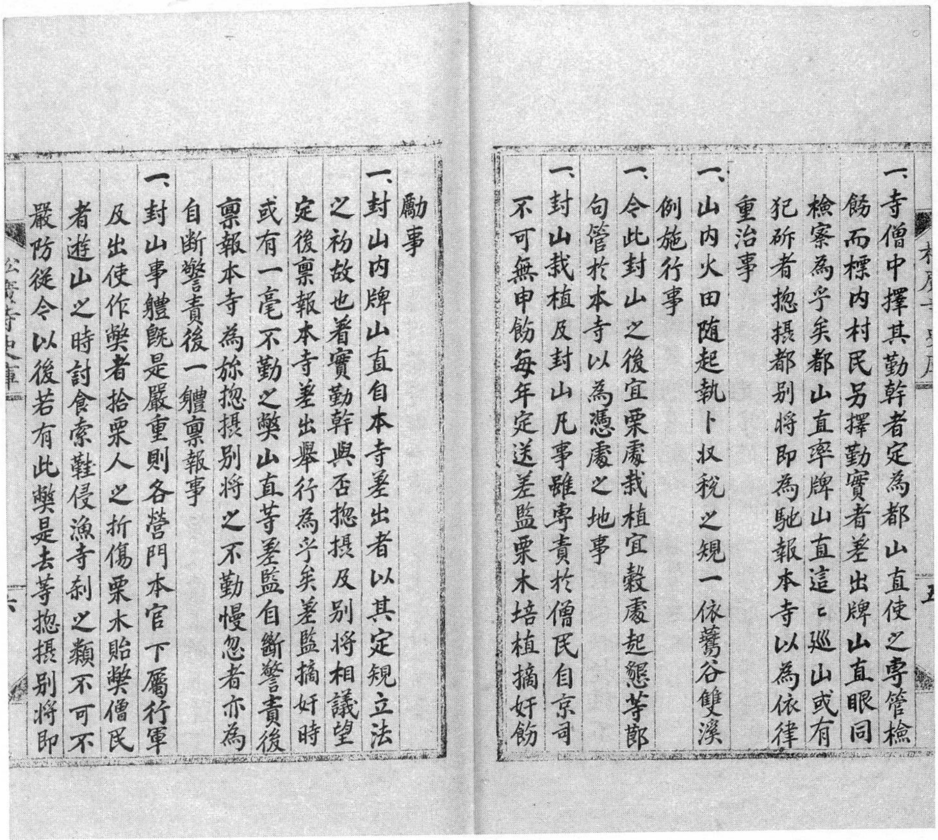

一、寺僧中擇其勤幹者定為都山直使之專管檢飭而標內村民另擇勤實者差出牌山直眼同檢察為乎矣都山直率牌山直逴〻巡山或有犯斫者摠攝都别將即為馳報本寺以為依律重治事

一、山内火田随起執卜收稅之規一依鷲谷雙溪例施行事

一、令此封山之後宜栗處栽植宜穀處起墾等節句管於本寺以為憑處之地事

一、封山栽植及封山凡事雖專責於僧民自京司不可無申飭每年定送差監栗木培植摘奸飭勵事

一、封山内牌山直自本寺差出者以其定規立法之初故也着實勤幹與否摠攝及别將相議望定後稟報本寺差出擧行為乎矣差監摘奸時或有一毫不勤之弊山直等差監自斷警責後稟報本寺為旀摠攝别將之不勤慢忽者亦為自斷警責後一體稟報事

一、封山事體既是嚴重則各營門本官下屬行軍及出使作弊者拾栗人之折傷栗木貽弊僧民者遊山之時討食索鞋侵漁寺刹之類不可不嚴防從令以後若有此弊是去等摠攝别將即

地馳報本官先為嚴囚後枚報本寺以為依律
重治事
一、栗木敬差官下去斫取所用雜物及支供盤器
皿與一應諸節一依鷲谷例必自監營分定擧
行而敬差官泛鐵官藍興軍及栗木斫取運下
鍊正烹熟塗褙出浦等凡干使役切不可侵責
於標內僧民自本官量宜分定於他官他面使
之責應事
一、封標內有無事山直輩勤慢與否摠摂别將每
年四等稟報本寺事
一、本寺及標內諸庵旣令專管栗木守護禁養則

不可不募入僧徒本寺僧之逃接他寺者隨其
摠摂之論報自本官一一刷還為於他道寺僧
来接封山内者使之安接不敢任意刷去為於
標内所任之有身役者即為頉免以為同力禁
護俾存事體事
一、令此節目頒布之後封山標內僧民之役不即
蠲頉更事侵漁使不得支保則當該地方官入
達論罪鄉所公兄監色輩推論京司嚴刑遠配
斷不撓貸事
一、令此封山之後僧徒例納不可全闕亦不可傍
引他封山例以貽僧獘依例以大壯紙伍束壯

絃三十束厚白絃五十束每年四月精浮備納
事
僧役除減秩
一 巡營納印出錢紙所水錢及扇子役例手僧等
一倂勿侵事
一 兵營五房楔錢防風錢及紙夫差使例給等物
一倂勿侵事
一 鎭營長尺納上時情錢及諸吏小木匠官廳庫
子將廳軍牢及喝門直使令鎖匠等例及給與
松板名色木物等一倂勿侵事
一 本府作廳將廳通引廳庫子官奴使令磨木匠
鎖匠舖陳匠松都監府司庫子軍器庫子工庫
使喚鄕校庫子面主人都山直監考面山直監
考野山直監考都砲手約正洛水驛馬夫本面
書員年監等例給之物一倂勿侵事
一 節扇籠代錢松色捐木情錢植松禁火禁情錢
燻造木價等物一倂勿侵事
一 外工房求請法油細繩等物端午節扇進上時
法油細繩等物一倂勿侵事
一 官廳納淸土醬眞末等勿侵事
一 黃腸差官營將廉候行次時工庫所用白草鞋
細大繩勿侵事

一、巡使兵使武科行次時朱紅法油真末等物勿
侵事
一、工庫所用細大繩法油朱紅三碌片熟麻等勿
侵事
一、刻手僧畫工僧日月救食僧印出僧木手僧公
廨塗褙僧成造燔瓦時供饋僧蓋瓦匠燔瓦匠
等名色一併勿侵事
一、松板及各色木物等及松峙大口峙雲月峙藍
轝等待事一併革罷事
一、鄉校各院 祭享時 香盤僧勿侵事
一、羽日陣時大鼓桶勿侵事

一、水營支定瓦匠及主人例給錢勿侵事
四標
自曹溪山曹溪峰 東距掘木峙下地境洞止
十里立標自般巖陽谷至曹溪水爲標 西距
外蚊峙十里立標 南距梨邑村後唐峴十里
立標 北距悟道峙十里立標
一、曹溪山主峯下有曹溪泉從大谷至曹溪水邊
有地境洞標內有人家一戶其下馬尾洞又有
人家四戶緣溪邊山麓斷處爲限而來南至篩
輪洞三里許立標〻內東邊向陽處皆是莎草
山間〻有松田有人塚禁養間〻有火田

一、篩輪洞從溪水為限而南来三里許長安村頭
九嶝坪山回水曲處立標〻內山腰間〻有田
餘麓或有人塚
一、九嶝坪西南直向掘木峙東餘麓長安村後嶝
一里許立標〻內間有火田元田
一、長安村後嶝南至天子庵東下麓上梨邑村後
一里許仙巖峴立標
一、仙巖峴西梨邑村後過天子庵前谷至天子庵
西下麓一里許唐峴立標
一、天子庵谷東上半面松木欝密雜木間雜西上
坪面雜木欝密栗木居半東下半面皆是草嶝

間有松田人塚西下半面間有松田人塚谷有
田畓
一、唐峴西越山腰平崗平谷〻中田至一里許斜
陽峴立標〻內間有稚松田人塚禁養
一、斜陽峴西從平崗而下西北轉来一里許宋亭
子立標〻內多有松田間或有人塚而自宋亭
子東北間大谷里有山尺村人家三十五户
一、斜陽峴標外東一麓下從下梨邑村前天子庵
洞水下流邊而止西一麓下從洛水江上流邊
而止
一、宋亭子前洞口外曹溪下流轉一曲而回抱焉

一、宋亭子西從山尺村前澗水下流而抱山腰北從水邊為限至二里許介龍橋立標〻內有人塚四戶

一、介龍橋北歷山腰連大路為限而來三里許外蚊峙立標〻內有人家四戶山谷相錯間有田沓

一、外蚊峙從大路北向連山腰至五里許坪村立標〻之東為標內標之西為標外而標內人家為六戶平地村之東北洞裡有京坌村人家為十一戶村前洞口有田有沓間有溪水從松廣寺前而流來

一、坪村北從大路為限涉松廣寺溪水下流至一里許碑石巨里立標

一、碑石巨里大路北向歷院谷峴過山腰松田轉向東北至二里許洛水寨山立標〻內人家為二戶餘麓松嶝間有人塚標外山根所止處西邊洛水江曹溪水諸谷合水回流焉

一、洛水寨山緣江下流以大路為限東北向過津村後村後嶝立標〻內〻面間有松田外面皆是草嶝間有栗木間有人塚

一、津村後嶝隔村後為限北向上始得村盡頭復以大路為限攀望水峯北麓草嶝緣間水邊田

附東北向曹溪山甑峰人梧道谷々中松雜木
鬱密而北上十里許梧道峙立標
一. 梧道峙東縁甑峯後北臼洞駕馬洞背上至十里
許曹溪山主峰下曹溪水邊地境洞相應標內
皆是松雜木森天焉

栗木所在處

毛開方洞實相洞洪洞窟巖洞東庵洞瓶項洞
掘木洞避厄洞圓天子庵洞黑洞真天子庵洞
人求洞狀田洞棲雲洞曹溪庵洞西陽洞普照
南庵洞青菜洞法堂後洞寺位洞

庚寅三月 日

提調

第二項 依鸞谷例節目謄附

上項節目內栗木敬差官下去所取時各項
事役等節一依鸞谷例必自監營分定舉行
云々乙仍于同鸞谷例謄附

一. 敬差官留住松廣時支供一節專責一邑必得
難堪分定於附近各邑使之輪回擔當事
一. 敬差官留住松廣時柴馬草盤器皿陪房守下
人段自地方官擔當事
一. 栗木斫伐時役夫勤慢及其他責應凡事地方
官必親檢察俾無疏虞之弊事

一、栗木封界雜物段當前栗木分當四十二邑事
當進排而遠邑運納其弊不些故以價錢預爲
分定於各邑使之輸送順天邑以爲自本邑措
備進排事
一、栗木斫伐式年當次是去等本年九月自順天
邑以封界雜物預先措備之意報　營門則營
門分定價錢於各邑輸送事
一、栗木烹熟監段光陽順天兩在戶曹監中進排
後會減事
一、栗木封裹後都會監官色及期來待捷報爲乎
矣自順天至樂安船滄所則地方官以刷馬輸
運後駄價則以大同米從實會減事
一、栗木都會官臨時自營門定送事
第三項　監事關文
全羅監事爲相考事栗木封斫時貰行執將
久滯於順天支供一節專責一邑必將難堪
乙仍于分定樂安興陽寶城同福順天等五
邑限竣事間使之輪回分當爲乎矣竣事遲
速姑未預料不得排日分付爲有去乎此則
自貰行商量分付於支供各邑平均分當向
事云云栗木敬差官
第四項　敬差官牒文

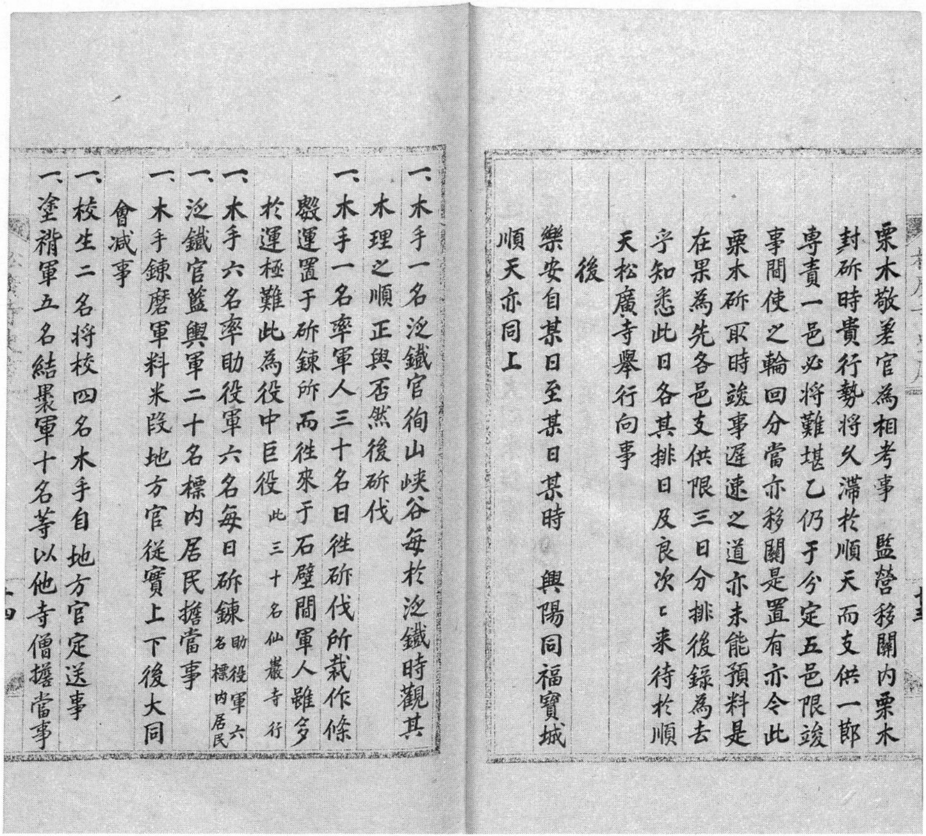

栗木敬差官爲相考事　監營移關内栗木
封斫時貴行勢將久滯於順天而支供一節
專責一邑必將難堪乙仍于分定五邑限該
事間使之輪回分當亦移關是置有亦令此
栗木斫取時該事遲速之道亦未能預料是
在果爲先各邑支供限三日分排後錄爲去
乎知悉此日各其排日及良次〻來待於順
天松廣寺擧行向事

後

樂安自某日至某日某時　興陽同福寶城
順天亦同上

一、木手一名泛鐵官徇山峽谷每於泛鐵時觀其
木理之順正與否然後斫伐
一、木手一名率軍人三十名日往斫伐所裁作條
斲運置于斫鍊所而往來于石壁間軍人雖多
於運極難此爲役中巨役(此三十名仙巖寺行)
一、木手六名率助役軍六名每日斫鍊(助役軍六名標內居民)
一、泛鐵官監輿軍二十名標內居民擔當事
一、木手鍊磨軍料米段地方官從實上下後大同
會減事
一、校生二名將校四名木手自地方官定送事
一、塗褙軍五名結褁軍十名等以他寺僧擔當事

一、鍊磨軍八人自本官除身役事
一、助役軍六名烹熟軍八名及急走軍等以標內
民擔當事
一、栗木一株烹熟所入塩三升式合六名順天光
陽輸納事
一、栗木一株塗褙白紙四丈式合六十束厚紙三
丈式合四十五束封裹油丈紙二丈式合三十
束草席一立式合三百立(長三尺廣二尺五寸)細繩四把
式合一千二百把中繩五把式合一千五百把
分定輸納事
一、栗木塗褙時真末一斗五升地方官待令事

封裹雜物分定各邑
南原白紙十五束草席九十立厚紙十五束
細繩三百把 油紙九束 中繩五百把 順
天白紙十五束 草席九十立 厚紙十五束
細繩三百把 光陽白紙十束 草席四十
五立 厚紙五束 細繩二百把 油紙四束
中繩二百把 求禮白紙十束 草席四十立
厚紙五束 細繩二百把 油紙四束 中繩
一百把 谷城白紙十束 草席四十五立
厚紙五束 細繩二百把 油紙四束 中繩
二百把

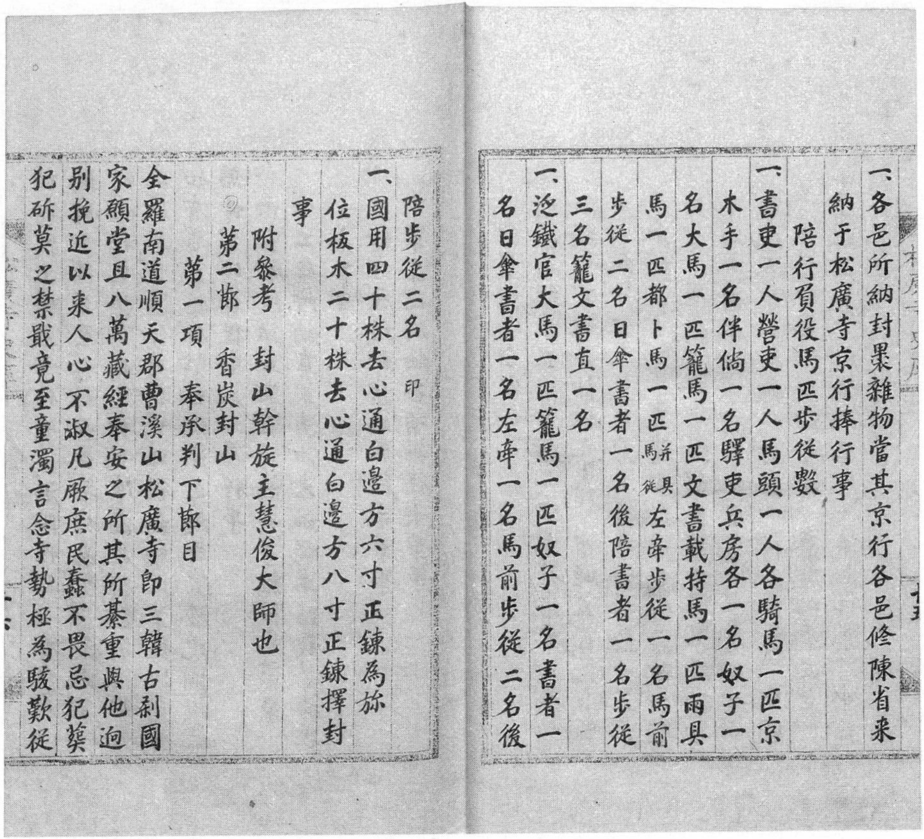

一、各邑所納封果雜物當其京行各邑修陳省来
納于松廣寺京行捧行事
陪行員役馬匹步從數
一、書吏一人營吏一人馬頭一人各騎馬一匹京
木手一名伴倘一名驛吏兵房各一名奴子一
名大馬一匹籠馬一匹文書載持馬一匹雨具
馬一匹都卜馬一匹馬并具從左牽步從一名馬前
步從二名日傘書者一名後陪書者一名步從
三名籠文書直一名
一、泛鐵官大馬一匹籠馬一匹奴子一名書者一
名日傘書者一名左牽一名馬前步從二名後

陪步從二名 印
一、國用四十株去心通白邊方六寸正錬爲旀
位板木二十株去心通白邊方八寸正錬擇封
事
附錄考 封山幹旋主慧俊大師也
第二節 香炭封山
第一項 奉承判下節目
全羅南道順天郡曹溪山松廣寺卽三韓古刹國
家願堂且八萬藏經奉安之所其所棊重與他逈
別挽近以来人心不淑凡厥庶民蠢不畏忌犯葬
犯斫莫之禁戢竟至童濁言念寺勢極爲駭歎從

玆以往上項本寺付屬　洪陵作爲　香炭封山
賜牌地段東至梭峙西至平村南至長安北至加
峙立標定界　判下節目凜遵施行欽承　勅教
成節目下送如是定式之後無賴之輩復踵前習
如有冒葬犯斫騙財侵漁之端自官隨現詗捉嚴
懲悖習以杜後弊永久遵行事

一、官廳所納真末法油能耳等雜役永革事
一、工庫所納真末法油大細繩木防錢等雜役永革事
一、修理廳所納諸般雜役永革事
一、軍器廳所納各項雜役永革事
一、舖陳廳所納法油細繩等雜役永革事
一、紙所修理本錢卽爲出給該色事
一、各廳所納契防錢與例納等雜役永革事
一、寺主人例給等節永爲勿施事
一、內工房例納畫工米永革事
一、通引廳植本錢永爲出納勿侵事
一、寺中佛粮畓禾穀拒納之弊自官一切嚴禁事
一、寺內雜用草酒鞋三種討索等弊永革事
一、寺山局內如有犯葬之弊自官一切嚴禁事
一、寺山定界內一草一木若有冒斫之端別般

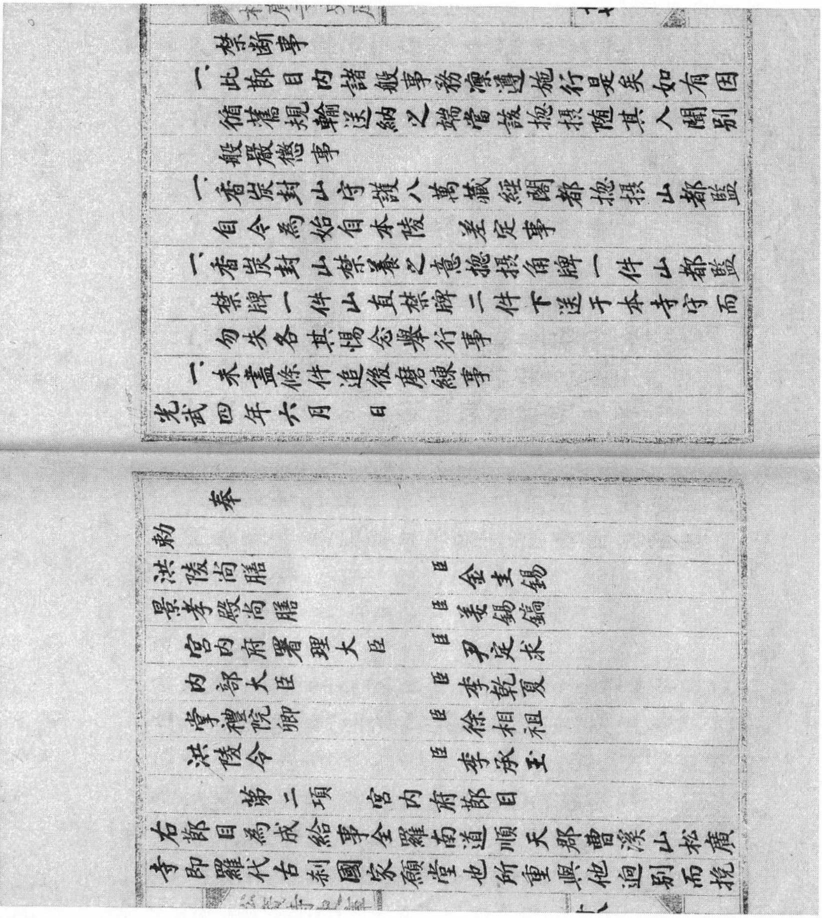

禁斷事
一、此款目內諸般事務遵施行是矣如有因
循舊規輸送納之端當該總攝隨其入聞別
般嚴懲事
一、香炭封山守護八萬藏經閣都總攝山都監
自今爲始自本陵 差定事
一、香炭封山禁養之意總攝僧牌一件山都監
禁牌一件山直禁牌二件下送于本寺守而
勿失各其竭念擧行事
一、未盡條件追後磨鍊事
光武四年六月 日

奉
勅
洪陵尙膳 臣 金圭錫
景孝殿尙膳 臣 姜錫鎬
宮內府署理大臣 臣 尹定求
內部大臣 臣 李乾夏
掌禮院卿 臣 徐相祖
洪陵令 臣 李承玉
第二項 宮內府訴目
右訴目爲成給事全羅南道順天郡曹溪山松廣
寺卽羅代古刹國家願堂也所重與他迥別而旣

近人心不淑百弊俱興寺樣難保自令爲始付屬
于 洪陵香炭封山以爲進供之資事奉承 勅
教矣賜牌地界段遣吏劃定東至接峙南至長安
西至平村北至加峙定界內如有偷葬犯斫之弊
自官一截嚴禁是矣所謂雜役依左錄永爲革罷
勿侵之意如是成節目下送爲去乎欽此申飭永
久遵行宜當者
光武四年六月 日
宮內府 印
附參考 左錄節目如第一項節目故省畧而
又有宮內府外內部掌禮院洪陵官節目與
宮內府節目同一故避煩不謄也又有觀察
府行官之節目亦同一故不謄也
本封山交涉時
京城委員 栗庵堂 翠庵堂
時摠攝 錦溟堂
第三章 伐採
第一節 主材斫伐
第一項 第一次斫伐
第一目 禮曹關文
禮曹爲相考事 節 啓下教奉常寺牒呈內宰
酉式年 國用及 功臣宰臣卿校位版所用栗木

敬差官本寺主簿柳　當爲發遣於全羅道是在
果　國用主材栗木慶尙道則每式年斫取全羅
道忠淸道則間式年斫取各邑貽弊多端故年前
因全羅監司狀請本道順天松廣寺一洞栗木甚
盛且其地勢深僻木品淨潔實合　國用之材故
定界封標以爲道內三百株都斫之地俾省各邑
分斫之弊者法意嚴重是去乙近來列邑守令不
知事體之尊嚴漸襲謬規每多不勤之弊事之寒
心莫甚於此不可不另加申飭是旀栗木斫伐後
別定差員運納亦不無些少弊端乙仍于令番段
依近例特除差員之弊各其鄕所公兄各別盡心
擧行爲旀栗木元數慶尙道四百株全羅道三百
株依前分定爲乎矣　敬差官下去斫伐時事目
後錄牒報爲去乎兩道監司預先知委施行事牒
呈是置有亦向前栗木　敬差官賫去事目依例
擧行爲有矣外方鄕校位版改造之時或有廣挾
不足之弊是良置元數中二十株去心通去白邊
以方八寸正鍊是遣　國用四十株去心通去白
邊以六寸正鍊擇封事曾已啓下爲有置辞意奉
審施行宜當向事合行移關請
照驗施行須至關者
右　　關

全羅道　敬差官
咸豊十一年八月　日
後
一、栗木元數中　國用四十株去心通去白邊
方六寸正鍊位版木二十株去心通去白邊
方八寸正鍊擇封事
一、栗木斫伐時木理順直細密者極擇斫伐上
南書塡烹於鹽水塗以壯紙厚紙油紙草席
結裹上送事
一、斫伐栗木定都會官上送事
一、泛鐵相地官一員下去事

一、陪行書吏一人京木手文書載持馬給馬帶
去事
一、封山寺刹所重非比尋常故本寺僧徒輩各
邑毋所侵責自有法禁是在果　敬差官留
接時支應各邑下屬輩或有一分侵漁貽弊
之端則當別般嚴處亦自營門另加嚴飭禁
斷事
一、營吏馬頭境上待爲事
一、印信一顆賫去事
第二目　觀察使移關文
全羅道觀察使兼巡察使爲相考事栗木封斫時

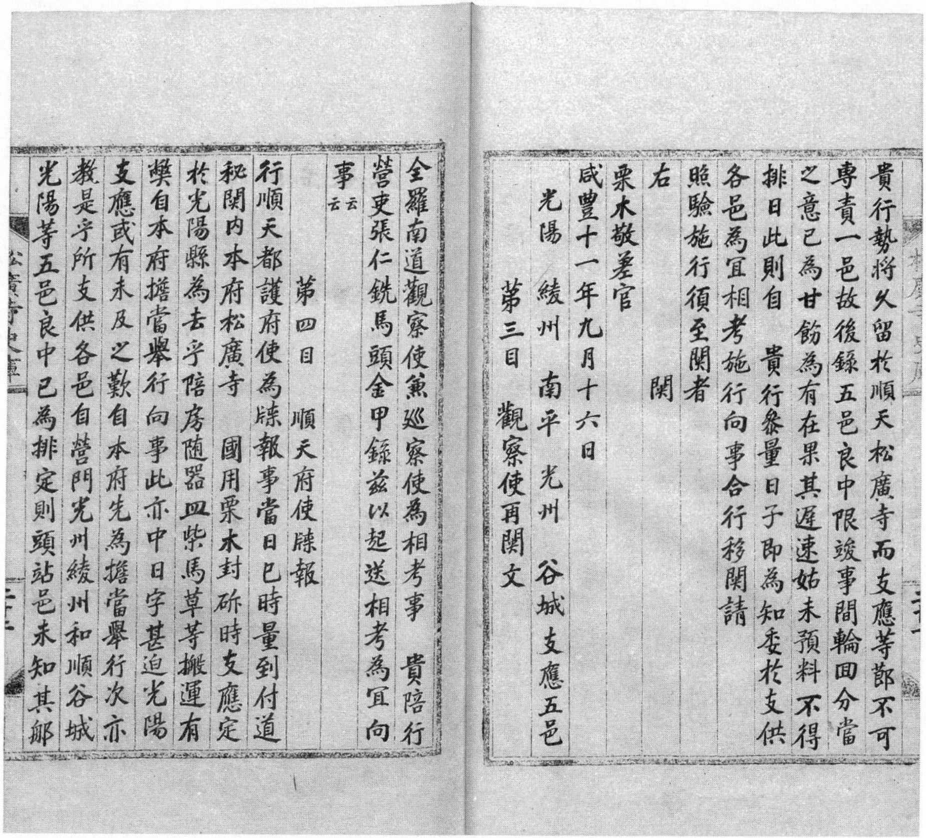
貴行勢將久留於順天松廣寺而支應等節不可
專責一邑故後錄五邑良中限竣事間輪回分當
之意已爲甘飭爲有在果其遲速姑未預料不得
排日此則自 貴行參量日子即爲知委於支供
各邑爲宜相考施行向事合行移關請
照驗施行須至關者
右 關
栗木敬差官
咸豐十一年九月十六日
光陽 綾州 南平 光州 谷城 支應五邑
第三日 觀察使再關文

全羅南道觀察使兼巡察使爲相考事 貴陪行
營吏張仁銑馬頭金甲錄玆以起送相考爲宜向
事云云
第四日 順天府使牒報
行順天都護府使爲牒報事當日巳時量到付道
秘關內本府松廣寺 國用栗木封斫時支應定
於光陽縣爲去乎陪房隨器皿柴馬草等搬運有
弊自本府擔當擧行向事此亦中日字甚迫光陽
支應或有未及之歎自本府先爲擔當擧行次亦
教是乎所支供各邑自營門光州綾州和順谷城
光陽等五邑良中已爲排定則頭站邑未知其郞

邑為之而必當先期抵候須為等待則必無失待
之理是遣本府段以主邑各樣事當則支應等節
初無趲門排定是乎所於處之於先暢本府程途
無甚遠近則已排定之當次邑勢將趁時畢行是
遣本府則雖欲支排初無經紀其勢末由故緣由
牒報為臥乎事合行牒呈伏請
照驗施行須至牒呈者
右 牒 呈
敬 差 官
咸豐十一年九月二十五日時 行府使李
第五日 運吏等狀

右謹陳所志情由事段本寺之僧數寺勢以前半
減是乎中當此主村所伐之巨事單以本寺之僧
數萬無奈何是乎故一依節目例使以標內各村
居民第次運吏亦執助役俾完其重 國事之意
緣由拱訴于本府使道前是乎則許施傳令於風
憲及都色處乙仍于茲敢粘連仰籲為白去乎
特下傳令即刻運吏奉公之地千萬望良白只為
行下向教是事
敬差官主 處分
哲宗十二年辛酉九月 日
性敏 斗銀 冝岑 志贊 冝映 等

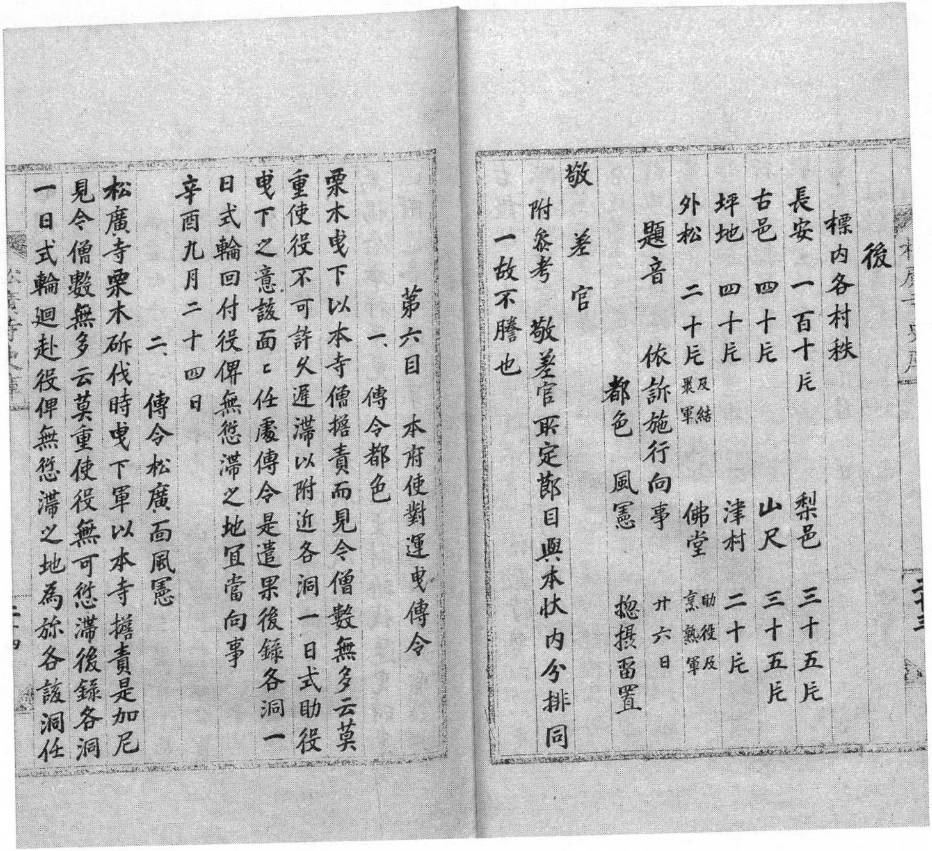

後

標內各村秩

長安 一百十斤 梨邑 三十五斤

古邑 四十斤 山尺 三十五斤

坪地 四十斤 津村 二十斤

外松 二十斤 栗及軍結 佛堂 助役及京熟軍

題音 依訴施行向事 廿六日

都色 風憲 摠攝留置

敬差官

附參考 敬差官兼定節目與本狀內分排同

一故不謄也

第六日 本府使對運曳傳令

一、傳令都色

栗木曳下以本寺僧摘責而見令僧數無多云莫重使役不可許久遲滯以附近各洞一日式助役曳下之意該面〻任處傳令是遣果後錄各洞一日式輪回付役俾無愆滯之地宜當向事

辛酉九月二十四日

二、傳令松廣面風憲

松廣寺栗木斫伐時曳下軍以本寺摘責是加尼見令僧數無多云莫重使役無可愆滯後錄各洞一日式輪廻赴役俾無愆滯之地爲旀各該洞任

眼同擧行宜當向事
辛酉九月二十四日
後
長安七十名一百四十斤 梨邑三十名六十斤
古邑三十五名七十斤 山尺卄五名五十斤
平地二十五名五十斤 津村五名 十斤
外松 七名 十四斤 佛堂 烹塩及助役
第七目 敬差官對運曳傳令
一、傳令松廣西風憲
爲惕念擧行事見令 國用主材斫伐運曳時急
以附近各村運曳事後錄傳令爲去乎汝當指揮

統率第次星火擧行宜當者
辛酉九月二十六日
敬差官 後錄如本府使傳令後錄故不謄
二、傳令長安洞任
爲惕念擧行事見令 國用栗木斫伐曳下時急
故依例後錄發令爲去乎点心持是遣第次星火
擧行毋至抵罪之地宜當者
辛酉九月二十六日
敬差官 其餘六洞傳令如上
三、傳令佛堂
烹塩及助役擧行事如是傳令到即星火来待擧

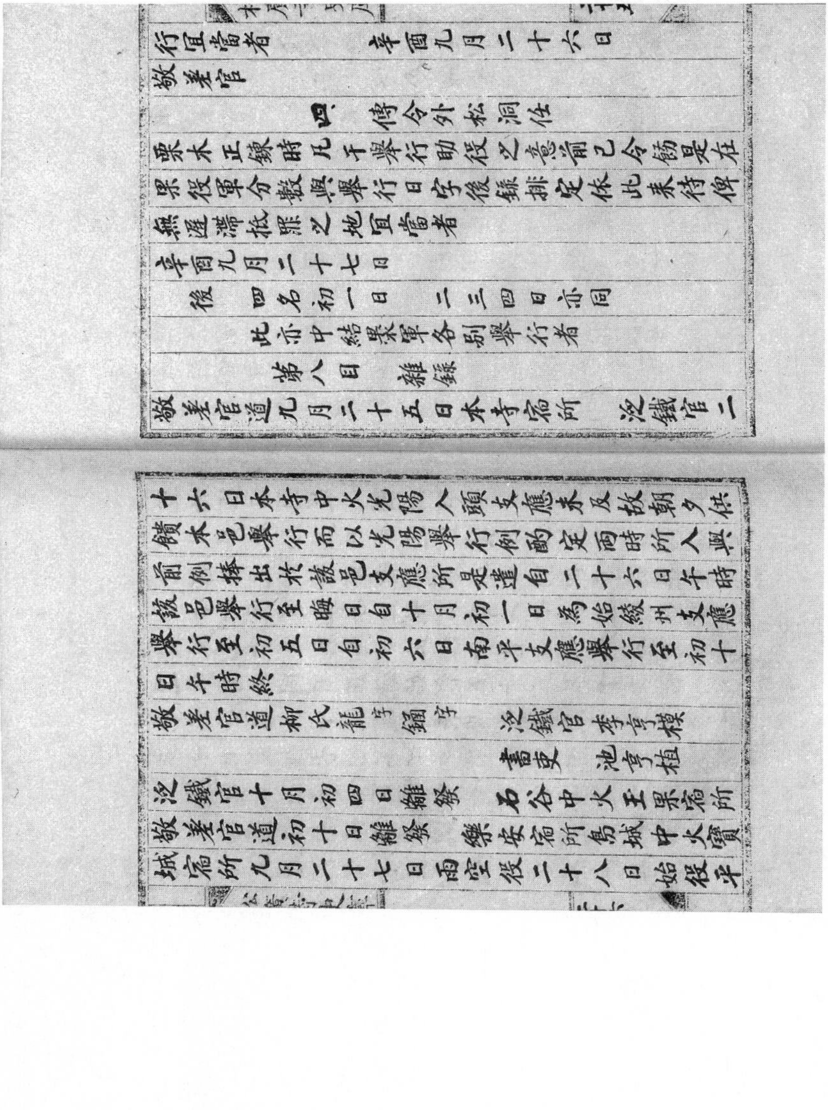
行宜當者 辛酉九月二十六日
敬差官
四 傳令外松洞任
梁木正録時凡于舉行助役之意前已令飭是在
果役軍分數興舉行日字後録排定依此來待俾
無遲滯抵罪之地宜當者
辛酉九月二十七日
後 四名初一日 二三四日亦同
此亦中結果軍各別舉行者
第八日 雜録
敬差官道九月二十五日本寺宿所 泛鐵官二
十六日本寺中火光陽人頭支應本及故朝夕供
饋本邑舉行而以光陽舉行例酌定而時所入興
當例捧出於該邑支應所是遣自二十六日午時
該邑舉行至晦日自十月初一日爲始綾州支應
舉行至初五日自初六日南平支應舉行至初十
日午時終
敬差官道柳氏龍守 鎬守 泛鐵官李亨模
書吏 池亨植
泛鐵官十月初四日離發 石谷中火王果宿所
敬差官道初十日離發 樂安宿所烏城中火寶
城宿所九月二十七日雨留役二十八日始役平

爲結褁初六日結褁初七日以封褁物種遲滯事
空役初八日結褁了畢初九日留宿初十日離發
梨邑松炭二石白當捉用 楸洞松炭二石捉用
路子三錢僉書吏情錢一百兩内十兩施主于大
法堂本邑都木手去時路子五錢麻鞋一部此外
勿一分擧論事 光陽洞礪石捉用
皆自本官傳令
時本府使道李氏寅 字 爽字 都色李彦祖
監色張永厦 書寫鄭善權 金恩九
時揔攝性敏 牌将冝岑 志贇 副斤手伯淳
第二項 第二次斫代

村二十五赴役五十斤運致二十九日斤手二十
七名山役外松七名赴役十四斤運致山尺二十
五名赴役五十斤運致津村赴役五名十斤運致
三十日運役古邑三十五名赴役七十斤運致梨
邑三十名六十斤運致長安七十名一百四十斤
運致斤手同日正錬始役五十五斤十月初一日
正錬九十斤初二日正錬一百六斤初三日正錬
七十一斤己上合正錬三百二十二斤内二十二
斤擇取次加斅午前了畢午后則他事酌定至初
四日畢役初五日放送路資不給初四日兩頭塗
乾初五日結褁 國用四十斤并位㕑木外松同

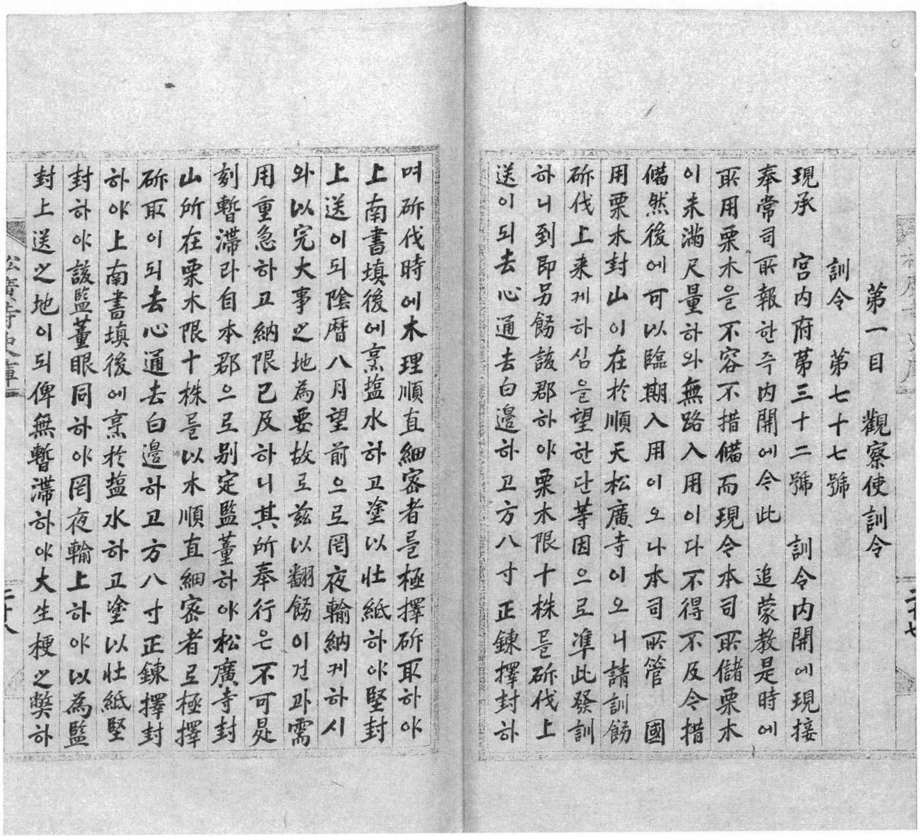

第一目 觀察使訓令

訓令 第七十七號

現承 宮內府第三十二號 訓令內開에現接
奉常司所報한즉內開에令此 追蒙敎是時에
所用栗木은不容不措備而現令本司所儲栗木
이未滿尺量하와無路入用이다不得不及令措
備然後에可以臨期入用이오나本司所管 國
用栗木封山이在於順天松廣寺이오니請訓飭
斫伐上來케하심을望한단等因으로準此發訓
하니到即另飭該郡하야栗木限十株를斫伐上
送이되去心通去白邊하고方八寸正鍊擇封하
며斫伐時에木理順直細密者를極擇斫取하야
上南書塡後에烹塩水하고塗以壯紙하야堅封
上送이되陰曆八月望前으로罔夜輸納케하시
와以完大事之地爲要故로玆以飜飭이거과需
用重急하고納限已及하니其所奉行은不可是
刻暫滯라自本郡으로別定監董하야松廣寺封
山所在栗木限十株를以木順直細密者로極擇
斫取이되去心通去白邊하고方八寸正鍊擇封
하야上南書塡後에烹於塩水하고塗以壯紙堅
封하야該監董眼同하야罔夜輸上하야以爲監
封上送之地이되俾無暫滯하야大生梗之弊하

며訓到日時外擧行形止를先即馳報爲宜事
光武三年九月十七日 陰八月十五日
觀察使 閔泳喆
順天郡兼任樂安郡守 文昌錫 座下
第二目 摠攝牒報本官
松廣寺摠攝爲牒報事 國用栗木主材斫伐次
敬差官行次本寺則觀察使甘結其時所用雜色
物具與支應等節分定列邑依例準備納上於役
所是如乎今番段置遵例排定於列邑之意列後
錄馳報爲去乎細〻洞燭各項雜費均定分排使
毋殘寺成弊傾覆之地悶迫緣由馳報爲卧乎事

合下仰云〻
附題 遵例排定雖有事目令不可自官闡使
當報府矣以待指令向事
行 兼 使 十六日
第三目 摠攝牒報觀府
順天郡松廣寺摠攝爲牒報事 國用栗木主材
斫伐 進封時差官行次與各項所用雜色物具
及支應等節依例排定於列邑則遵例備納於該
役所是如乎今番段置依例分定教是乎乙喻恐
未知處分如何是白如惶恐緣由馳報爲卧乎事
状合下仰

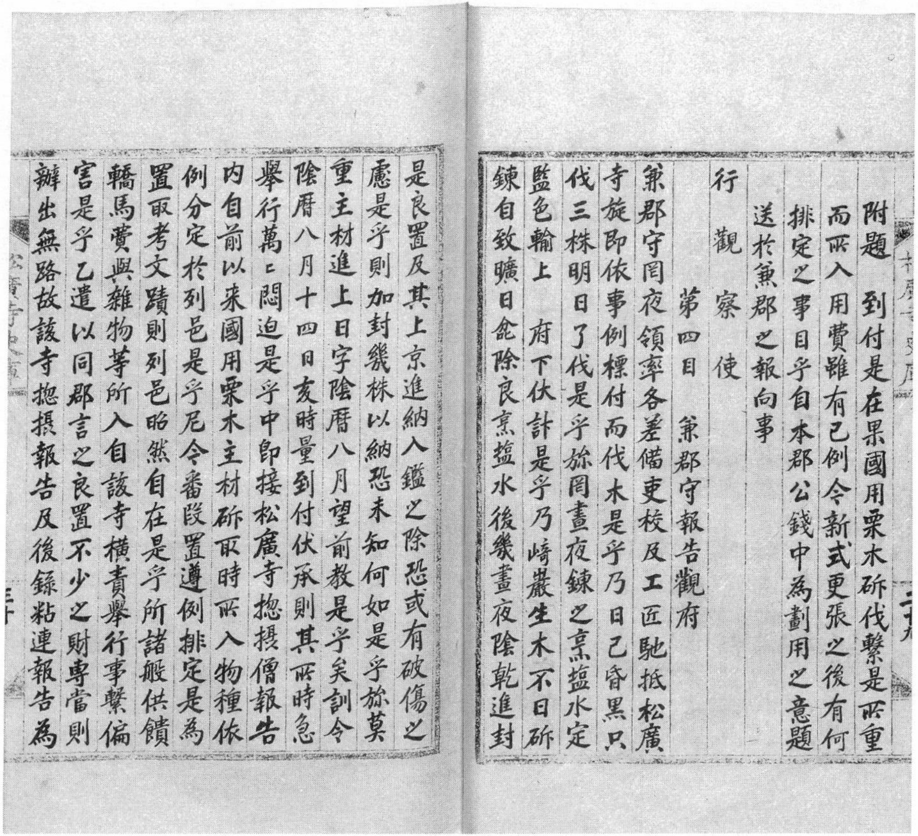

附題 到付是在果國用栗木斫伐繫是所重
而所入用費雖有已例令新式更張之後有何
排定之事目乎自本郡公錢中爲劃用之意題
送於兼郡之報向事

行 觀 察 使

第四目 兼郡守報告觀府

兼郡守罔夜領率各差備吏校及工匠馳抵松廣
寺旋卽依事例標付而伐木是乎乃日已昏黑只
伐三株明日了伐是乎旀罔晝夜鍊之烹塩水定
監色輸上 府下伏計是乎乃崎巖生木不日斫
鍊自致曠日欿除良烹塩水後幾晝夜陰乾進封
是良置及其上京進納入鑑之除恐或有破傷之
慮是乎則加封幾株以納恐未知何如是乎旀莫
重主材進上日字陰曆八月望前教是乎矣訓令
陰曆八月十四日亥時量到付伏承則其所時急
擧行萬〻悶迫是乎中卽接松廣寺摠攝僧報告
內自前以來國用栗木主材斫取時所入物種依
例分定於列邑是乎尼令番段置遵例排定是爲
置取考文蹟則列邑昭然自在是乎所諸般供饋
轎馬費與雜物等所入自該寺橫責擧行事繫偏
害是乎乙遣以同郡言之良置不少之財專當則
辦出無路故該寺摠攝報告及後錄粘連報告爲

乎尼特賜處分之地爲卧乎事
光武三年八月　日
順天郡兼任樂安郡守　文昌錫
觀察使　閣下
第五日　斫伐正鍊日課
八月十六日午後始役封標十一株當日斫伐三
株 九木手名
十七日八株斫伐罔夜輸納六株
十八日六株輸納當日正鍊四株
十九日正鍊六株合十株當日京塩內四株
退件

二十日正鍊十株當日京塩內四株退件
二十一日正鍊四株當日京塩四株退件
上正鍊合二十四株內實品十二株
二十二日京塩畢陰乾當日午後初塗
二十三日午前再塗壯紙午後三塗油紙
當日仍爲淨席封裹紅繩堅封了畢
二十四日申時進封軍二十名雜發色吏眼
同
第六日　運役軍各村排定 排定時預致本面風憲面長臨時評議排定也
栗木斫伐善斧人平村五名　新興三名　津

村二名 運下人 平村五十名 外松十名
新興十名 津村十名 烹塩大木軍 山尺
十五名 烹塩軍 柴人擔當 萬索 所進用封
洛水五百把 古邑五百把
栗木進木運納軍 母后三名 長安三名
洛水二名 九未二名 月隱 大興 鳳泉
孝亭 德洞 竹山 石峴 古夫各一名
支應本邑當 馬草 佛堂及外松當
第七日 主村進封時回若任員
觀察使 閔泳喆 兼郡守 文昌錫 光府禮
吏 崔鳳煥 本郡吏房 李埈柱 樂安吏房 趙

濟南 監董 田時民 邑吏 任基準 巡校 金
乃洪 本郡通引 鄭俊祐 樂安通引 丁東浩
捴攝 釋守玄 牌將 釋荷潭 持欣 書記 學守

第二節 國師殿修繕時伐採許可書

內一第六七九號
全羅南道順天郡松光面
松廣寺住持 李雪月
大正七年三月廿八日附申請國師殿修繕材料ト
シテ寺有立木中松六十三本伐採ノ件許可ス
大正七年四月十三日
朝鮮總督伯爵長谷川好道 朝鮮總督之印

第三郎 第六重創時伐採

第一項 許可書

第一日 第一次許可書

宗第四八號

全羅南道順天郡松光面

松廣寺住持 金贊儀

大正十一年十二月八日附願寺有林伐採ノ件

左ノ通許可ス

大正十二年五月二日

朝鮮總督 男爵 齋藤實 印

左記

一、伐採本數 赤松八萬二千本及施業上除伐ヲ要スル雜木若干

一、伐採區域 全羅南道順天郡松光面新坪里中

人歸峙 四十町步

新坪峙 六十町步

新興峙 二十町步

一、伐採期間 許可ノ日ヨリ三個年

第二日 第二次延期許可書

宗第一八〇號

全羅南道順天郡松光面

松廣寺住持　金贊儀

大正十五年七月十四日附願寺有林伐採期間延長ノ件左記ノ通許可ス

大正十五年十一月五日

朝鮮總督　子爵齋藤實 印

記

一、伐採樹種及數量

伐採未了ノ赤松七萬一千八百三十本ノ内五千本及雜木一萬五千本

一、延長期間

許可ノ日ヨリ二個年　以上

第二項　伐採數量及其代金統計

第一目　伐採數量統計

一、白炭三萬六千〇〇二貫

二、松木一萬二千八百六十株其他雜木若干

第二目　代金統計

一金三萬〇五百三十二圓　總収入高

内譯

一金二萬二千八百三十五圓　炭價

一金七千六百九十七圓　立木價

以上

附參考　當時重建重修及翻瓦一覽

一、重建部
明星閣、華藏門、寺監庫、滌鑑、海清堂別室、大持
殿後門、三日庵沐浴室、東川大使所、鎮南門、尸
棄門、碑殿墻垣門、(寺監庫、大使所、墻垣門、別室、四所皆新建也)
二、重修部
龍華堂、鐘鼓閣、普濟堂、祖室、天子庵、下舍堂、青
雲堂、白雪堂、涵清堂、遮眼堂、寺監室、香積殿、淸
眞庵一部、法性寮、廣遠庵一部、慈靜庵一部、
三、飜瓦部
說法殿、聖壽殿、大雄殿、法王門、冥府殿、靈山殿、
藥師殿、華嚴殿、佛祖殿、三日庵、解脫門、羽化閣、

天王門

第四節　施業案第一期伐採

第一項　許可書

宗第五五號
全羅南道順天郡松光面松廣寺
住持　李雪月
昭和五年七月二十四日附願寺有林伐採ノ件
左記ノ通許可ス
昭和六年七月二十一日
朝鮮總督　宇垣一成

記

一、伐採區域

全羅南道順天郡住岩面杏亭里山百六十二

番地松廣寺々有林野百五拾六町步中拾壹

町五段步

一、伐採方法

皆伐

一、伐採樹種及數量

三拾年生雜木八百尺締

一、伐採期間

許可ノ日ヨリ壹個年間

第二項　伐採數量及代金統計

第一目　伐採數量統計

一、白炭

第二目　代金統計

一、金

第四章 紛爭

第一節 帳幕洞山

第一項 第一次等狀

右謹陳情由事段伏以劃野分州軒轅之遺策刹
寺封疆羅代之尊崇也而今本寺刹在三韓以
國用封山兼 三大殿願堂守護之重地豈無從
前所封之場界乎越在庚寅年始設封山之初另
內之四標昭然於都提調領下郎目栗木封山界
刻石字古在於榛峙路上以為不泯之蹟是去乙
今仙松之間有帳幕洞此亦有自前分區初無相
犯而方欲松楸放賣之場同仙寺僧羞起事端意

欲奪境是矣初無前後文考但以中年禁葬事爲
據是乎乃其時塚主谷城人也自 官庭嚴令松
光面任處而督堀是乎尼盖是仙寺之地何不以
雙巖面任督堀反以松光面任督堀者何也觀此
則尤顯其地是如乎永歲封山一朝見奪於無據
之僧寔乃冤枉故 提調邸下四標節目持是遣
齊聲仰訴爲去乎 叅商教是後特下嚴處分明
白分干母至奪莫重 封山之地千萬祝手
行下向教是事
郡守 道 處分
乙未 太皇三十一年 十月 日

恪仁 淨昕 斗珐 性欣 昌律等
行使 仙松兩寺俱是千年古刹各守境界自有
四標佛旣黙黙雖云世強俗朩令忽爭訟
實非僧道之道山有生〻松楸欝密如無
松木令何有此訟一訴未能決處兩寺住
持僧率待詳細摘奸以來向事
刑吏 十九日
乙未十月二十一日仙松兩寺禁養境界摘奸
記
仙巖寺揔攝 啓秋 松廣寺揔攝 恪仁
摘奸刑吏 李吉鍾

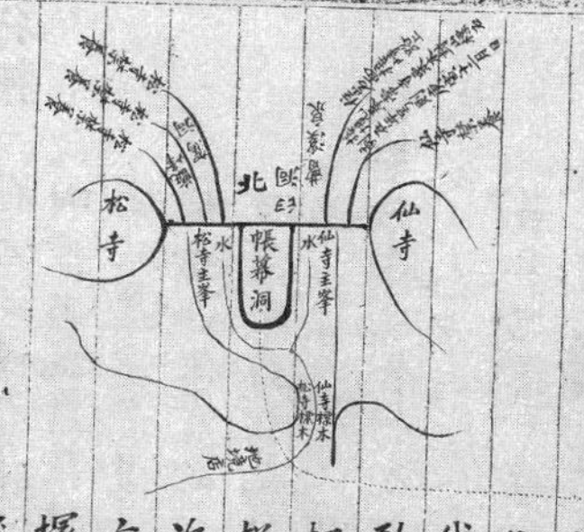

此嶝左脇自松寺放賣於
住巖面接峙白甫允處斫
伐之際自仙寺不爲斫伐
致此摘奸云故同白甫允
招致于仙松兩寺諸僧處
詳問裡許則至於今番三
次買得於松寺樣爲言故
方令待令是乎乙遣古掘
塚三處段皆是仙寺僧呈
捷松光面面掌姓名載在
仙寺文績中是白齊

背題

觀此圖形且考兩寺節目兩寺之間一
溪定界上流分爲兩流下爲合水兩流
處俱稱長田洞昔年禁葉督掘雖是仙
寺之擧狀年條七十餘年栗木封山定
界四標在於六十餘年後放賣伐木至
爲三次仙寺何不禁止一溪水旣爲定
界且有標石兩流之間一麓越溪敢生
他界理固不當不必相爭依遵封山節
目息訟之地宜當向事 廿四日

第二項 第二次等狀

右謹陳究枉事段本寺自刱建以來定界昭詳僉

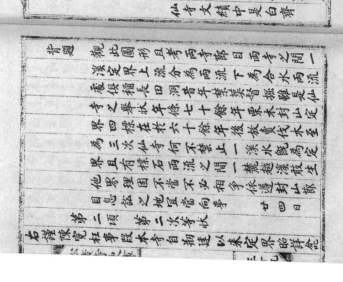

除良庚寅年封山時劃封定界節目之中分明自
在是去乙仙巖寺僧去年十月分暗生奸計地界
長田洞欲為橫奪之意呈訴于　本官使道卽遣
色吏摘奸依山圖決處嚴題教是乎乃今年正月
分仙寺僧更呈于新官使道封山地境長田洞一
朝見奪是乎尼如許無據之僧習乎擧機仰訴為
白去乎　參商教是後特下嚴題封山推給之地
千萬祝手望良為白只為行下向教是事
奉常寺提調主　處分
丙申四月　日　桂訓、覺仁、昌律、正昕、
斗弦、性欣、普仁等

奉常寺　庚寅封山時已有定界昨年本官圖形
旣有公決命除良且有本寺題音而仙
寺僧徒又此起鬧萬〻可惋封山依前
屬之松廣是矣仙寺僧若一向頑拒則
當有別般嚴處向事　初六日
松廣寺住持僧　仙巖寺住持僧

第三項　第三次等狀

伏以矣本寺刱在三韓以来定界昭詳而越在庚
寅年始設栗木封山之初局内之四標昭然於領
下節目封疆之所刻石字方在於地境接峙路上
以為不泯之蹟是白遣令松仙之間有帳幕洞此

亦有自前分區初無相犯而中年以来三次放賣
松楸是乎乙遣去甲午年紛鬧之後寺樣蕩敗事
勢不得己方欲松楸放賣之場同仙寺僧惹起事
端意欲奪境是乎故呈訴于本官則摘奸山形吁
兩寺僧一場決處是白加尼昨年正月分仙寺僧
挾勢更呈于新官封山地境帳幕洞一朝奪去故
昨年四月分奉常寺呈題到付則視若尋常是乎
故本官題音山圖奉常寺題音帖連寃痛緣由仰
訴於　明庭之下伏乞洞燭敎是後特下訓令于
本道營門封山地境還為推給伏望
建陽二年丁酉七月　日

曾律、斗玹、桂訓、昌律、守玹等
宮内部　大臣　處分
題音　當訓飭向事　三日

第四項　第四次等狀

右謹陳所志事段本寺即栗木封山而去庚寅設
始之初　上司郎目㨿標封疆刻石區分是白乎
所松仙兩寺之間有帳幕洞此亦有限中年以来
自本寺三次放賣松楸是白遣甲午東擾之後寺
樣蕩敗不得己放賣松楸補用之場彼仙寺僧忽
生奸計欲奪境界故矣等呈訴本官圖形境界查
實歸正是白加尼彼等更生奸婿之計昨年分更

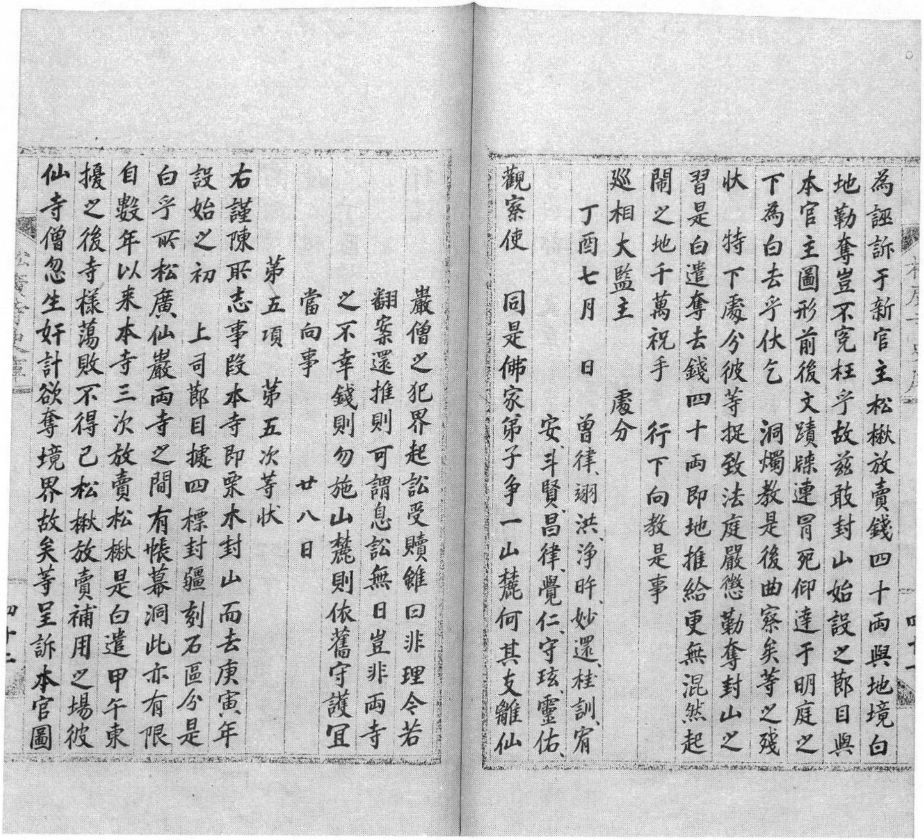
為誣訴于新官主松楸放賣錢四十兩與地境白
地勒奪豈不冤枉乎故玆敢封山始設之節目與
本官主圖形前後文蹟踈連冒死仰達于明庭之
下為白去乎伏乞 洞燭教是後曲察矣等之殘
狀 特下處分彼等捉致法庭嚴懲勒奪封山之
習是白遣奪去錢四十兩即地推給更無混然起
鬧之地千萬祝手 行下向教是事
巡相大監主 處分
丁酉七月 日 曽律、翊洪、淨昕、妙還、桂訓、宥
安、斗賢、昌律、覺仁、守玹、靈佑、
觀察使 同是佛家弟子爭一山麓何其支離仙
巖僧之犯界起訟受贖雖曰非理令若
翻案還推則可謂息訟無日豈非兩寺
之不幸錢則勿施山麓則依舊守護宜
當向事 廿八日

第五項 第五次等狀
右謹陳所志事段本寺即衆木封山而去庚寅年
設始之初 上司節目據四標封疆刻石區分是
白乎所松廣仙巖兩寺之間有帳幕洞此亦有限
自數年以來本寺三次放賣松楸是白遣甲午東
擾之後寺樣蕩敗不得已松楸放賣補用之場彼
仙寺僧忽生奸計欲奪境界故矣等呈訴本官圖

形境界査實歸正是白加尼彼等更生奸婿之計
昨年分更為誣訴于新官主松楸放賣錢四十兩
與地境白地勒奪豈不究枉乎玆敢封山節目與
前等使道圖形前後文蹟帖連仰訴為白去乎伏
乞洞燭教是後曲察矣等之残状特下處分彼等
捉致法庭嚴懲勒奪封山之習是遣奪去錢四十
兩即地推給之地千萬伏祝
使道 主 處分 行下向教是事
丁酉七月二十九日
翊洪、斗賢、曾律、昌律、甯安、淨昕等
行使
依營題施行事 初三日

第六項 第六次等狀
右謹陳議送事段本寺即栗木封山是白乎所去
庚寅設始之初領下節目據四標封疆刻石至今
不泯而松仙兩寺之間有帳幕洞自有區分初不
相犯故中年以来三次放賣松楸是白遣去甲午
東擾之後寺様蕩敗不得已松楸放賣之塲彼仙
寺僧惹起事端欲奪境界故矣等呈訴于本官主
圖形境界査實公決是白加尼彼等更生奸計昨
年分更訴于新官主松楸放賣錢四十兩與地境
白地勒奪故矣等不勝究枉往訴于奉常司教飭
截嚴是乎乃彼等視若尋常故令年分更為往訴

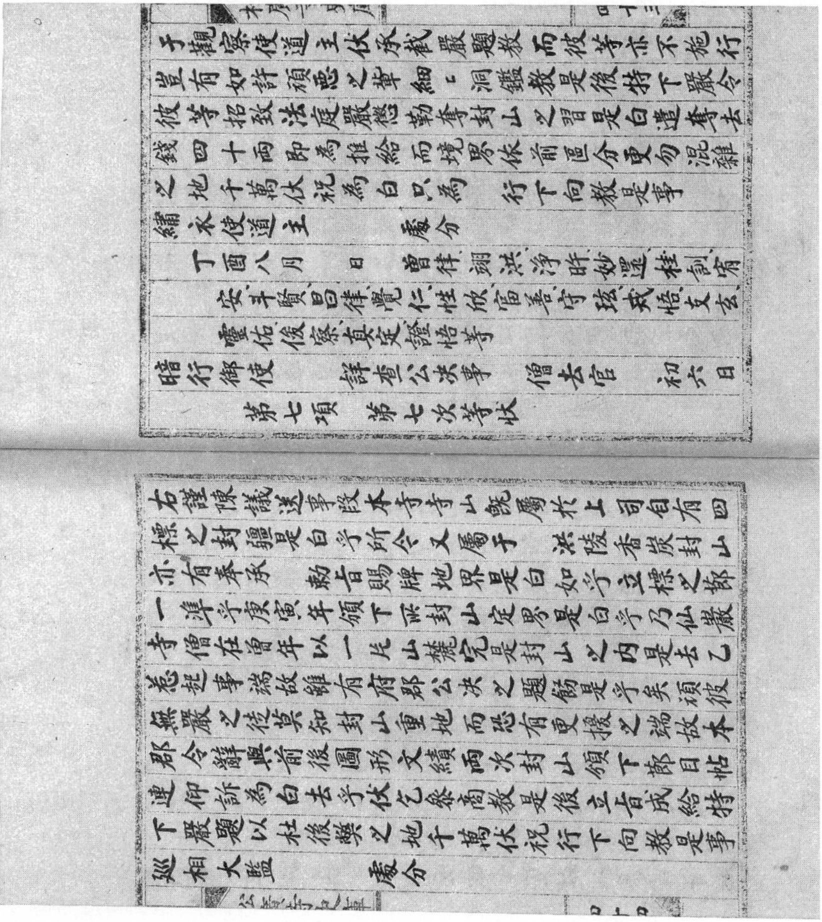
于觀察使道主伏承截嚴題教而彼等亦不施行
豈有如許頑悪之輩細〻洞鑑教是後特下嚴令
彼等招致法庭嚴懲勒奪封山之習是白遣奪去
錢四十兩即為推給而境界依前區分更勿混雜
之地千萬伏祝為白只為　行下向教是事
繡衣使道主　處分
丁酉八月　日　曾律、翊洪、淨昕、妙還、桂訓、宥
安、斗賢、昌律、覺仁、性欣、富善、守玹、戒悟、支玄、
靈佑、俊察、真定、證悟等
暗行御使　詳查公決事　僧去官　初六日
第七項　第七次等狀

右謹陳議送事段本寺寺山旣屬於上司自有四
標之封疆是白乎所令又屬于　洪陵香炭封山
亦有奉承　勅旨賜牌地界是白如乎立標之節
一準乎庚寅年頒下所封山定界是白乎乃仙巖
寺僧在曾年以一片山麓完是封山之內是去乙
惹起事端故雖有府郡公決之題飭是乎矣頑彼
無嚴之徒莫知封山重地而恐有更擾之端故本
郡令辭與前後圖形文績兩次封山頒下節目帖
連仰訴為白去乎伏乞衆裔教是後立旨成給特
下嚴題以杜後弊之地千萬伏祝行下向教是事
巡相大監　處分

庚子十二月 日 支欣、宥安、桂訓、昌律、斗玹、
添華、章洽、永佑、長悅、其浩等
觀察使 此寺之所重與他逈殊是矣至於定界
不審圖形遷難確定昭詳摘奸使之松
仙兩寺無寃定界報來以爲節目以給
爲宜事 陽二月六日 本官

第八項 第八次等狀

右謹陳議送事段以 洪陵香炭封山定界事日
前矣等所報題敎內昭詳摘奸報來以給節目事
亦是置有自本官旣爲定色吏到寺昭詳摘奸一
遵庚寅年領下所封是乎於亦有節目成給前後
封疆小不越界是去乙彼仙寺僧但踵前日破封
山無據之悖習惹起閙端欲奪一拳山麓是乎只
爲自官庭招致兩寺僧對卞之場據領下節目及
圖形至公結案責彼無嚴快以落科是乎乃㐫彼
無據之徒未知後據之如何故京部與營郡節目
及圖形文蹟帖連仰訴伏乞細〻洞燭敎是後特
下嚴題以杜後弊之地千萬祝手爲白只爲
行下向敎是事
巡相大監主 處分
庚子十二月 日 誠昊、守玹、桂訓、支欣、宥安、
昌律、斗玹、添華、章洽、永佑、竒浩等

觀察使 已有前題事 陽二月十一日
第九項 第九次等狀
右謹陳所志究枉情由事段伏以矣僧等之所住
寺粤在庚寅年分自上有勅令教是中衆木封山
之後矣寺之所重異他迥殊是白乎所矣等之奉
公舉行守護異他自別惶悚而依法典施行者百
有餘年是白加尼挽近甲午更張之後頑彼仙巖
寺僧徒醸出凶計稱托罷封山而四標所禁中一
峯山麓勒奪肥己是乎故矣等累次相詰呈訴而
上有本司之處決下有營邑之題教為臥噫彼仙
寺之理屈落科文蹟昭載於朝野是白乎羅仙寺
之頑習不曉犯法之律復踵肥欲之私侵犯立標
內禁薪為乎尼同仙寺之所為則特其邑勢蔑其
國禁為白乎尼非但矣等寺之所念冤也此以仍
置則焉有國之封養境界乎前後本司成給節目
與狀幅帖緣仰訴于本司為白去乎伏乞細細參
商教是後嚴訓於該道觀察府捉致守囚於該寺
僧勒奪松楸價錢文四十兩累累次呈訴貰錢條
三百七十五兩六錢併為一一推給是白遣一以
懲其重封山奪境之罪一以勵邑勢挾權之罪使
此矣等得保封山衆木禁養奉公需之至千萬伏
祝之地

奉常司 閣下 處分
光武五年三月 日
添華、斗玹、昌律、永佑、支欣、守玄、章洽等
奉常司 當報于 宮內部發 該道向事八日
第十項 第十次等狀
右謹陳議送事段兩寺山訟事已有前狀故不敢
重言是乎乃莫重封山不可見奪故前後文卷帖
連仰訴爲白去乎特下別般處分百餘年守護封
山俾無見奪之地千萬伏祝 行下向敎是事
觀察使道主 處分
辛丑二月 日 玩奎 永佑等

觀察使 以封山所重論之則仙巖亦是封山重
地則不可不擇差僧徒中公正者尋薦
界而息訟退待事 陽四月十二日
山界圖形後面題敎
天有列宿地列山川天者以銀河已定分野地
者以川流以分定界至於兩寺之分界也以曹
溪流水天分定界之餘間有帳幕嶝本郡金等
道完文中卽爲半分故依此分界宜爲事
十八日 明堂摠攝
附叅考 隆熙三年己酉所有權證明頉提出
時以半分測定以後永爲息訟至于

令日也

第二節 駕臼洞山

第一項 舊代之紛爭

第一目 第一次等狀

右謹陳所志情由事段日前良中接峙村民呈狀
題音內辭意嚴重而同差使例十五兩欲為還懲
於本寺是乎乃當初封山定界立標是乎中所謂
駕洞元是寺山主脉故自前禁養是乎乙遣所謂
臼洞則雖入於標內載在節目而店民埋炭不能
禁斷矣自數三年来同埋炭之人設堀於主脉駕
洞砎取內山雜木故至於破堀相爭呈訴禁斷之
境是乎旀至于令番段置 敬差官親審秉山摘
好時觀此事機慨歎不已發差推捉而如何圖免
是遣反藉完減誣揑呈訴歸僧於無狀之地是乎
所若以如是國用封山歸之於何處是乎旀又以
例錢還懲於僧徒則禁養守護之道萬無奈何是
乎尼更加處分之地千萬祝手望良白只為
行下向教是事

使 道 主 處分

辛酉十月 日 性敏、美贇、戒性、環善、華演等

行使 接峙店民之罪犯固是難赦而何為不由
本官直訴差道使此殘店至於蕩敗乎令

此来許尤極痛悪向事　十七日
一、傳令松廣寺住持
栗木封山何等慎重之所謂接峙店民不顧法
令攔入埋炭聞極驚駭令方別般提飭是在果
如或有冒犯者孰時馳告以為嚴治之地宜當
向事　辛酉十月十七日
行使
二、傳令接峙店民等
栗木封山守護法意何等嚴重而汝矣之無難
埋炭是何弊習究其所為極係痛駭即當捉致
嚴懲是矣際玆推捉亦不無其弊故特恕令飭
如或後踵前習至及廉探必難免故犯之律惕
念擧行宜當向事
辛酉十月十七日
行使
第二目　第二次等狀
右謹陳所志情由事段日前良中住巖面民等回
文謀議而成群作黨攔入國用主材栗木封山無
疑犯伐是乎可現露禁斷則反為荷杖行悖無數
而欲奪封山是乎尼世有如許無據之民乎如此
不禁則山之赫僧之敗封山守護之節無路是乎
故敢此緣由仰訴於　明庭之下為白去乎特為

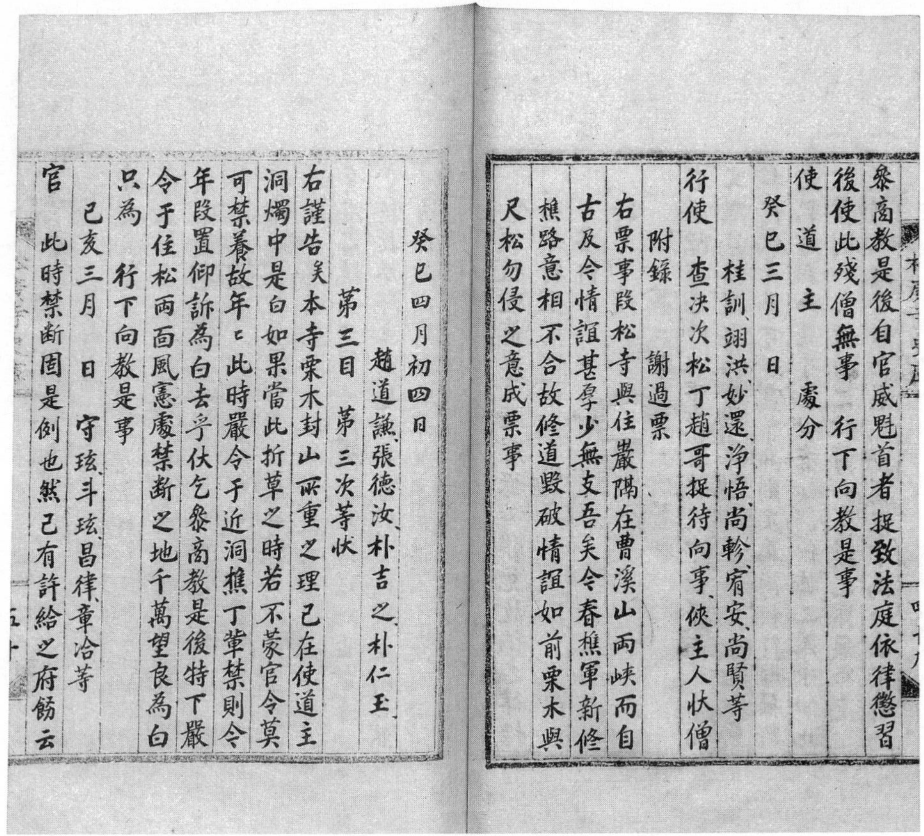
叅商教是後自官威魁首者捉致法庭依律懲習
後使此殘僧無事 行下向教是事
使道 主 處分
癸巳三月 日
桂訓、翊洪、妙還、淨悟、尚軫、宥安、尚賢等
行使 查決次松丁趙哥捉待向事、使主人伕僧
附錄 謝過票
右票事段松寺與住巖隅在曹溪山兩峽而自
古及令情誼甚厚少無支吾矣令春樵軍新修
樵路意相不合故修道毁破情誼如前栗木與
尺松勿侵之意成票事

癸巳四月初四日
趙道謙、張德汝、朴吉之、朴仁王、
第三目 第三次等狀
右謹告矣本寺栗木封山所重之理已在使道主
洞燭中是白如果當此折草之時若不蒙官令莫
可禁養故年〻此時嚴令于近洞樵丁輩禁則令
年段置仰訴爲白去乎伏乞叅商教是後特下嚴
令于住松兩面風憲處禁斷之地千萬望良爲白
只爲 行下向教是事
己亥三月 日 守玹、斗玹、昌律、章洽等
官 此時禁斷固是例也然已有許給之府飭云

擧其事狀徃呈于觀府事　三十日

第四目　第四次等狀

右謹告議送事段 矣本寺主材封山所重之理已
在大監主洞燭中是白如果日前大監主順天住
巖面廣川里中火時樵軍輩折草等狀題教内數
年長養之木莫可斫伐而今年草斫去云ㄷ教是
故連其時至今數百樵丁成群攔入封山無難斫
伐是白遣連犯於三陛下聖殿大法堂後山至於
童濯之境樵丁輩可謂假逢滅豨之理也故擧由
呈訴於本郡主則題教内此時禁斷固是例也然
已有許給之府飭云擧其事狀徃呈于觀府云ㄷ

故究痛緣由更訴于　明庭之下爲白去乎伏乞
參商教是後嚴令于住巖面執綱處使此主材封
山毋至童濯之境別般守護之地千萬望良白只
爲　行下向教是事

巡相大監主　處分

己亥四月　日　守玹、斗玹、昌律、曾律、章洽等

觀察使指令

刈草特許斫材嚴禁之意已有另
飭面諭矣今見此訴果如狀辭不
遵令飭民習可駭刈草外一例捉
致嚴禁向事

光武三年五月十三日　本官

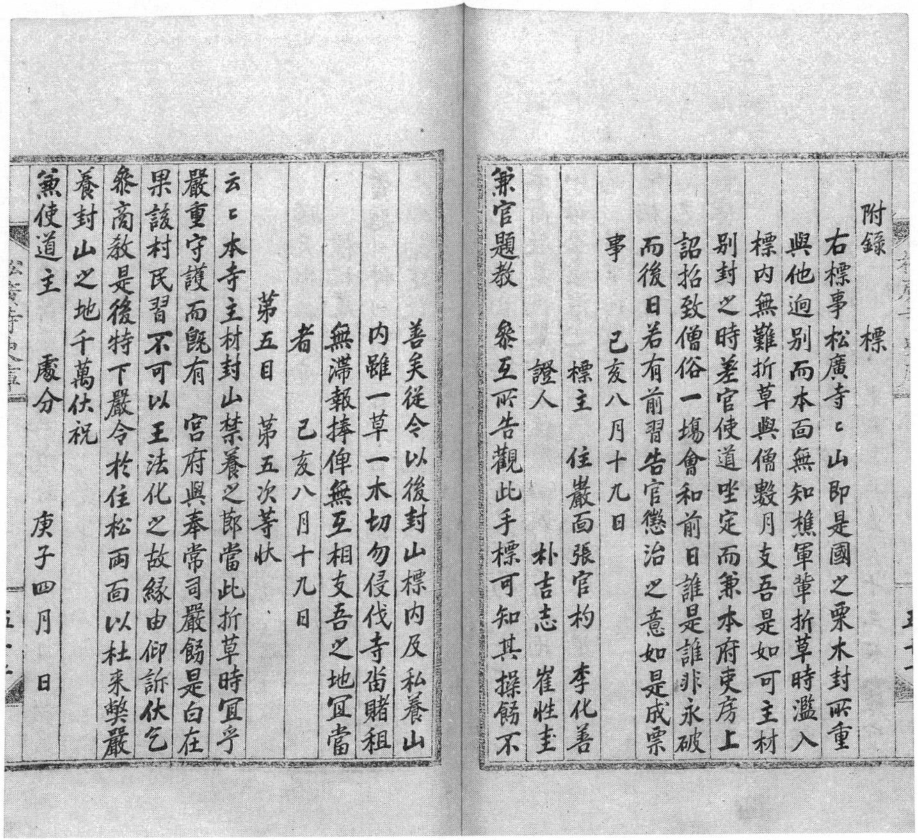

附錄 標

右標事松廣寺〻山卽是國之栗木封所重
與他逈別而本面無知樵軍輩折草時濫入
標內無難折草與僧數月支吾是如可主材
別封之時差官使道坐定而兼本府吏房上
詔招致僧俗一塲會和前日誰是誰非永破
而後日若有前習告官懲治之意如是成票
事　己亥八月十九日
標主　住巖面張官杓　李化善
證人　朴吉志　崔性圭
兼官題教　參互所告觀此手標可知其操飭不
善矣從令以後封山標內及私養山
內雖一草一木切勿侵伐寺嵓賭租
無滯報捧俾無互相支吾之地宜當
者　己亥八月十九日
第五目　第五次等狀
云〻本寺主材封山禁養之節當此折草時宜乎
嚴重守護而旣有　官府與奉常司嚴飭是白在
果該村民習不可以王法化之故緣由仰訴伏乞
參商教是後特下嚴令於住松兩面以杜來弊嚴
養封山之地千萬伏祝
兼使道主　處分　　庚子四月　日

兼官 依訴嚴禁傳令成給事 十九日 刑吏

第二項 新代之紛爭

第一目 林野調査時(即細剖測量時)

一、立杭、立會、境界伐松通知

大正九年十月十日

順天郡住巖面杏亭里林野調査事務所

林野調査員 李漢範 (印)

順天郡松廣寺 御中

標杭建設、地主立會、境界伐松、의件通知

首題의件에對하야不日間調査할터이니標杭은勿論建設하려니와地主立會하고伍自己所有境界間은何處를勿論하고伐木하야實地調査上困難이無케하기爲하야玆及通知하오니至急實行할事

追申告書의寺印捺印處가有하니無違携來하심을要함

附錄 一、日誌抄

大正八年三月二十九日 旧二月二十八日

沈應涉은林野申告事로住巖面杏亭里去也

附記(然當時杏亭區長金性辰으로부터來한通知書를遺失故로可惜ㄷㄷ)

大正九年十月十三日 旧九月三日

住巖面寺山定界標旗立次로十負이去來也

附記 이十負亦本寺는其一辭數計也나라 姜梧月

二, 帳簿抄 院大錢五穀八入年度下成松兩廣中寺監

金八十五錢 旧八月一日住巖界山林中告

料 下 以上

二, 住巖石民의紛爭

調查員이測量次로登山할時에本寺의立會員
姜梧月等二三員이立參하바住巖石民卽右亭
里金性辰,鄭性雲,渴村里懷東性,倉村里金東述,
朴德仁,李珍化,李士洪,福多里趙鳳鉉等二十餘
名이參集하야紛爭을惹起함에至하얏다.그러
나本寺委員等은意外의事로付衆人의張力을
對抗키不能함으로多少의抗議를與하다가本
寺에歸還하야焦眉의急을報告케되얏다.卽時
渾寺가總動하야現場에馳赴하얏으나落照난
이미西山에入하고查員은발付測量을了하얏
바이엿다.함으로不得已空務로還寺함과共히法
에依하야回收함을決議하고從此로此에關한
諸般證據書類를整頓하야道知事의게陳述書
를提出케되얏다.한대住巖石民이不意의紛爭
을惹起케된原因은卽交通上의便利로林野調
查班의事務所本部를廣川里에置하얏음으로
그交際가容易함에만미암이엿다.

三、林野調査班公文

甲、班長의公文

大正九年十一月二十日

廣川店班長宮本重吉㊞

松廣寺

御中

住巖面杏亭里林野ニ對スル申告書更ニ提
出相成度尚該林野ハ紛争地トシテ整理ス
ル必要上証據書類(寫ナレバ對照ノ必要上
同時ニ提出スルコト)及陳述書本月二十三
日迄ニ廣川店在班事務ニ提出相成度朝鮮
林野調査令第六條ニ依リ通告候也

乙、調査班監督員公文

大正九年十二月二十日

廣川里林野調査班監督員 金濟萬㊞

松廣寺住持 殿

林野紛争地再調에關한件

住巖面杏亭里山一六一番林野를貴寺與杏
亭里居白敬寅間紛争에對하야再調할必要
가有하오니該林野에關한申告書를提出하
고同白敬寅의게證據書類를携帶케하야帶
同의上本月二十四日當班에来臨하심을敬
要함

四、陳述書

甲、第一次陳述

陳述書

全南順天郡松光面曹溪山松廣寺

住持 李雪月

本寺의山林中住巖面에在한區域紛争에對하
야左와如히陳述함

一、本寺의山林은高麗中葉에當寺開山祖普照
國師가定慧社를創立한當時부터東西南北
의禁標(即放生場)를定하얏슬뿐아니라特히
本寺난歷朝國師王師의住持相續의重地로
되야土地와森林에對한優渥한綸恩의護衛
下에爾来七百有二十餘年을經함에山林의
四標定界난自然의勢로嚴正하게되얏난대
但晩近에至하야附近의土豪民等이暗히蚕
食의弊害를加하얏음으로一山의僧侶난所
有權恢復과山林의禁養에幾重의紛争을喫
한바其証據書類난下와如함

一、距今九十二年前에土豪民의壓迫에對한手
段으로奉常寺(今社寺課)提調에請願하야寺有山
林을國家의保護에頼케되얏난바其節에回
「標内片土寸木莫非本寺所管京中及他處両

班之應出立案欲爲橫占者一切防禁土班民
人輩稱以私養或有任意犯斫者卽爲入達論
罪云ㄷ」하얏사오며又住巖面民의主張한區
域의四標난左와如함
(가)津村後嶝隔村後爲界北向上始得村畫處
復以大路爲界攀望水峰北麓草嶝緣閒水
邊田阡東北向曹溪山甑峰入悟道谷谷中
樹木叅差北上十里許悟道峙立標
(나)自悟道峙東緣甑峰後北臼洞駕洞背上至
十里許曹溪山主峰下曹溪水邊地境皆樹
木叅天

此와如히悟道峙로부터接峙에至한境界
는甑峰의後方臼洞駕洞의背上曹溪山主
峯에至한一里間이니天然洞勢가以来寺
有山林임은一目昭然함
五萬分圖에도悟道峙及接峙를記載하야
當時官廳에서證明을得함이現在함
一、距今二十七年前乙未十月二十一日에順天
府使가松廣仙巖兩寺區域紛爭을判決한文
에도駕洞臼洞을分明히松廣寺禁標된事를
表明하고又住巖接峙에난現令에도奉常寺
當時의標石刻字가尚存함

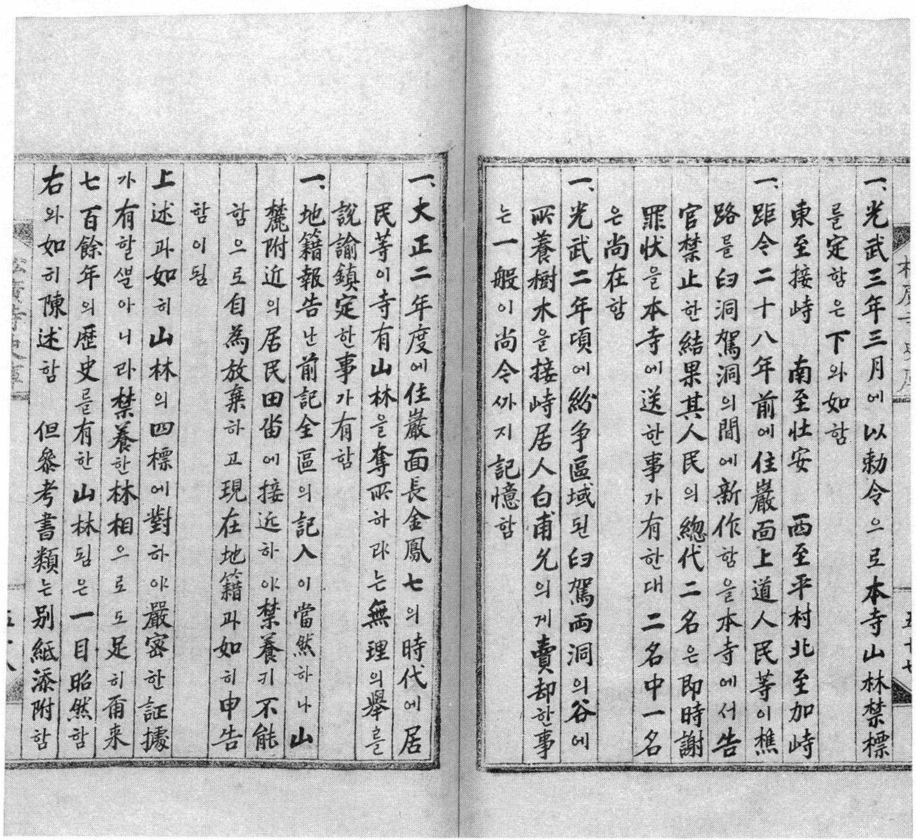

一、光武三年三月에以勅令으로本寺山林禁標
를定함은下와如함
東至接峙　南至壮安　西至平村北至加峙
一、距今二十八年前에住巖面上道人民等이樵
路를臼洞駕洞의間에新作함을本寺에서告
官禁止한結果其人民의總代二名은即時謝
罪狀을本寺에送한事가有한대二名中一名
은尚在함
一、光武二年頃에紛争區域된臼駕両洞의谷에
所養樹木을接峙居人白甫允의게賣却한事
는一般이尚今까지記憶함

一、大正二年度에住巖面長金鳳七의時代에居
民等이寺有山林을奪取하랴는無理의擧를
說諭鎮定한事가有함
一、地籍報告난前記全區의記入이當然하나山
麓附近의居民田畓에接近하야禁養키不能
함으로自為放棄하고現在地籍과如히申告
함이됨
上述과如히山林의四標에對하야嚴密한證據
가有할뿐아니라禁養한林相으로도足히爾来
七百餘年의歷史를有한山林됨은一目昭然함
右와如히陳述함　但叅考書類는別紙添附함

五十八

大正九年十二月　日

全南順天郡松光面松廣寺住持李雪月

乙、第二次陳述書

陳述書ノ二

全南順天郡松光面曹溪山松廣寺

住持　李雪月

本寺有山林中本郡住巖面ニ屬スル區域ニ付地元面民ノ紛争ニ對シ曩ニ陳述書提出仕候ヘ共更ニ別途証據書類添附左ノ通及陳述候也

(一)七百年前ヨリ引繼永年有今日迄本寺ニ於テ完全ニ保護禁養シ来タレルモノナルコト實地ノ狀況ニヨリ明ナリ

(二)李朝時代距今九十二年前即チ純祖二十九年當時宮内府ヨリ下付サレシ確實ナル官文記ニ記載セル四標ノ内本件關係ノ部分ヲ見ルモ明ニ寺有山林ナルコトヲ知ル曩ニ提出セル証據書類ニ明ナリ

(三)距今二十七年乙未十月二十一日仙巖寺ト紛争ニ對スル順天府使ノ制決文背面表示ノ圖面ニ依ルモ明ニ本關係地ハ寺有山林ト認メ居レリ

五十九

(四)光武二年己亥舊宮內府下賜ノ官文記ニモ寺有山林ノ境界四標ハ明ニ目下紛争中ノ地域ヲモ含ム旨記載シ一点ノ疑ヒヲモ生スル處ナシ

(五)地籍屆モ同樣今日迄占有保護禁養シ来タレル區域ニ限リ提出セルモノナルコトヲ當時地元面民ニ於テモ何等異議ナカリシモノナリ

(六)實地ノ狀況

本件關係地ノ過半ハ樹齡四五十年乃至百年生位ノ濶葉樹密生シ其林相ノ狀態ハ紛争地外ノ寺有林ト全ク同一樹種ニシテ同一樣ニ禁養シ来リタルモノナルコトハ普通無關係者ニ於テモ容易ニ認メ得ラルル處ナリ只山麓ノ境界附近ハ地元民の夜或ハ寺人ノ監視ヲ盗ミテ盗伐或ハ失火等ノ為メ上方ト林相ヲ同ジクセスト云ヘ其地形及林相禁養ノ狀態ヲ査察スルニ明ニ寺ニ於テ保護占有シ来リシモノナルコトヲ認メ得ベシ明ニ四圍ノ民有林トハ其ノ狀況ヲ異ニセリ

(七)地元民ノ內大部分ノモノハ明ニ寺有山

林ナルコトヲ認メツツモ一二謀者ニ附
和雷同シテ此ノ暴擧ニ出テタルモノニ
シテ今日ニ於テハ既ニ後悔シツツアル
モノ多數アリ現ニ別紙始末書記載ノ朴
德仁及金在班外六名ノ如キハ當時ノ主
謀者トモ認ムヘキモノナルニ今日ニ於
テハ自己行動ノ無理ナリシコトヲ覺リ
如斯始末書ヲ提出スルニ至リシモノナリ
(八) 次ニ鄭東燮ノ如キハ當初主謀者等ノ強
喝ニ會ヒ止リヲ得ス多數人民ト共ニ紛
爭セシモノナルコトハ別紙始末書ノ通
リ明ナリ此ノ外部落民中ノ多數ハ皆此
ノ類ノ人ニシテ一二權謀者ノ為メニ計
ヲシタルモノノ如シ

大正十年舊四月　日

五、誓約書及始末書

甲、誓約書

右는大正九年舊八月分山林測量調査時에本
區域總代가村民多數를連署捺印하야松廣寺
와서로支吾키로된바各其自料한즉必是費用
은幾何에達할지未知이나殘弱한民村이及히
害를受할가恐하야捺印이不可타하는者ㅣ多

數잇으로우리兩村人民은此紛爭中에入參치
말자는公論이一致되얏스니陳述書中에捺印
한것은確實히取消하기로玆에誓約함

大正十年舊四月十日

新洞名 渴馬區內

元甘星里 團長 金在班

柳學龍

黃儀玉

元東村 團長 朴憲永

文珍國

張基魯

金商律

乙、始末書其一

住巖面ㄷ民一同과松廣寺間紛爭한事에參加
치아니할理由로左의約條를成立함

(一)住巖面杏亭區域에在한松廣寺ㄷ山所有權
問題로住巖面民과松廣寺間의紛爭한事에
對하야山林調査時倉村會議席上에서其無
理함을一般의게宣言하고本人은不賛成할
趣旨로捺印치아니한事가確實하기로此를
證함

(一)面民된義務로二三次會議에參席하얏으나

該山의禁養과禁火와及地上物의賣買權이
數百年來로專혀松廣寺에在한理由를說明
하고本志에不合當함으로贊成치아니하얏
읍니다
(一)大正九年旧十月分山場에出張한事난當面
中上道合二十一洞이共同으로集會時에其
指揮가指名者난一人이라도落叅되면當事
에對한費用全部를徵出한다하기에不得已
出張이오本志는아닙니다
(一)查定公示가出示된後面民과及寺中間에訴
訟이되는時라도該理由를辨明키為하야此
를證함
(一)寺中에서該山場事에對하야本人이捺印하
야代表人이되지아니한事에疑心을不釋할
지나設令本人의名儀로代表人이되야捺印
한바이잇을지라도此는取消하야代表人이
되지아니할事로함

大正十年五月二日

住巖面杏亭里連署人 鄭東燮(印)

松廣寺

御中

丙、始末書其二

接峙山場에對하야는本人은本是同福의人으

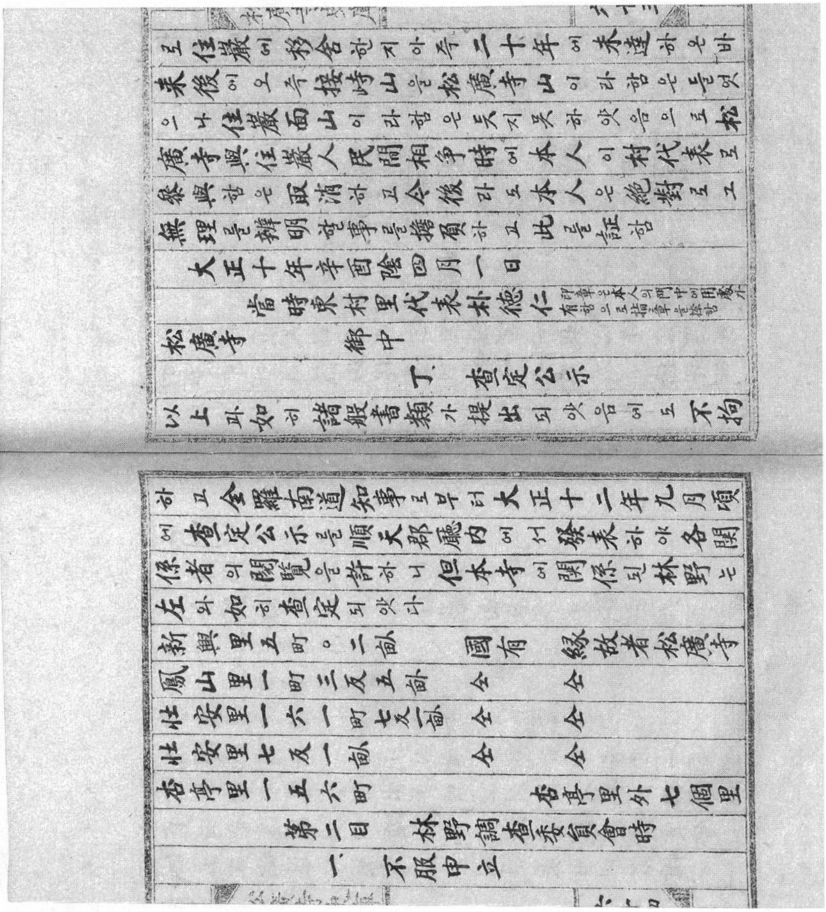

로住巖에移舍한지아즉二十年에未達하온바
來後에오즉接峙山을松廣寺山이라함은듣엇
으나住巖面山이라함은듯지못하얏음으로松
廣寺與住巖人民間相争時에本人이村代表로
參與함은取消하고今後라도本人은絶對로그
無理를辨明할事를擔負하고此를証함

大正十年辛酉陰四月一日

當時東村里代表朴德仁 印章은本人의門中에用處가有함으로指章을捺함

松廣寺 御中

丁、查定公示

以上과如히諸般書類가提出되얏음에도不拘
하고全羅南道知事로부터大正十二年九月頃
에查定公示를順天郡廳內에서發表하야各關
係者의閱覽을許하니但本寺에關係된林野는
左와如히查定되얏다

新興里五町。二畝	國有	緣故者松廣寺
鳳山里一町三反五畝	仝	仝
壯安里一六一町七反一畝	仝	仝
壯安里七反一畝	仝	仝
杏亭里一五六町		杏亭里外七個里

第二目 林野調查委員會時

一、不服申立

以上五個區의査定이公正치못함에不憤하야
直時金道熙에게委任하야林野調査委員會로
不服申立書를提出하얏난대그書類의內容이
大同小異함으로이제煩을避하야杏亭一區의
申立書만抄寫하니그全文은左와如하다

不服申立書

一、土地ノ表示
全羅南道順天郡住巖面杏亭里山一六二番
林野一百五十六町步
二、一定ノ申立
全羅南道知事ニ於テ杏亭里外七里(福多
渴馬倉村竹林五山蔘谷九山里等)ノ所有
トセル査定ハ之ヲ取消シ不服申立人(松
廣寺代表當寺住持)ノ所有ト裁決アラム
コトヲ求ム
三、事實及理由
前記林野ハ今ヲ距ル七百三十年前卽チ高
麗明宗王ノ時代ニ當寺開基祖普照國師ノ
定慧結社ヲ創立致シタル當時明宗王ヨリ
賜牌セラレタル林野中一部ニシテ該林野
ニ樹木ヲ植付ケ嚴格ノ保護及誠勤ノ造林
ーヲ以テ永年繼續禁養シ来リタルコトハ

茲ニ呶々ノ多言ヲ要セザル所ナリノミナ
ラズ本松廣寺ノ林野トシテハ歴朝國師王
師及住持等ノ相續ヲ以テ代々ニ該林野ノ
四標區域線ノ固定又ハ荒廢セル區域及跡
生地等調査シ之レニ樹木ヲ植付ケ殖林事
業ニ過怠ナク最善ノ努力トヲ以テ施行シ
来リタルモノニシテ現實状ノ如ク樹木ノ
蒲目盃蒼ト清雅ナル風致ノ快感ハ全南ノ
稀ナル所ナリト云フベシ而モ上述ノ如ク
ノ沿革ト骨折的ノ禁養ヲ以テ守護シ来リ
タル該林野ヲモ拘ラズ前記區域里ノ地元

民等ハ該林野ノ樹木ヲ盗伐シテ之ヲ賣却
又ハ自家ノ燃料ニ供スルコト頻々有之ノ
ミナラズ今ヲ距ル九十二年ノ前ニハ前記
各區里ニ居住スル所謂土班等ハ其ノ班ノ
權威ヲ振リ乍ラ本寺僧侶等ヲ壓迫シ該林
野ノ樹木ヲ露骨的ヲ以テ伐採致シタルニ
付(李朝ノ時ニハ佛教ヲ政府ニ於テ壓迫シ
タル理由)本寺ニ於テハ之ヲ奉常寺(今ノ社
寺課)ヘ訴ヘタル結果寺有林野トシテ所有
權及國家ノ保護ヲ受ケタルニ成リタリ若
シ該林野ガ前記各里ノ地元民等ノ所有ニ

アレバ今日現状ノ如ク滿目盃蒼ノ樹木ガ
立チ居ルコト能ハズ荒廢地ニ歸スルノミ
ナリ之ノ理由ハ村間ニ居住スル人民ニシ
テハ林野ノ保護及殖林事業ニ觀念無之爲
メ行政官廳ニ於テモ恩惠的制度ヲ以テ造
林事業ニ奬勵サセルニモ拘ラズ之ニ及シ
其ノ樹木ノ樹根迠採取セル實例ナキニア
ラスコトナリ而モ本寺ニ於テハ林野ノ保
護殖林ハ國土ノ保安水源ノ涵養日用材ノ
充實其他諸種ノ關係ニ鑑ミ一層最善ノ努
力トヲ以テ造林事業ニ從事致シタルノミ

ナラズ佛社ノ建地ニハ必ス樹木ヲ栽植シ
其ノ景勝ヲ保存シヘトノ佛敎傳訓有之故
ニ何國何處ニモ拘ラズ寺ニ於ケル林野ニ
ハ樹木盃蒼ノ快感ヲ見ル現状テアリ就中
前記林野トシテハ本寺ニ於テ七百三十餘
年ノ歷史ヲ以テ骨折的ノ努力ニ引續禁養
守護シ来リタル處ナリ而シテ右ニモ述タ
ルモノト雖モ今ヲ距ル九十二年前即チ天
保三年頃奉常寺提調(職名)ニ願書ヲ提出致
シタル結果嚴格ナル節目(所有證明書ト同)
ヲ受ケタル處其内證ニハ順天郡曹溪山松

廣寺ハ三韓古刹テ有之ニ付國家願堂奉安ノ所也故ニ寺山鷲洞及臼洞其他賜牌定界内ニ於テ無知ノ人民等ノ樹木折取ノ弊害ヲ一切嚴禁シ若シ之ニ犯シタル者有之場合ニハ重罪ニ處スベシトノコトナリ雖モ前記區域里ノ人民等ハ之ヲモ拘ラズ夜間或ハ未明ノ時ヲ乘ジ盗伐ヲ行フコト有之ニ付キ本寺僧侶等ハ今ヲ距ル三十年前即チ明治二十六年三月頃之ヲ順天府使ニ訴ヘタル結果該府使ヨリ吏員ヲ派遣シ前記區域民等ヲ召集シ後之カラハ松廣寺ノ所有タル鷲洞及臼洞ノ區域内ニ於ケル樹木ニ對シ盗伐或ハ折草シタル者有之節ニハ一分ノ容赦ナク處罪スベシト説諭モ致シタルコト有之ノミナラス今ヲ距ル二十五年前即チ明治三十二年(光武三年)旧韓國皇帝陛下ニハ海印寺藏經ヲ印刷給シ之ヲ當松廣寺ニ奉安致シ給フ依テ明治三十三年六月頃本寺僧侶等ハ陛下ニ本寺山林禁養ノコトヲ上奏致シタル處陛下ニハ四部(宮内部、内部、掌禮院、洪陵)ヘ節目作製ノコトヲ下命セラル依テ右四部ニ於テ勅令ヲ奉承節目ヲ作製下賜セラルソレノミナラス明治三十三年七月頃全羅南道觀察府ヨリ勅教ヲ奉承リテ節目ヲ本寺ヘ送リタルコト有之又明治四十二年十一月頃(隆熙三年)ニハ前記林野ヲ測量致シ証明願ヲ官廳ニ提出致シタル處大正四年九月二十七日二四六〇番ノ証明ヲ受ケタルコト有之而シテ本寺ニ於テハ該林野ノ材木ノ間伐或ハ枝伐等ノ許可ヲ順天郡廳ヨリ受ケ之ヲ賣却又ハ木炭ト製造シ之ヲ各役所又ハ民間ニ用達致シタリ故ニ上述ノ如クノ沿革ト確ニ所有權ヲ行使シ來リタル諸証據ヲ綜合シ見ルニモ前記林野ハ本寺ノ所有タルコト當然ナリノミナラス該林野ノ紛争ヲ起セル前記區域里ノ首謀者趙道謙外五人ハ謝過狀及始末書又ハ誓約書等ヲ送リ之ヨリハ松廣寺ノ所有タル駕洞臼洞ノ林野ニ對シ紛争及樹木伐採等ノコトヲ絶對ニ行ハストト云フコトナリ而シテ大正七年林野調査ノ時ニハ住巖面杏亭里ノ區長ヨリ林野申告書ヲ提出セヨト云フ通知有之ニ付直チニ林野調査費八十五錢ト共ニ所有申

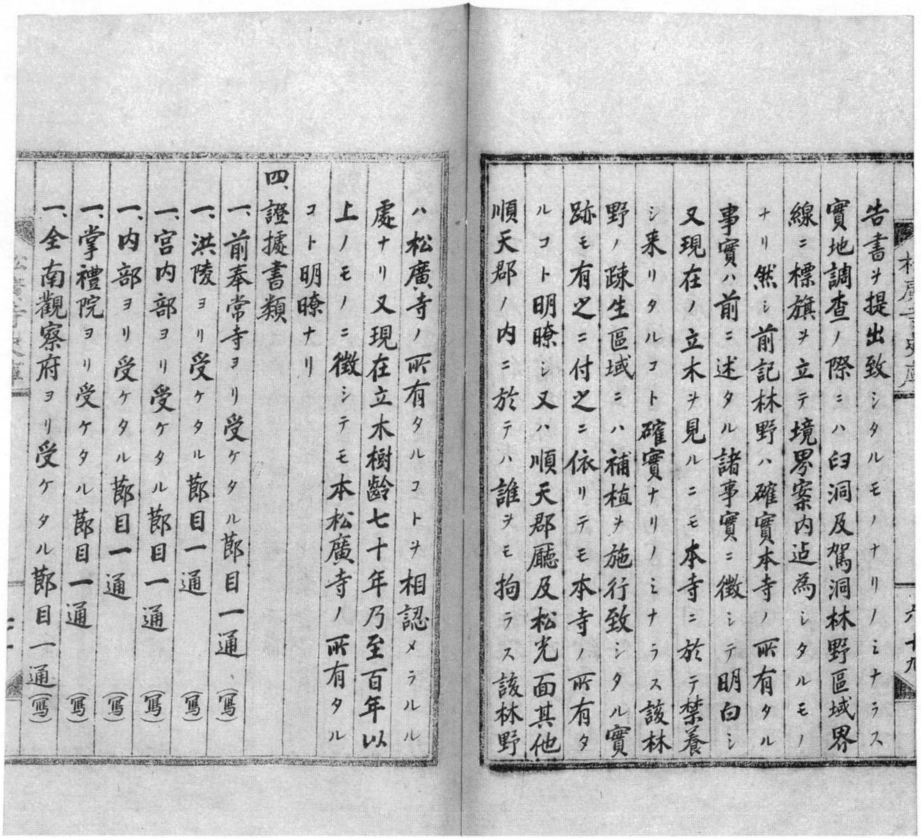
告書ヲ提出致シタルモノナリノミナラス
實地調査ノ際ニハ臼洞及駕洞林野區域界
線ニ標旗ヲ立テ境界案内迄爲シタルモノ
ナリ然シ前記林野ハ確實本寺ノ所有タル
事實ハ前ニ述タル諸事實ニ徵シテ明白シ
又現在ノ立木ヲ見ルニモ本寺ニ於テ禁養
シ来リタルコト確實ナリノミナラス該林
野ノ踈生區域ニハ補植ヲ施行致シタル實
跡モ有之ニ付之ニ依リテモ本寺ノ所有タ
ルコト明瞭シ又ハ順天郡廳及松光面其他
順天郡ノ内ニ於テハ誰ヲモ拘ラス該林野
ハ松廣寺ノ所有タルコトヲ相認メラルル
處ナリ又現在立木樹齡七十年乃至百年以
上ノモノニ徵シテモ本松廣寺ノ所有タル
コト明瞭ナリ

四、證據書類

一、前奉常寺ヨリ受ケタル節目一通 (寫)
一、洪陵ヨリ受ケタル節目一通 (寫)
一、宮内部ヨリ受ケタル節目一通 (寫)
一、内部ヨリ受ケタル節目一通 (寫)
一、掌禮院ヨリ受ケタル節目一通 (寫)
一、全南觀察府ヨリ受ケタル節目一通 (寫)

一、順天府使ヨリ受ケタル節目二通（寫）
一、前記林野ノ紛争ヲ起セル首謀者等ノ謝過状及始末書并ニ誓約書各一通（寫）
右朝鮮林野調査令第十一條ニ依リ不服申立候也
大正十二年十一月十七日
全南順天郡松光面新坪里一二番
不服申立人松廣寺代表金贊儀㊞
朝鮮總督府林野調査委員會御中

二、林野調査委員會調査

先是에林野調査委員會로부터昭和三年一月十三日住巖面廣川里林野調査委員出張所로出頭하라는呼出狀이來付되얏슴으로말미암아當日住持金贊儀和尚以下監務(林綺山)法務(李清隱)林務(李布凝)山監(金吉洙)等이第一次로出頭하니當時調査員은林炳億氏(氏는再昨日來臨)이엇다그런대當時의事實은一一히記錄코저하면紙面이너무複雜하고記事가너무細煩한嫌이잇음으로此를避키爲하야其時日誌中의大畧을左와如히撮錄한다

一月十四日書記崔錦堂이廣川里에往하다
十五日第一次의調査를마티고全部還寺하

다十八日第二次의調査事로住持監務、監事、
(梁丘山)法務、林務、書記(朴春谷)山監(朴道庵、崔在亨、金吉洙)과
閑散金大愚趙秋江等諸氏가廣川里에往하
다十九日朴春谷、崔在亨은還寺하고餘員은
調査에叅席하다二十日第二調를마치고還
寺하다二十三日調査員이舊臘過歲를仙巖
寺에서行케된바先時松廣、住巖兩側에對하
야本日紛爭地를臨檢할旨를宣言하앗음으
로監務、林務가仙巖을向하야出發하다二十
六日臨檢次로紛爭地를向하야登山하다가
雨天으로因하야仙巖寺內院北隅崲脊에서

下山하야廣川으로直行하니一行은調査員
及本寺監務、林務(林務는接峙에서還寺)住巖面趙珉燮이
엿다二十七日監務가廣川으로브터還寺하
다同日梁丘山、李布凝、朴道庵은明日紛爭地
를臨檢한다는調査員의通知로廣川에向往
하다二十八日調査員의事故로本日亦臨檢
을不得케되앗음으로昨日出頭하앗던三員
은無爲還寺하다三十日調査員의呼出로林
務與山監金石雲이廣川에往來하다三十一
日昨日林務來便에本日紛爭地의實地調査
를行한다는通知를接하고今朝住持監務、法

務、林務、外崔錦堂、全石雲、金吉洙、閔敬、金榮雲、
金大愚等이 現場卽悟道峙(側梧峙)에 至하매 住
巖面側으로도 面長裵炯周以外十餘人이 調
査員과 来臨하얏음으로 同地에서 現場의 一
切状況을 望検한後 調査員은 京城으로 面民
은 各里로 吾等은 本寺로 各々 解歸하다

三、林野調査委員會의 裁決書

甲、裁決書謄本交付公函

林委發第九三八號

昭和三年九月五日

朝鮮總督府林野調査委員會

金贊儀 殿

裁決書謄本交付ノ件

全南道知事ノ査定ニ對シ不服申立相成候
處別紙謄本ノ通裁決相成候條朝鮮林野調
査令第十三條ニ依リ裁決書謄本及交付候
也

乙、裁決書謄本

林委第二二一〇八號 大正十二年

裁決書

全羅南道順天郡松光面新坪里

不服申立人 松廣寺

右代表者住持　金贊儀

右不服申立事件ニ付裁決スルコト左ノ如シ

主文

全羅南道順天郡住巖面杏亭里山百六十二
番林野ハ不服申立人松廣寺ノ所有トス

事實及理由

不服申立ノ要旨ハ本件林野ハ争外松光面新
興里山百二十番林野及同面新坪里山一番林
野并同面壯安里山二番林野ト一筆ノ土地ニ
シテ古来松廣寺ニ於テ占有禁養シ来リシガ
距今九十餘年前栗木封山ト為リ次テ香炭封
山トナリシモ隆熙二年ニ至リ之ヲ解除セラ
レ引續キ本寺ニ於テ占有禁養シ来レルモノ
ニシテ不服申立人ノ所有ナルニ拘ラズ全羅
南道知事ハ之ヲ杏亭里外七個里ノ所有ト査
定セラルニ因リ所有權名義訂正ヲ求ムト云フ
ニ在リテ其ノ證據トシテ謄目六通傳令二通
訴訟文記五通手標二通通知書及誓約書各一
通始末書二通地籍面台帳照合證明書立證書
及事實證明書各一通ヲ提出セリ
依テ之ヲ審査スルニ査定名義人杏亭里外七
個里管理人住巖面長裴炯周ハ本件林野ハ古

來右八個里ノ禁養林ナリシガ距今八十餘年前栗木封山ト爲リ次デ香炭封山ニ變更セラレ之ガ禁養ハ不服申立人松廣寺ニ於テ行ヒ來リシモ距今二十一年前右封山ノ解除セラルルト同時ニ再ビ前記八個里ニ於テ之ヲ占有シ樹木ノ禁養ヲ爲シ今日ニ至レルモノニシテ其ノ所有正當ナリト辨明シ證據トシテ訴訟文記三通及完文一通ヲ提出シタリ而シテ該書類及不服申立人松廣寺ノ提出シタル前記各書類ハ共ニ所有權ノ確證ト爲スニ足ラザルヲ以テ何レモ之ヲ採用スルニ由ナク

證人趙瓚夔、鄭淇卓、朴憲英、趙重鎌、趙昌浩、張基魯、黃應模、文珍國、金基彥、金杓聲、金判洙、池學勳、李致根、金學秫、金昌玉、林仲善、朴準章、陳永根、李月泳、趙廷憲、金浩龍、李渴秫ノ各供述及實地狀況ヲ綜合スルニ本件林野ハ九十餘年前封山ト爲リ同時ニ不服申立人松廣寺ニ於テ禁養ヲ命ゼラレ之ヲ禁養シ來リ尙隆熙二年右封山ヲ解除セラレタル以後ニ於テモ引續キ同寺ニ於テ之ヲ占有禁養シ來リシ事實ヲ認ムルニ足リ査定名義人杏亭里外七個里ニ於テ禁養ヲ爲シタル事實ハ之ヲ認メ得ザルガ故

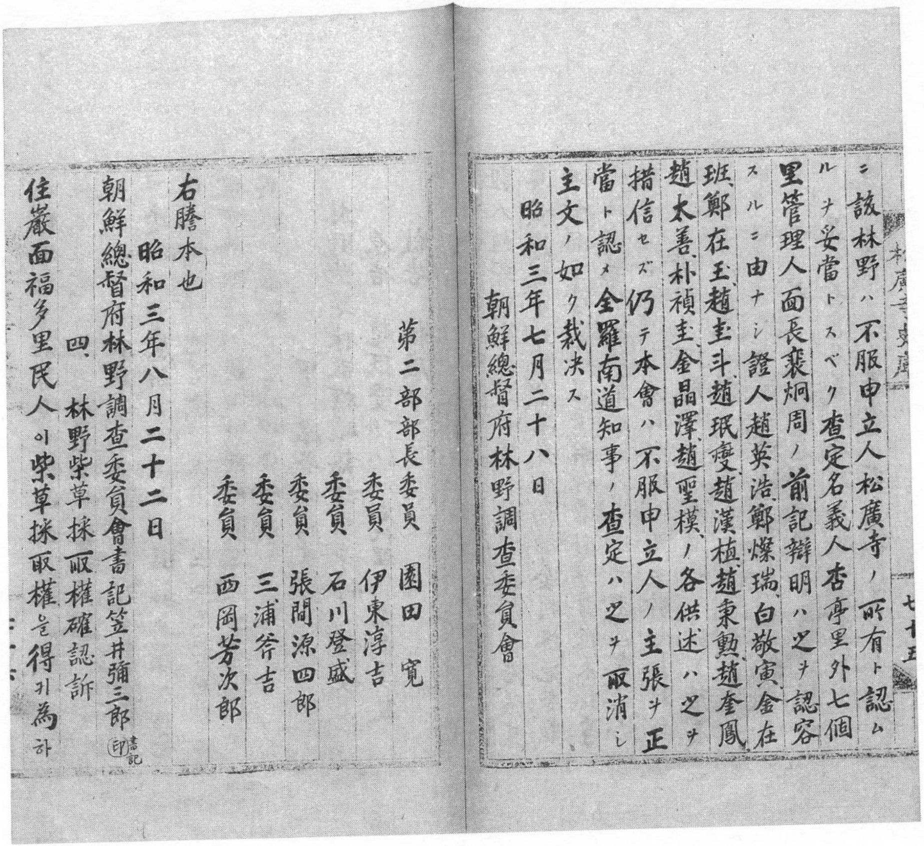
ニ該林野ハ不服申立人松廣寺ノ所有ト認ム
ルナ妥當トスベク查定名義人杏亭里外七個
里管理人面長裵炯周ノ前記辯明ハ之ヲ認容
スルニ由ナシ證人趙英浩、鄭燦瑞、白敬寅、金在
班、鄭在玉、趙圭斗、趙珉燮、趙漢植、趙東勲、趙奎鳳
趙太善、朴禎圭、金晶澤、趙聖模ノ各供述ハ之ヲ
措信セズ仍テ本會ハ不服申立人ノ主張ヲ正
當ト認メ全羅南道知事ノ查定ハ之ヲ取消シ
主文ノ如ク裁決ス

昭和三年七月二十八日

朝鮮總督府林野調查委員會

第二部部長委員 園田寛
委員 伊東淳吉
委員 石川登盛
委員 張間源四郎
委員 三浦斧吉
委員 西岡芳次郎

右謄本也

昭和三年八月二十二日

朝鮮總督府林野調查委員會書記 笠井彌三郎 (印)

四、林野柴草採取權確認許

住巖面福多里民人이柴草採取權을得키爲하

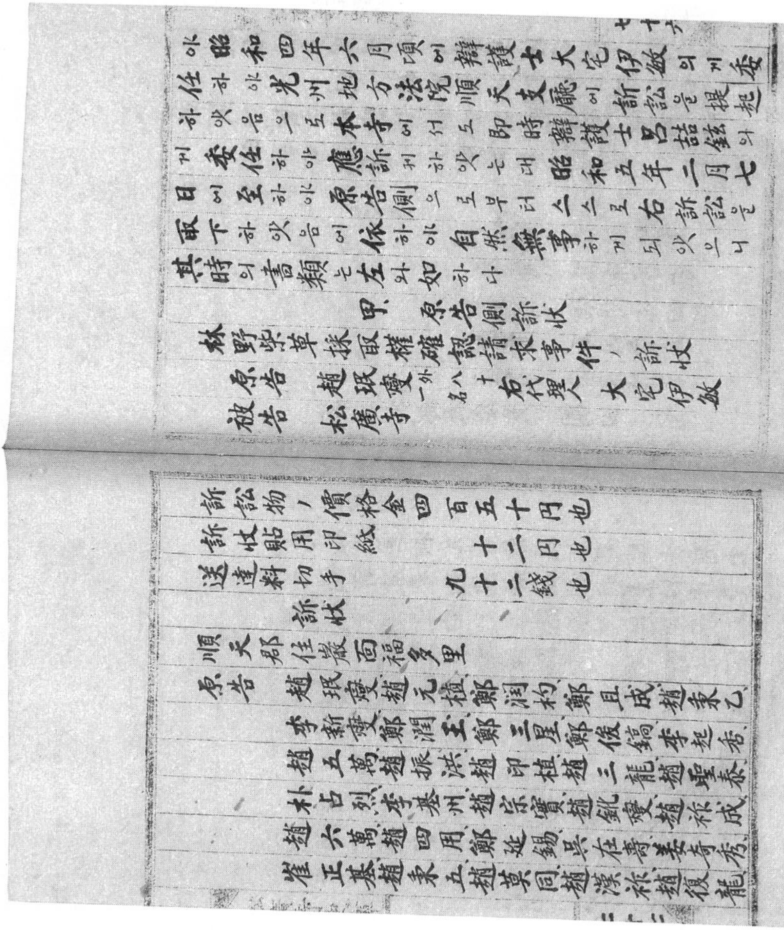

아昭和四年六月頃에辯護士大宅伊啟의게委
任하야光州地方法院順天支廳에訴訟을提起
하얏음으로本寺에서도即時辯護士呂喆鉉의
게委任하야應訴케하얏는대昭和五年二月七
日에至하야原告側으로부터스스로右訴訟을
取下하얏음에依하야自然無事하게되얏으니
其時의書類는左와如하다

甲. 原告側訴狀

林野伐草採取權確認請求事件、訴狀

原告 趙琨夔 外八十一名 右代理人 大宅伊啟

被告 松廣寺

訴訟物ノ價格金四百五十円也
訴狀貼用印紙 十二円也
送達料切手 九十二錢也

訴狀

順天郡住巖面福多里

原告 趙琨夔、趙元植、鄭潤杓、鄭且成、趙東乙、
李新夔、鄭潤玉、鄭三星、鄭俊鎬、李起香、
趙五萬、趙振洪、趙印植、趙三龍、趙壁泰、
朴占烈、李基洲、趙宗寶、趙欽夔、趙祚成、
趙六萬、趙四用、鄭延錫、吳在壽、姜奇秀、
崔正基、趙東五、趙莫同、趙漢祚、趙復龍、

趙季甲、李秉淳、趙炫燮、姜晳秀、姜德奉、
趙順玉、趙秉烈、趙圭文、朴文基、朴昊植、
朴鴻植、李瑩鎬、李封燮、趙寶燮、崔長文、
金俊洪、金三斗、金有廣、姜德秀、金萬連、
鄭占龍、金萬福、申占東、朴東述、李珠憲、
金相善、金馬巖、金奉圭、李光玉、李敬烈、
李器烈、李喜新、李鍾淑、李永順、許沅、朴
正潤、金智彥、金元浩、張鳳權、趙洪燮、趙
圭鎬、許汶、李致億、朴南植、趙秉銖、車秉
先、趙振宣、柳允壽、張應烈、趙炳吉、趙圭
英、崔寅翼、

右訴訟代理人
辯護士　大宅伊敏
順天郡松光面新坪里
被告　松廣寺
右代表者住持　金贊儀
林野柴草採取權確認ノ訴
請求ノ目的
一、一定ノ中立記載ノ通リ
一定ノ中立
被告ハ全羅南道順天郡住岩面杏亭里山一六
二番地林野内ニ於ケル原告等ノ柴草採取權

ナ確認スベシ
訴訟費用ハ被告ノ負擔トス
トノ御判決ヲ求ム

請求ノ原因

一、係争ノ林野ハ舊韓國政府ノ時代ヨリ住岩面ニ於テ占有シ住岩面原告等里民ノ外同面杏亭里外六ヶ里ノ里民ニ於テ公然入會シテ柴草ヲ採取シ来リ居リタル處昭和三年八月林野査定ニ於テ該山地ハ被告所有ト査定セラレタルモ原告等ハ柴草採取權ヲ取得シ居リ且ツ被告ハ勿論之レヲ古来承認シ来リタル事實ナルニ昨年来右原告ノ權利ヲ否認スルニヨリ本訴請求ヲ為ス次第ニ有之候

證據方法

一、口頭辯論ノ際適宜提出ス

附屬書類

一、納付書　一通
一、委任状　一通

右及訴提起候也

昭和四年六月六日

右原告訴訟代理人辯護士大宅伊敏 ㊞

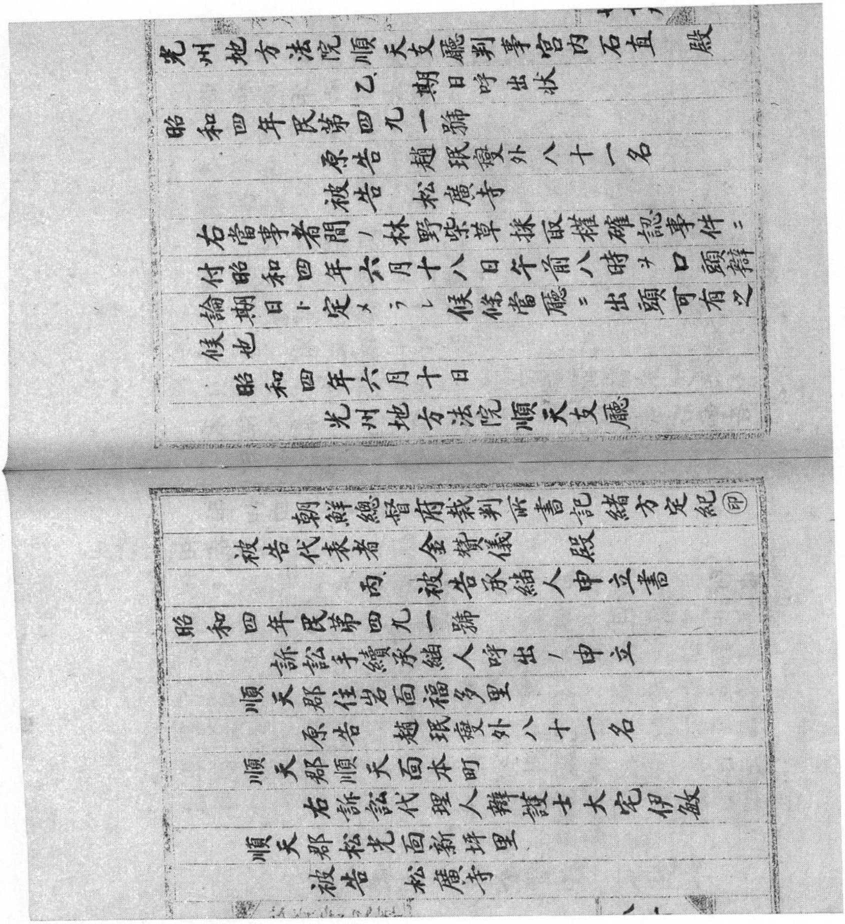

光州地方法院順天支廳判事宮内石直 殿

乙期日呼出状

昭和四年民第四九一號

原告 趙珉夏外八十一名

被告 松廣寺

右當事者間ノ林野采草採取權確認事件ニ

付昭和四年六月十八日午前八時ヲ口頭辯

論期日ト定メラレ候條當廳ニ出頭可有之

候也

昭和四年六月十日

光州地方法院順天支廳

朝鮮總督府裁判所書記緒方定紀 ㊞

被告代表者 金贊儀 殿

丙 被告承繼人申立書

昭和四年民第四九一號

訴訟手續承繼人呼出ノ申立

順天郡住岩面福多里

原告 趙珉夏外八十一名

順天郡順天面本町

右訴訟代理人辯護士大宅伊啟

順天郡松光面新坪里

被告 松廣寺

右代表者住持金贊儀ノ承繼人
右代表者住持　李雪月

右當事者間ノ昭和四年民第四九一號林野柴草採取權確認請求事件ニ付被告代表者住持金贊儀ハ昭和四年六月六日死亡シ訴訟手續中斷中ノ處前記承繼人李雪月ハ被告松廣寺住持ニ昭和四年八月二十三日就任シ訴訟手續ヲ受繼クベキニ拘ラズ受繼ヲ遲滯セルヲ以テ受繼及本案辯論ノ爲メ右承繼人ノ呼出相成度此段申立候也

昭和四年十月十六日

右原告代理人辯護士　大宅伊敏

光州地方法院順天支廳判事　殿

丁、期日呼出狀

昭和四年民第四九一號

原告　趙琨燮外八十一名

被告　松廣寺

右當事者間ノ林野柴草採取權確認事件ニ付昭和四年十一月十五日午前十時ヲ口頭辯論期日ト定メラレ候條當廳ニ出頭可有之候也

光州地方法院順天支廳

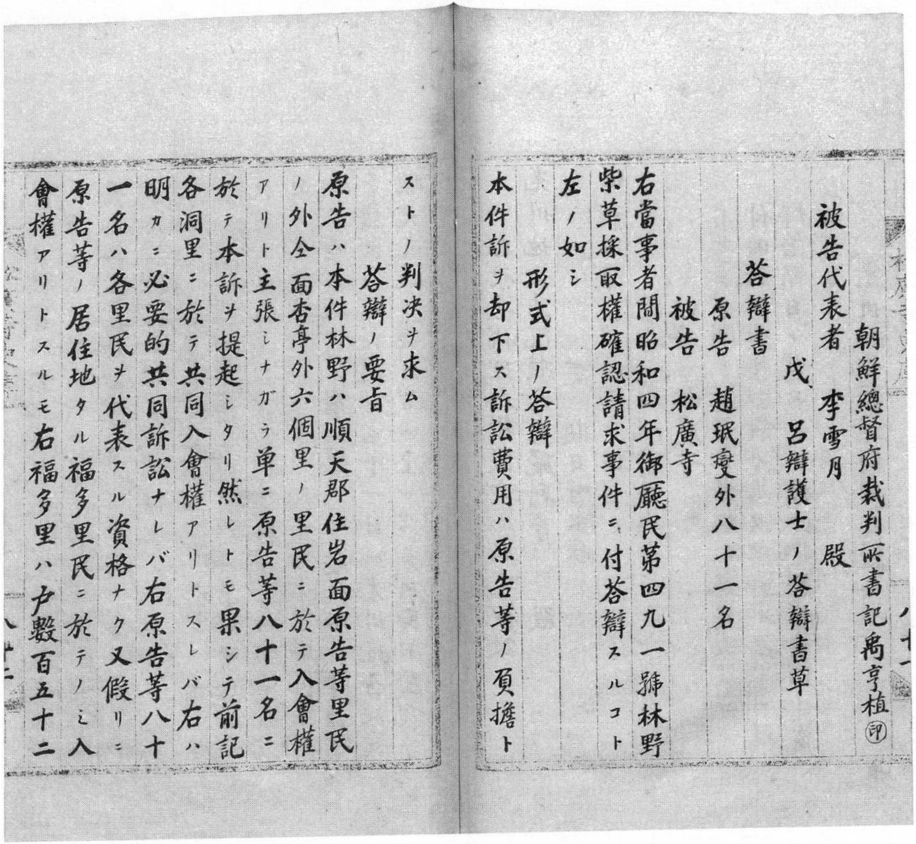

朝鮮總督府裁判所書記禹亨植㊞

被告代表者　李雪月　殿

戊、呂辯護士ノ答辯書草

答辯書

原告　趙珉燮外八十一名

被告　松廣寺

右當事者間昭和四年御廳民第四九一號林野柴草採取權確認請求事件ニ付答辯スルコト左ノ如シ

形式上ノ答辯

本件訴ヲ却下ス訴訟費用ハ原告等ノ負擔トストノ判決ヲ求ム

答辯ノ要旨

原告ハ本件林野ハ順天郡住岩面原告等里民ノ外仝面杏亭外六個里ノ里民ニ於テ入會權アリト主張シナガラ單ニ原告等八十一名ニ於テ本訴ヲ提起シタリ然レトモ果シテ前記各洞里ニ於テ共同入會權アリトスレバ右ハ明カニ必要的共同訴訟ナレバ右原告等八十一名ハ各里民ヲ代表スル資格ナク又假リニ原告等ノ居住地タル福多里民ニ於テノミ入會權アリトスルモ右福多里ハ戶數百五十二

戶人口七百二十三人(昭和三年末順天郡統計)
ヲ有スル大里ナレバ之レ又福多里民全部ガ
直接訴訟當事者トナルベキモノニシテ原告
等八十一名ハ之ガ代表權ナシ

五. 保存登記

裁決書에依하야杏亭山一六二番林野什本寺
의所有로決定되앗으나아즉本寺名下로登記
되지못하앗음이一大缺陷이됨으로昭和四年
一月頃에代書人裵炯軾의게委任하야申請書
를提出케한바同月三十一日에光州地方法院
順天支廳에提出함에至하앗는데即日登記를

濟了하니고에對한參考는左와如하다
受付番第一一七二號登記番第七一七。號
課稅標準不動產價格金九百三十六円也
登錄稅　金四円六十八錢也
附參考　杏亭山에對한松廣寺與住岩面
民間의紛爭은此로써終息되다

第五章　特別緣故林

朝鮮特別緣故森林讓與令이領布됨에말미아
마先是杏亭山과同時에不服申立書를提出한
壯安里山二番同山四。五番鳳山里山一六番
新興里山一二一番에對하야昭和二年四月三

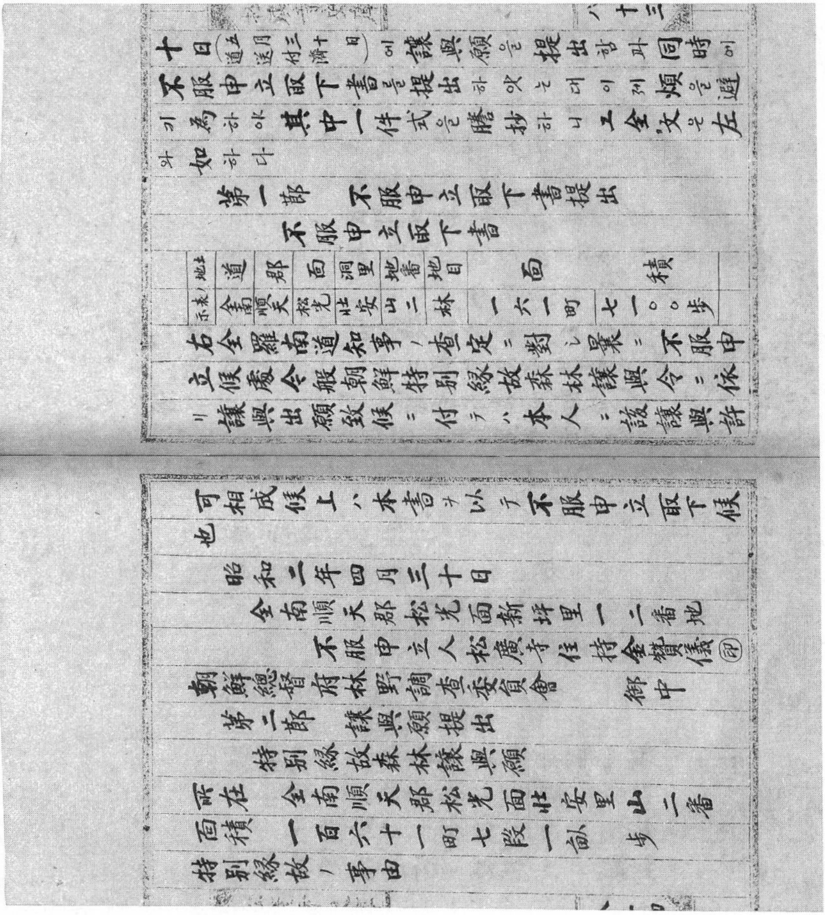
十日(五月三十日 道送付濟)에 讓與願을 提出함과 同時에
不服申立取下書를 提出하얏는대 이제 煩을 避
키爲하야 其中一件式을 謄抄하니 그 全文은 左
와 如하다

第一節 不服申立取下書提出

不服申立取下書

土地ノ表示	
道	全南
郡	順天
面	松光
洞里	壯安
地番	山二
地目	林
面積	一六一町七一〇〇步

右全羅南道知事ノ查定ニ對シ曩ニ不服申
立候處今般朝鮮特別緣故森林讓與令ニ依
リ讓與出願致候ニ付テハ本人ニ該讓與許
可相成候上ハ本書ヲ以テ不服申立取下候
也

昭和二年四月三十日

全南順天郡松光面新坪里一二番地

不服申立人 松廣寺住持 金贊儀 ㊞

朝鮮總督府林野調查委員會 御中

第二節 讓與願提出

特別緣故森林讓與願

所在 全南順天郡松光面壯安里山二番

面積 一百六十一町七段一畝 步

特別緣故ノ事由

八十三

林野調査書ニ登載セル緣故者ニシ
テ朝鮮特別緣故森林讓與令第二條
第一項第一號ニ該當ス
右朝鮮特別緣故森林讓與令第一條ノ規定
ニ依リ讓與相成度候也
昭和二年四月三十日
全南順天郡松光面新坪里一二番地
松廣寺住持 金贊儀 印
朝鮮總督子爵齋藤實 殿
第三節 同許可
松廣寺

八十四

昭和二年四月二十二日附願特別緣故森林
讓與ノ件左ノ通リ許可ス
昭和四年三月十二日
朝鮮總督 山梨半造 印
記
一、箇所 全南順天郡松光面壯安里山二番
二、面積 一六一町七反一畝 步
附叅考 此外三區亦同一樣式故省畧
第六章 施業案
昭和二年六月頃에本道産業課로부터本寺에
技手를派遣하야施業案測量을行하얏난대當

八十五

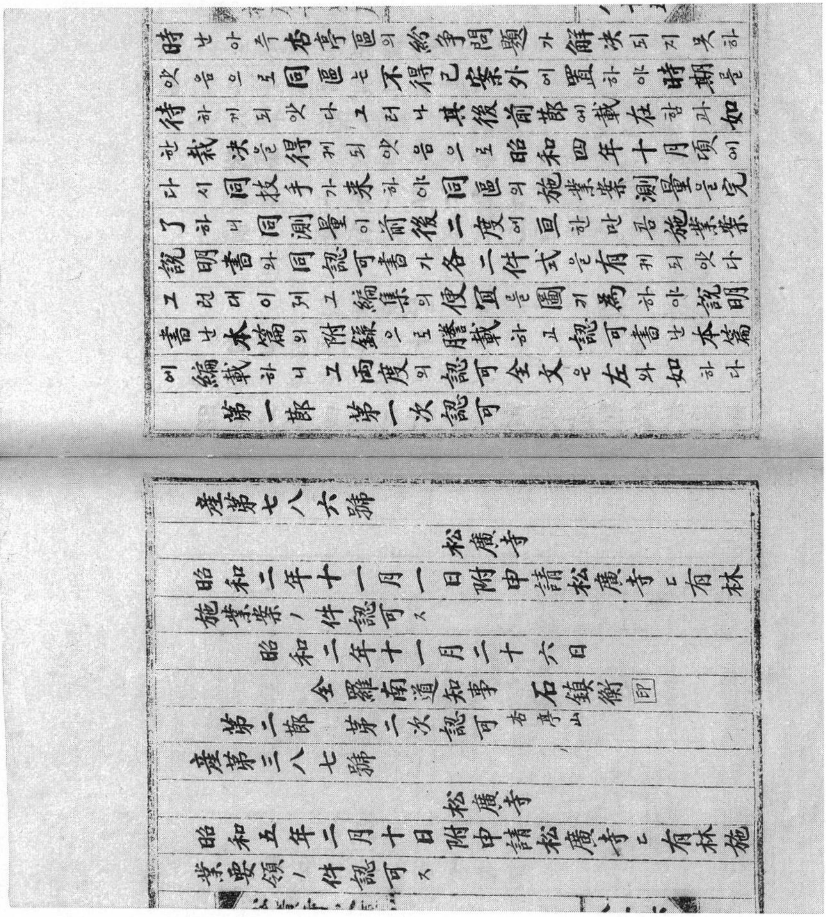

時난아즉杏亭區의紛爭問題가解決되지못하
얏슴으로同區는不得已案外에置하야時期를
待하게되얏다그러나其後前節에載在함과如
한裁決을得케되얏슴으로昭和四年十月頃에
다시同技手가来하야同區의施業案測量을完
了하니同測量이前後二度에亘한만곰施業案
說明書와同認可書가各二件式을有케되얏다
그런대이제그編集의便宜를圖키為하야說明
書난本篇의附錄으로謄載하고認可書난本篇
에編載하니그兩度의認可全文은左와如하다

第一節 第一次認可

産第七八六號

松廣寺

昭和二年十一月一日附申請松廣寺ㄷ有林
施業案ノ件認可ス

昭和二年十一月二十六日

全羅南道知事 石鎮衡 印

第二節 第二次認可 杏亭山

産第三八七號

松廣寺

昭和五年二月十日附申請松廣寺ㄷ有林施
業要領ノ件認可ス

昭和五年六月十九日
全羅南道知事 馬野精一 印

附錄 施業案
第一次 昭和二年七月
順天郡松光面 松廣寺々有林施業案說明書
目次
第一章 總論
第一節 地況 一、地勢 二、氣候
第二節 林況 一、樹種及成立 二、林相
第二章 施業関係
第一節 森林ノ管理及保護
第二節 森林經濟ニ関スルコト
一、地元住民ノ状態及森林ニ對スル

第一章 總論

第一節 地況

一、地勢

本事業區ハ全羅南道順天郡松光面松廣寺寺有林野ニシテ全南東半部ニ於ケル産物ノ集散地タル順天邑内ヲ距ル西方十二里蟾津江ノ上流寶城江ノ東方一里ノ地位ニアリ海拔高五百尺乃至二千七百尺ニシテ曹溪山彙ノ西半ヲ占メ面積一千四百四町一段三畝歩ニシテ好箇ノ一事業區ヲ為スヲ以テ松廣寺寺有林事業區ト命名セリ

本事業區ハ之ヲ內山ト外山ニ大別シ得ヘク內山ハ山脊ヲ以テ圍マレタル一盆地ニシテ僅ニ北西隅ニ開ケ外山ハ山脊ノ外側ヲ占メ東ハ仙巖寺寺有林ト接シ他ハ悉ク民有林野ト隣接ス傾斜一般ニ急峻ナルモ地味比較的肥沃ナルヲ以テ林木ノ生育良好ナリ

本事業區ハ其ノ基巖前寒武利亞大統ニ屬スル灰色花岡片麻巖ニシテ土壤ハ其ノ風化分解セルモノナリ

二、氣候

本事業區ハ溫帶南部ニ屬シ氣候溫暖ニシテ落葉濶葉樹繁茂シ寒暑共ニ甚シカラス盛暑ノ候ハ七八月ニシテ其ノ平均溫度三十度六分嚴寒ノ候ハ一二月ニシテ其ノ平均溫度零下三度ナリ而シテ初霜十月下旬晩霜四月上旬初雪十一月下旬晩雪三月下旬ニシテ雨量ノ最多季節ハ六七月最少季節ハ一二月ナリ主風ノ方向ハ夏季ハ南風東風冬季ハ北西風ニシテ强風ハ北西風ニ多キモ地勢一般ニ低キヲ以テ風害ヲ蒙ムルコト稀ナリ

第二節　林況

一、樹種及成立

本事業區ノ森林植物帶ハ暖帶北部ニ屬シ海拔高低ク氣候温暖ニシテ地味比較的肥沃ナルヲ以テ相當多數ノ樹種ヲ抱擁シ其ノ主林木ハナラ類カシハ類シデ類カヘデ類ミズキ及シナノキ等ノ濶葉樹及アカマツニシテ現存寺刹ノ建築材トシテ使用シアルハ悉ク濶葉樹ノ老齡林成立シ居リシモノナルヘキモ漸次亂伐サレ針葉樹ノ浸入スル所トナリ現在ニ於テハ寧ロ針葉樹ノ面積過半ヲ占ムルニ至レリ而シテ本事業區ニ於テハ大正十二年度ヨリ伐採ヲ開始シ過伐ニ亞クニ亂伐ヲ以テナシツツアル爲メ林相次第ニ破壞シ山巓部附近ニハ未立木地帶ヲ生シ荊蕀及蔓莖類ノ繁茂シ居ルヲ見ル梨邑里區域以外ノ外山ニ於テハ管理保護不充分ナル爲年ニ火災ヲ起シ地力減退シ濶葉樹ハ漸次影ヲ絶チ針葉樹ニ代リツツアリ特ニ壯安里ノ區域ニ於テハ被害甚シク其ノ大半ハ未立木地帶ヲナシハギ及雜草類繁茂セリ

二、林相

本事業區ノ林相及林種別面積ハ次ノ如シテアリ

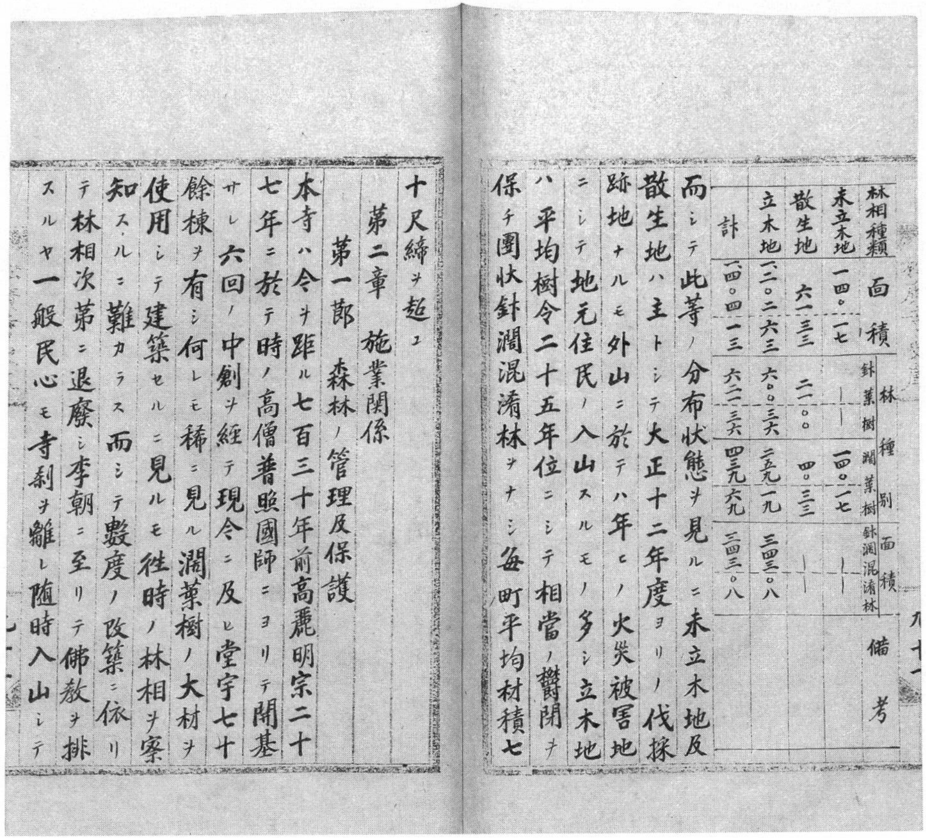

林相種類	面積	林種別面積 針葉樹	林種別面積 闊葉樹	林種別面積 針闊混淆林	備考
未立木地	一四〇・一七	—	一四〇・一七	—	
散生地	六一・三三	二一・〇〇	四〇・三三	—	
立木地	一二〇二・六三	六〇〇・三六	二五九・一九	三四三・〇八	
計	一四〇四・一三	六二一・三六	四三九・六九	三四三・〇八	

而シテ此等ノ分布状態ヲ見ルニ未立木地及散生地ハ主トシテ大正十二年度ヨリノ伐採跡地ナルモ外山ニ於テハ年々ノ火災被害地ニシテ地元住民ノ入山スルモノ多シ立木地ハ平均樹令二十五年位ニシテ相當ノ鬱閉ヲ保チ團状針闊混淆林ヲナシ毎町平均材積七

十尺締ヲ起ユ

第二章 施業關係

第一節 森林ノ管理及保護

本寺ハ今ヲ距ル七百三十年前高麗明宗二十七年ニ於テ時ノ高僧普照國師ニヨリテ開基サレ六回ノ中創ヲ經テ現今ニ及ヒ堂宇七十餘棟ヲ有シ何レモ稀ニ見ル濶葉樹ノ大材ヲ使用シテ建築セルニ見ルモ往時ノ林相ヲ案知スルニ難カラス而シテ數度ノ改築ニ依リテ林相次第ニ退廢シ李朝ニ至リテ佛教ヲ排スルヤ一般民心モ寺刹ヲ離レ随時入山シテ

亂伐暴採ヲ事トシ其ノ所有林野ノ一部ヲモ失フニ至リシト謂フ。

然レトモ現在ニ於テハ一般人民ノ權利觀念ノ發達ニ伴ヒ寺刹ニ於テモ山監三名ヲ常置シ山内ヲ巡視セシメ嚴重ニ林野ノ保護取締ヲナシツツアリ

本事業區ハ前述ノ理由ニ依リ現ニ所有權ニ付キテ紛争ヲナシ居ル區域等アルヲ以テ境界ノ不明ナル箇所ニ對シテハ「寺」ノ字ヲ刻メル境界標ヲ埋メ置クヲ適當トス

第二節　森林經濟ニ關スルコト

一、地元住民ノ狀態及森林ニ對スル民情

本事業區ノ地元ナル松光面ハ戶數千六百四十一戶ヲ有シ其ノ生業ハ殆ト全部農業ニシテ一戶平均五人ノ家族ヲ有スルモ平均耕地面積ハ僅カニ九反歩ニ過キスシテ一家ノ生計ヲ支持スルニ充分ナラサルヲ以テ勢ヒ生活ノ資ヲ林野ニ求ムルモノ多シ而モ此等地元住民ハ永年ノ慣習ニ依リ愛林思想ニ乏シク過伐ニ亞クニ亂伐ヲ以テスル爲メ林相荒廢シ柴草ハ本林ニ求ムルモノ多シ

故ニ本事業區ノ經營ニ當リテハ常ニ地元住民ト連絡ヲ保チ造林斫伐及運材等ノ森林勞働ニ對シテハ必ス地元住民ヲ雇傭シ以テ副收入ヲ得セシメ生計ノ一助トナシ民度ノ向上ヲ計ルト共ニ森林ノ恩恵ヲ知悉セシメ專ラ愛林思想ノ涵養ニ努ムヘシ

二、森林勞働者ノ需給賃銀及技能ニ關スルコト

本事業區ノ地元ナル松光面ニ於ケル總人口ハ九千二百人ニシテ其ノ約九割ハ農ヲ生業トスルヲ以テ此等ヲ雇傭スルトキハ本事業區ノ施業遂行上何等支障ナキモノト認ム而シテ本事業區ニ於テハ大正十二年度ヨリ伐採ヲ開始シ年々多數ノ人夫ヲ使役シ伐木運材及製炭等ノ森林勞働ニ従事セシメツツアルヲ以テ地元住民中ニハ相當熟練セル者尠カラス當地方ニ於ケル勞銀ハ普通農業ニ於テハ五六十錢ナルモ森林勞働者ハ六十錢乃至九十錢ナリ

三、交通運搬

本事業區中央ノ松廣寺ヨリハ車馬ヲ通スル道路アリ約一里ニシテ松光面洛水里ニ達シ

更ニ約二里半廣川里ニ於テ光州順天間ノ二等道路ニ達シ更ニ約九里ニシテ順天邑内ニ約十五里ニシテ光州ニ至ル又一方洛水里ヨリ寶城江流筏ノ便アリ而シテ洛水里松廣寺間約一里ノ現在車馬道路ハ自働車ヲ通シ得ル様改修スヘク既ニ測量ヲ了ヘタリ

松廣寺ヨリ各林小班ニ至ル小運搬道路トシテハ現ニ山監巡視道路四通八達シ居ルヲ以テ施業案完成後ト雖更ニ特設スルノ要ヲ認メス

四、林産物ノ需給關係及價格并

既往ノ收支關係

本事業區ノ地元部落ニ於ケル木材需要ノ状況ヲ見ルニ用材ノ需給殆ントナク僅カニ自家用トシテ建築用材及棺材ノ需要アルノミニシテ所謂木材市場ト稱スヘキモノナク價格亦不定ナリ又薪材ニ於ケル需要ニ就イテ見ルモ木炭及枝條材等ヲ購入スルモノ殆ントナク僅カニ落葉柴草ノ需給アルノミナリ故ニ大量ノ伐採ニ際シテハ全南東半部ニ於ケル産物ノ集散地タル順天邑内又ハ全南ノ首都タル光州ニ市場ヲ選ハサルヘカラス

光州ニ於ケル市場價格ハ大體松丸太一尺締十圓同角材十四圓ニシテ濶葉樹用材ハ樹種ニヨリテ著シキ差違アルモ木炭ハ一貫二十一二錢ナリ順天邑内ニ於ケル市場價格ハ松丸太一尺締八圓同角材一尺締十二圓ニシテ木炭ハ一貫十七八錢ナリ

本事業區ノ第一施業期ニ於ケル伐採木中アカマツハ用材トシ濶葉樹中特大樹ハ用材トナスモ他ハ製炭資料トス

而シテ光州及順天ニ於ケル市場價格及運搬經路ヲ考慮シテ山元價格ハ針葉樹用材一尺締一圓七十錢濶葉樹製炭資材一尺締一圓トスルヲ適當ト認ム

本事業區ノ既往十年間ニ於ケル收支關係ハ左ノ如シ

年度	收入 枝條及柴草採取料	收入 松用材賣却代	收入 雜木製炭用材賣却代	收入 計	歲出 山監其ノ他給料	歲出 森林組合費	歲出 計	差引過不足額	備考
大正六年度	八一、六〇			八一、六〇	三八八、〇〇		三八八、〇〇	不足 三〇六、四〇	
〃七年度	六六、二〇			六六、二〇	三八八、〇〇		三八八、〇〇	不足 三二一、八〇	
〃八年度	二七三、九〇			二七三、九〇	三八八、〇〇		三八八、〇〇	不足 一一四、一〇	
〃九年度	三三三、三〇			三三三、三〇	三八八、〇〇		三八八、〇〇	不足 五四、七〇	
〃十年度	一二〇、〇〇			一二〇、〇〇	三八八、〇〇		三八八、〇〇	不足 二六八、〇〇	
〃十一年度	一一二、四〇			一一二、四〇	三八八、〇〇		三八八、〇〇	不足 二七五、六〇	

大正十二年度	九〇、〇〇	二七二〇、一七	三〇六八五	三一一六〇、二	六四七〇〇	二二七九〇	八七四九〇	殘二、二四一、一二
十三年度	一五七、〇〇	二、二五一、二二	三〇六三六	二、七一四五七	六四七〇〇	二三三〇	八七九〇	殘一八三五、四七
十四年度	一一〇、一〇	五、三〇三、一六	四七〇一五二	一〇一二四七	六四七〇〇	二二七〇	八七四〇	殘九二四〇、六七
十五年度	一三四、〇〇	二三七三八〇	二、六五七、一七	四、一六四九七	六四七〇〇	二二七〇	八七四〇	殘三、九〇八七
計	一四七八、五〇	二、六四八、三四	七九七〇八九	二〇九七七三	四九一六〇〇	九一四二〇	三六八三〇二〇	一五二六七五三

第三章　森林區劃及測量

第一節　事業區

本事業區ハ交通比較的便利ニシテ一大集團地ヲナシ寺刹ノ所有林野トシテ相當ノ林相ヲ保持シツツアルモ之ガ經營方法ノ如何ハ直チニ林相ノ保全及收穫ノ多寡ニ甚大ナル影響ヲ及ホシ寺刹基本財產ノ安定ヲ危殆ナラシムルヲ以テ一事業區トシテ合理的經營ヲ行フヲ至當トス

第二節　林班

本事業區ハ寺刹ノ所有ニ係リ經費ノ關係上集約ナル施業ヲナスコト困難ナル事情アルモ數年前ヨリ伐採ヲ開始シ年ニ相當ノ收入ヲ擧ケツツアルヲ以テ林班ハ相當小面積ニ區分セリ

林班區劃ニ當リテハ施業上ノ便利ヲ旨トシ峯筋又ハ溪谷等ノ天然地形ニ依リシヲ以テ

區劃線ハ一見明瞭ナル為特ニ伐開ヲ為サス其ノ要所ニ二三本宛木標ヲ設ケ隣接各林班ノ番號ヲ記入セリ林班番號ハ運搬經路ヲ考慮シテ溪谷ノ入口ヨリ東南ニ向ヒテ進ミ其ノ數十六箇ニシテ面積ノ最大ナルハ第九林班ノ百五十九町一畝歩最少ナルハ第四林班ノ三十七町三段五畝歩其ノ平均面積八十七町七段五畝歩ナリ

本事業區ハ林野調査ニ於テ地番面積確定サレ六千分一ノ圖面アルヲ以テ周圍測量ヲ畧シコンパスヲ以テ各林班界ノ實測ヲ行ヒプラニメーターニ依リ面積ヲ算定セリ

第三節　小班

林相及地況ノ相違ニヨリテ五萬分ノ一圖ニ適當ニ圖示シ得ル程度ヲ限度トシテ區劃シ見取リニ依リテ六十分一圖上ニ記入セリ但シ第一林班ハ林相悪シク速ニ造林ノ必要ヲ認メ集約的施業ノ要アルヲ以テ特ニ小面積ニ區分セリ

而シテ本事業區ハ一般ノ經濟林トハ自ラ其ノ趣ヲ異ニシ寺刹ノ尊嚴風致ヲ考慮スル要アルヲ以テ寺刹附近ニシテ衆目ニ觸ル易キ

區域ハ施業制限地トシ永久ニ欝蒼タル林相ヲ保タシムルコトトセリ

小班番號ハ主トシテ運搬經路ヲ考慮シテ附シ其ノ總數五十九ニシテ平均面積二十三町八段歩ナリ

第四章　森林調査

第一節　地況調査

地況ハ森林區劃ニ基キ各小班毎ニ左ノ要領ヲ以テ調査セリ

一、方位ハ八分方位ニ依リ小班ノ平均方向ヲ示シ傾斜ハ平坦(五度未滿)緩斜(二十度未滿)急斜(三十度未滿)險阻(四十五度未滿)絶險(四十五度以上)ノ五種トセリ

二、土地　土壤ノ種類　埴土(六割以上ノ粘土ヲ含ムモノ)壤土(二割乃至四割ノ粘土ヲ含ミ其ノ他ハ細砂ヨリナルモノ)砂土(八割以上ノ砂ヨリナルモノ)礫土(四割以上ノ礫ヲ含ムモノ)壚土(二割以上ノ腐殖物ヲ含ムモノ)ノ五種トシ　深度ハ　淺(一尺未滿)中(一尺以上二尺未滿)深(二尺以上)ノ三種　結合度ハ　堅(乾燥スレバ容易ニ粉碎セサルモノ)軟(乾燥シタル塊モ容易ニ粉碎シ得ルモノ)

鬆(乾燥スルモ塊トナラサルモノ)ノ三種

濕度ハ　乾(外見上湿氣ヲ含有セサルカ如キモノ)潤(土壤中水分ヲ含ミ潤ヲ有スルモノ)濕(多量ノ水分ヲ含ミ之ヲ壓スレハ水分ノ滴下スルモノ)ノ三種ニ分類セリ

三、地位ハ事業區ヲ通シ上中下ニ分チ地况林木生長ノ良否其ノ他土壤表面ノ状態雜草ノ種類及其ノ繁茂度等ヲ參考トシ立木地ニアリテハ主トシテ立木ノ生長状態ニ地况調査ノ結果ヲ斟酌シテ判定セリ

第二節　林況調査

一、樹種及混淆歩合

本事業區ノ主要樹種ハアカマツナラカシハ等ニシテ團状混淆林ヲナスヲ以テ其ノ混淆歩合ハ本數ノ割合及樹冠ノ占領面積ニ依リ十分率ニテ之ヲ示シ〇、一未滿ハ純林ト見做セリ

二、疎密度

疎密度ハ樹冠カ地面ヲ被覆スル占領面積ノ割合ヲ比較目測スル傍ラ單位面積ニ對スル本數ヲ參酌シ　未立木(〇、一未滿)　散生(〇、三以下)　甚疎(〇、五以下)　疎(〇、七以下)　適(一、〇

以下）密（一、一以上）ノ六階級ニ分テリ而シテ一ニ區劃セサル小面積未立木地散生地ノ散生セル小班ニアリテハ其ノ平均疎密度ヲ示スコトトセリ

三、林相

林令ノ調査ハ針葉樹ニアリテハ枝條數ニ依リ濶葉樹ニアリテハ伐痕及推測ニ依リ定メタルモ異令林ニ對シテハ其ノ樹令ノ範圍ヲ示シ各齡級ノ占領面積ニ注意シ其ノ平均林令ヲ示シタリ而シテ甚シキ差ヲ有スルモノ一小部分ニ過キサルトキハ樹令ノ範圍ヨリ除外セリ

四、材積

材積ハ林相及利用程度ニ鑑ミ二三ノ小班ニ標準地調査ヲ行ヒ其ノ結果ヲ參考トシテ當該小班ノ林況ト對照ノ上比較目測法ニテ査定セリ材積ハ施業ノ必要上アカマツ及雜木ニ大別セリ

第三章 将来施業見込ノ調査

森林經濟上現實各林分ヲ最有利ニ取扱フニハ當該小班ヲ如何ニスヘキヤヲ推定シ當面ノ施業ニ遺憾ナカラムコトヲ期シ又將来採

ルヘキ作業種輪伐期等ヲ豫定シ作業級構成
ニ對スル參考ニ資シタリ
主トシテ第一施業期ト第二施業期以降トニ
區分シ前者ニ對シテハ植伐手入及保護撫育
等當面ノ施業ニ必要ナル事項ヲ林分ノ状況
ニ基キ稍々精密ニ後者ニ對シテハ極メテ其
ノ概要ヲ調査セリ

第五章　将来ノ施業方針

第一節　作業種ノ決定

作業種ノ決定ニ際シテハ樹種ノ性質ニ適合
セシムルハ勿論林業ノ目的並經濟上ノ關係
ニ依リ選定スヘキモノニシテ本事業區ハ施
業制限地ヲ除キテハ何等施業ニ制限ヲ受ク
ルコトナキヲ以テ専ラ樹種及經濟上ノ關係
ヲ考慮セムトス
前述ノ如ク交通便利ナルノミナラス寺刹ノ
所有ニ係リ比較的短期間ニ於テ資本ノ回収
ヲ為ス必要アルヲ以テ輪伐期ヲ永クシテ大
材ノ生産ヲ為ス餘裕ナキ為針葉樹林及針濶
混淆林ニ於テハ相當需要多キ用材ヲ生産シ
得ル最短年限ヲ選ミ全伐喬林作業ヲ採レリ
濶葉樹林ニ於テハ資本回収ノ短縮ヲ旨トシ

テ矮林作業ヲ採リ製炭資材林トシテ經營ス
ルコトトセリ
施業制限地ハ寺刹ノ風致尊嚴ヲ保ツ為設置
セルモノナルヲ以テ長期ノ輪伐期ヲ採リテ
擇伐喬林作業ヲ採リ鬱蒼タル大森林タラシ
メ一面寺刹ノ改築等ニ使用スル大材ノ生産
ニ當ツルコト、セリ

第二節 樹種ノ決定

本事業區ノ現存樹種ハアカマツノ針葉樹ト
ナラ類カシハ類シデ類カヘデ類クヌギクリ
等ノ濶葉樹トニシテ團狀混淆林ヲナシ相當
ノ鬱閉ヲ保チツヽアルヲ以テ所謂鄉土樹種
ト見做スヲ得ヘク此等ノ樹種ヲ本事業區ニ
於ケル造林樹種トシテ選定スルトキハ良好
ノ造林成績ヲ擧ケ得ヘシ
而シテ現在ノ針葉樹林ニ對シテ天然稚樹ノ
撫育又ハアカマツ及クロマツノ補植ニヨリ
テ針葉樹林トナシ針濶混淆林ニ對シテハ濶
葉樹ノ萠芽及針葉樹ノ天然稚樹撫育ニ依リ
テ針濶ノ混淆狀態ヲ持續セシメ濶葉林ハ萠
芽更新ニ依リ濶葉樹林タラシムルコト、セリ
本事業區ノ關門ナル第一林班及第二林班ノ

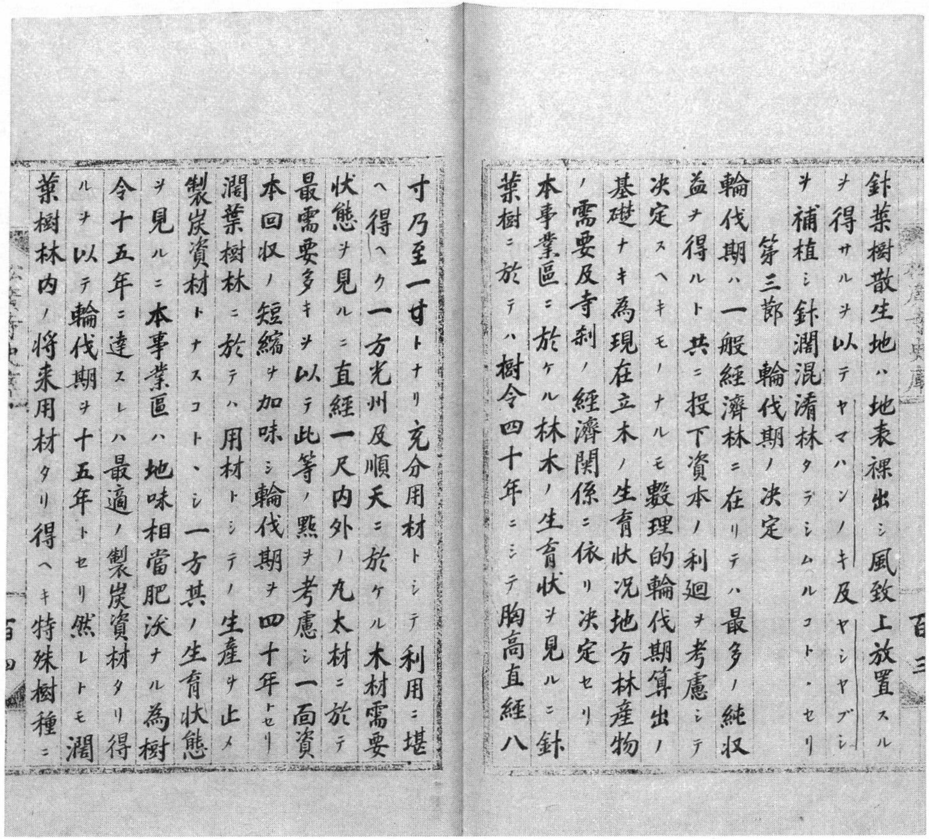

百三

針葉樹散生地ハ地表裸出シ風致上放置スル
ヲ得サルヲ以テヤマハンノキ及ヤシヤブシ
ヲ補植シ針濶混淆林タラシムルコト・セリ

第三節　輪伐期ノ決定

輪伐期ハ一般經濟林ニ在リテハ最多ノ純収
益ヲ得ルト共ニ投下資本ノ利廻ヲ考慮シテ
決定スヘキモノナルモ數理的輪伐期算出ノ
基礎ナキ為現在立木ノ生育状況地方林產物
ノ需要及寺刹ノ經濟關係ニ依リ決定セリ
本事業區ニ於ケル林木ノ生育状ヲ見ルニ針
葉樹ニ於テハ樹令四十年ニシテ胸高直經八
寸乃至一寸トナリ充分用材トシテ利用ニ堪
ヘ得ヘク一方光州及順天ニ於ケル木材需要
状態ヲ見ルニ直經一尺内外ノ丸太材ニ於テ
最需要多キヲ以テ此等ノ點ヲ考慮シ一面資
本回収ノ短縮ヲ加味シ輪伐期ヲ四十年トセリ
濶葉樹林ニ於テハ用材トシテノ生産ヲ止メ
製炭資材トナスコト、シ一方其ノ生育状態
ヲ見ルニ本事業區ハ地味相當肥沃ナル為樹
令十五年ニ達スレハ最適ノ製炭資材タリ得
ルヲ以テ輪伐期ヲ十五年トセリ然レトモ濶
葉樹林内ノ将来用材タリ得ヘキ特殊樹種ニ

百四

對シテハ保残スルヲ適當トス
施業制限地ニ於テハ經濟上ノ見地ニ依ラス寺刹ノ風致尊嚴ヲ主眼トシ多少經濟上ノ犠牲ヲ拂ヒ輪伐期ヲ八十年トシ大材ノ生産ト風致維持ヲ主トセリ
本事業區ニ於テハ特ニ老令林ナク且針濶混淆林ナルヲ以テ林況改善ノ爲速ニ伐採ヲ要スルモノナク未立木地及散生地ニ補植ヲ行フ傍除伐間伐等ノ手入ヲナスニ於テハ容易ニ法正狀態ニ導キ得ルヲ以テ特ニ整理期ヲ設ケルノ要ナシ

第四節 施業期編入

不法正ナル現實林ヲ成ル可ク僅少ナル經濟上ノ犠牲ニテ速ニ法正ノ狀態ニ誘導シ而モ收穫ノ保續ヲ期待スルコトハ森林施業ノ眼目ナリ然レトモ法正狀態ノ實現ニ急ナラシトセハ勢ヒ目前ノ利益ニ付勘カラサル犠牲ヲ拂ハサルヘカラサルモ本事業區ノ如ク寺刹ノ所有ニアリテハ現在ノ收入ヲ度外視シ難キ事情アルヲ以テ先ツ收獲ノ保續ヲ先決問題トセサルヘカラス故ニ本事業區ニ於テハ全伐喬林作業級ニ於テ第十一林班(イ)小班

第十二林班(イ)小班及第十四林班(ニ)小班ノ百
一町一段歩八千五百九十四尺締ノ矮林作業
級ニ於テ第十二林班(ロ)小班第十三林班(ロ)(ハ)
小班ノ八十町七段八畝六千六百十六尺締ヲ
第一施業期ニ編入シ伐採スルコト、セリ
造林ハ本事業區ノ関門ヲナス第一林班(イ)(ロ)
小班第二林班(イ)(ロ)小班四十町七段歩ノアカ
マツ疎生地ニ對シ毎町八百本宛ヤマハンノキ
及ヤシヤブシヲ植栽スルコト、シ第一施業
期間中ニ於ケル全伐喬林作業級ノ伐採跡地
ニ對シテハアカマツノ稚樹發生ヲ見込ミテ

伐採ノ翌年度ヨリ毎町八百本宛アカマツ及
クロマツヲ補植シ濶葉樹ハ極力萠芽ヲ保護
撫育スルコト、シ而シテ矮林作業級ノ伐採
跡地ハ全然天然更新ニ依リ萠芽並稚樹ヲ撫
育スルコト、セリ

第五節　伐採順序及伐採量ノ確定

伐採順序ハ運搬関係及主風ノ方向ヲ考慮シ
テ定ムヘキナルモ第一施業期ニ於テ伐採セ
ントスル箇所ハ何レモ數年前ヨリ伐採シツ
ツアル箇所ノ延長ニシテ既設運搬道路アリ
テ運搬関係上特ニ伐採順序ヲ制限スルコト

ナキ為現在伐採中ノ第十四林班(ニ)小班ヨリ伐採シ漸次第十二林班(イ)小班第十一林班(イ)小班ニ及ホシ第一施業期間中ニ伐採ヲ終了スルコト、セリ

第一施業期ニ於ケル伐採量ハ材積ヲ標準トシ第二令級以上ノ材積ヲ輪伐期四十年ニテ伐採スル方針ヲ採リ一面毎年ノ伐採面積ノ均一ヲ期セリ尚生長量ハ収穫調節上ノ安全ヲ期スル為豫備蓄積トシテ標準年伐量ノ算定ニ加算セス今普通施業地ニ付伐採量ノ算定式ヲ示セハ次ノ如シ

(I) 全伐喬林作業級

年伐標準面積＝(全伐喬林作業総面積－(未立木地及散生地面積＋第一令級面積)) / 輪伐期

＝(790.99町－(42.70町＋214.57町)) / 40 ＝ 473.42 / 40 ＝ 11.84町

第一施業期ニ編入スヘキ立伐面積＝11.84町×10＝118.40町

年伐標準材積＝(全伐喬林作業級総材積－(未立木地及散生地材積＋第一令級材積)) / 輪伐期

I. 針葉樹＝(29,471尺〆－3,995尺〆) / 40 ＝ 25,476尺〆 / 40 ＝637尺締

第一施業期ニ編入スヘキ立伐材積＝637×10＝6,370尺締

II. 濶葉樹＝8,414尺〆 / 40 ＝210尺締

第一施業期ニ編入スヘキ立伐材積＝210×10＝2,100尺締

(II) 矮林作業級

年伐標準面積＝(矮林作業級総面積－(未立木地及散生地面積＋第一令級面積)) / 輪伐期

$= \frac{407.24 - (180.50 + 95.80)}{15} = \frac{130.94}{15} = 8.73$ 町

第一施業期ニ編入スヘキ立伐面積 $= 8.73 \times 10 = 87.30$ 町

年伐標準材積＝矮林作業級総材積－(未立木地及散生地材積＋第一令級材積)/輪伐期

I、濶葉樹 $= \frac{9925 - 1177}{15} = \frac{8748}{15} = 583$ 尺締

第一施業期ニ編入スヘキ立伐材積 $= 583 \times 10 = 5830$ 尺締

II、針葉樹ハ2927尺締アルモ第一施業期ニ於テハ保残シ伐採セサルコトトス

右算定式ニ於ケル第一施業期ノ伐採箇所及
伐採材積ハ全伐喬林作業級ニ於テハ第十一
林班(イ)小班第十二林班(イ)小班及第十四林班
(ニ)小班ノ百一町一段歩八千五百九十四尺締
ヲ矮林作業級ニ於テハ第十二林班(ロ)小班及
第十三林班(ロ)(ハ)小班ノ八十町七段八畝歩六
千六百十六尺締ヲ以テ之ニ當ツ然ルトキハ
年伐量ハ前者ニ於テハ八百五十九尺締後者
ニ於テハ六百六十二尺締トナルモ數年取纏
メテ伐採スルヲ有利ト認ムルトキハ隔年伐
採ヲ爲スコトアルヘシ

第六節　造林

一、造林ノ方法

投下資本ヲ成ル可ク僅少ニシテ収穫ヲ多ク
スルハ林業經營上ノ主眼トスル所ニシテ殊
ニ本事業區ノ如ク寺刹ノ所有ニ係リ資本投

下ノ自由ヲ許サザル所ニ於テハ極力之ヲ節約セザルヘカラザルヲ以テ造林ニ於テモ成ルヘク天然更新ニ依ルコト、シ天然更新不可能ナル所ニ於テノミ人工造林ヲナスコトトセリ

第一林班(イ)(ロ)小班第二林班(イ)(ロ)小班ハ本事業區ノ關門ヲナシ地味瘠要ニシテ地表裸出シ樹令二十年ノアカマツ散生シ居ルモ極度ニ枝打ヲナシ風致上放置スル能ハザルヲ以ヤマハンノキ及ヤシヤブシヲ毎町八百本宛補植シ針濶混淆林タラシメ附近民有林野ト截然タル區劃ヲ立タシメ一見シテ一般民衆ニ寺刹ノ所有林野タルヲ知ラシメントス第十一林班(イ)小班第十二林班(イ)小班及第十四林班(ニ)小班ノ伐採跡地ハ天然稚樹及萠芽ノ發生ヲ見込ミ伐採ノ翌年ニ於テアカマツ及クロマツヲ毎町八百本宛補植シ天然稚樹及萠芽ハ極力保護撫育スルコト、セリ而シテ矮林作業級ニ於ケル伐採跡地ハ全然萠芽更新ニ依ルコト、シ人工造林ヲ行ハス

以下項ヲ分チテ造林ノ方法ニ付述ヘン

(一)植栽ニ關スルコト

本事業區ハ氣候温暖ナルヲ以テ三月上旬ヨリ中旬ニカケテ造林ヲ為シ乾燥期ニ入ルトキハ已ニ活着セシメ旱魃ニ耐ヘシム而シテ植栽人夫ハ一切地元住民ヲ使用シテ造林ノ經驗ヲ得セシメ殖林觀念ノ涵養ニ努ム植栽本數ハ實地ノ情況ニヨリ一定セサルヲ以テ稚樹ノ發生度合ニ鑑ミ坪一本宛ノ立木度ヲ得ル様植栽スヘシ

(二)苗木購入ニ關スルコト

第一施業期ニ於ケル所要苗木數ハヤマハンノキ及ヤシヤブシ三萬二千五百六十本

アカマツ及クロマツ八萬八百八十本ニシテ毎年約一萬一千三百本ノ植栽ヲ為セハ足ルコトトナリ之カ為ニ苗圃ヲ經營スルコトハ到底不可能ナルニヨリ右所要本數ハ順天郡森林組合ニ購入ノ斡旋方ヲ依頼スルコトトス

(三)地拵ニ關スルコト

地拵ハ刈拂法ニ依ルコトトシ植栽前年度ノ秋季ニ於テナス

(四)手入撫育ニ關スルコト

林地ノ下刈ハ夏季八月頃其ノ年ノ植栽箇

所ニ對シテナスコトトスルモ殖林思想ニ乏シキ地元民ヲ雇傭シテ之ヲ行フニ付充分ナル指導監督ヲ為シ植栽苗木ヲ刈拂フコトナキ樣特ニ注意ス

間伐ハ第一施業期内ニ於テ之ヲナス必要アル箇所ナシ

二 造林費ノ概定額

一、町歩當造林費

種目	數量 マツ	數量 濶葉樹	單價 マツ	單價 濶葉樹	金額 マツ	金額 濶葉樹	摘要
苗木代	八〇〇本	八〇〇本	五六毛	九〇毛	四四八円	七二〇円	單價ハ山元渡トシ
假植運搬費	二〇人	二〇人	七〇円	七〇円	一四円	一四円	一人一日四、〇〇〇本人夫賃ハ地元部落ニ於ケルモノヲ取ル
植栽費	五、三三	五、三三	、七〇	、七〇	三、七三	三、七三	一人一日一五〇本
雜費					五〇	、五〇	人夫傭入其他
計					八、八五	一一、五七	
補植費					一、三三	一、七四	
合計					一〇、一八	一三、三一	

前表ノ割合ヲ以テ第一林班(イ)(ロ)小班第二林班(イ)(ロ)小班ニ對シ每年四町七畝歩宛ヤマハンノキ及ヤシヤブシヲ植栽シ伐採跡地ニ於テハ每年十町一段一畝歩宛伐採ノ翌春クロマツ及アカマツヲ植栽シ其ノ枯損木ハ植栽ノ翌年ニ補植スルコトトスレハ次ノ如シ

各年度造林費一覧表

年次	年度	面積	一町歩當金額	金額	備考
一	昭和三年度	闊葉樹 四、〇七	二、五七	四七、〇九	四七、〇九
二	〃四年度	闊葉樹四、〇七 マツ一〇、一二	一三、三一 八、八五	五四、一七 八九、四七	一四三、六四
自三 至一〇	〃五年度 〃十二年度	〃四、〇七 〃一〇、一二	一三、三一 一〇、一八	五四、一七 一〇二、九二	一五七、〇九
一一	〃十三年度	〃四、〇七 〃一〇、一二	一、七四 一〇、一八	七、〇八 一〇二、九二	一一〇、〇〇
計				一、五五七、四五	

第七節　施業上必要ナル施設ノ計劃

本事業區ノ管理經營機關トシテハ理想的施業ヲ為サントスレハ專屬技術者ヲ常置スルノ要アルモ寺刹ノ經濟上困難ナルヘキヲ以テ現在常置ノ山監ヲシテ林業技術ヲ研究セシメ專ラ林野ノ保護管理ニ當ラシメ施業案實行ニ當リテハ道及郡ニ指導ヲ仰クコトトス

本事業區ハ數年前ヨリ伐採ヲ開始シ己ニ運搬路設置サレ且山監ノ巡視路四通シ特ニ開設ノ要ナシ松廣寺ヨリ洛水里ノ自働車道路ニ至ル約一里ノ車馬道路ハ幾分改修ヲ要スル箇所アルモ自働車道路トナスヘク己ニ測量濟ニシテ近々起工ノ豫定ナルニ付令直チニ改修ニ着手セス

本事業區中第十五林班及第十六林班ハ寺刹

ニ於テ外山ト稱スル區域ニシテ監視不行届ノ爲年々火災ノ被害ヲ受ケ内山ニ延燒ノ慮アルヲ以テ此ノ區域ト内山トノ境界ヲナス峰筋ニハ固定防火線ヲ設ケ巾五間ノ切開ヲナシ毎年秋季ニ於テ雜草ノ刈拂ヲ行フコトトス他ノ境界線ハ山ノ中腹ナルヲ以テ少々ノ切開ヲナスモ何等ノ意味ヲナササルヲ以テ防火線ヲ設置セス

第八節　將来ノ収支見込

本事業區ニ於ケル年伐量ハ針葉樹ニ於テ五百四十三尺締濶葉樹ニ於テ八百九十六尺締ニシテ山元價格ヲ針葉樹一圓七十錢濶葉樹一圓一錢トスレハ其ノ収入一千八百十九圓十錢ヲ得而シテ支出ハ造林費保護管理費及森林組合費ニシテ年度別造林費ハ上述ノ如ク保護管理費トシテハ林務一人山監二人炭監一人ノ手當トシテ五百十八圓トシ森林組合費ハ毎年二百二十七圓十錢ヲ見込メリ

各年度収支對照表

年次	年度	収入	支出	差引	備考
一	昭和三年度	一八一九.一〇円	七九二.一九円	一〇二六.九一円	
二	〃 四年度	一八一九.一〇	八八八.七四	九三〇.三六	

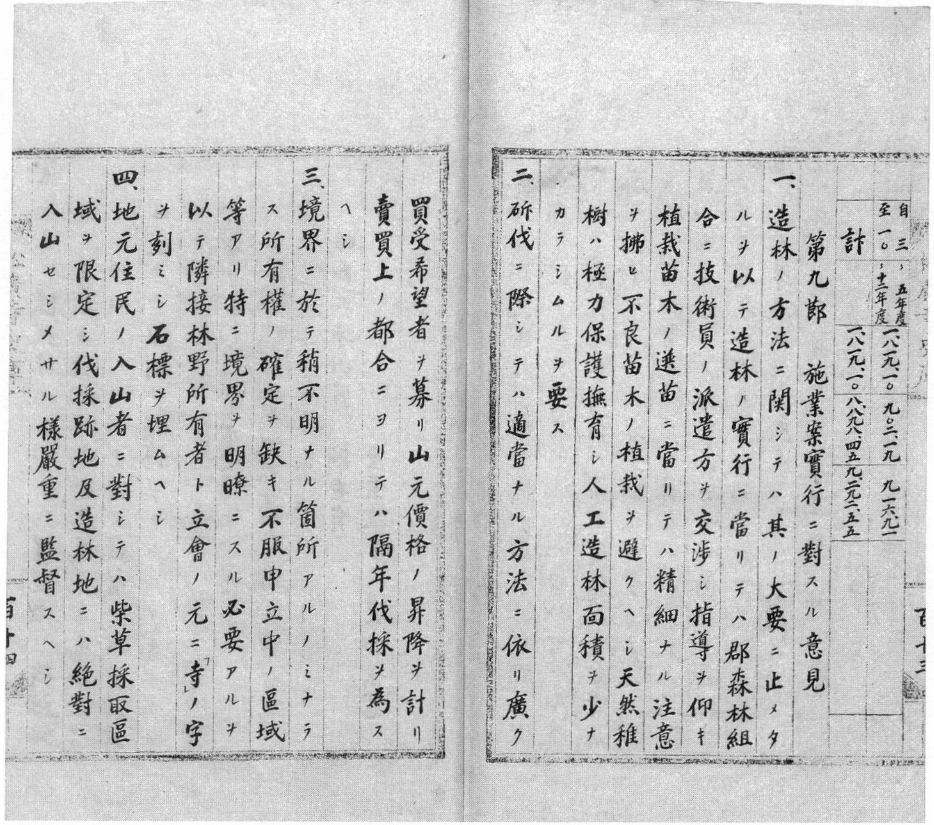

自三、五年度 至一〇、十二年度	一、八一九、一〇	九〇二、一九	九一六、九一
計	一、八一九、一〇	八、八九八、四五	九、二九二、五五

第九節　施業案實行ニ對スル意見

一、造林ノ方法ニ關シテハ其ノ大要ニ止メタルヲ以テ造林ノ實行ニ當リテハ郡森林組合ニ技術員ノ派遣方ヲ交渉シ指導ヲ仰キ植栽苗木ノ選苗ニ當リテハ精細ナル注意ヲ拂ヒ不良苗木ノ植栽ヲ避クヘシ天然稚樹ハ極力保護撫育シ人工造林面積ヲ少ナカラシムルヲ要ス

二、斫伐ニ際シテハ適當ナル方法ニ依リ廣ク買受希望者ヲ募リ山元價格ノ昇降ヲ計リ賣買上ノ都合ニヨリテハ隔年代採ヲ為スヘシ

三、境界ニ於テ稍不明ナル箇所アルノミナラス所有權ノ確定ヲ缺キ不服中立中ノ區域等アリ特ニ境界ヲ明瞭ニスル必要アルヲ以テ隣接林野所有者ト立會ノ元ニ「寺」ノ字ヲ刻ミシ石標ヲ埋ムヘシ

四、地元住民ノ入山者ニ對シテハ柴草採取區域ヲ限定シ伐採跡地及造林地ニハ絶對ニ入山セシメサル樣嚴重ニ監督スヘシ

百十三

百十四

五、立木ノ儘伐採スルトキハ買受者ハ伐採跡地ノ更新ニ付テハ何等顧慮セス亂伐ニ流ルル傾向アルヲ以テ特ニ監督シ伐採跡地ニ於ケル稚樹ヲ損傷セシムルコトナカラシムヘシ

第十節 施業案編成ノ功程

	外業		内業	旅行	合計	備考
	森林調査	測量				
延日數	一〇	一〇	四〇	八	六八	

昭和二年六月

調査員
産業技手 慶田景憲

第二次 昭和四年十月日

順天郡松光面 松廣寺寺有林施業方法書

目次

一、所在地 二、所有者 三、面積 四、森林區劃 五、地況 六、林況 七、本林野ニ對スル舊来ノ慣行 八、施業關係 九、管理保護ニ關スル施設 一〇、施業實行ニ關スル意見

一、所在地 順天郡住巖面杏亭里

二、所有者 順天郡松光面松廣寺

三、面積 百五十六町歩

四、森林區劃

面	里	地番	林班	小班	面積 施業地	面積 施業制限地	面積 除地	面積 計	備考
住岩	杏亭	山一六二	一	イ	一五四九			一五四九	
				ロ	一〇七三			一〇七三	
				ハ	八二三			八二三	
				ニ	九九九			九九九	
				ホ	四二〇			四二〇	
				計	四八六四			四八六四	
			二	イ	六五九			六五九	
				ロ	一四四三			一四四三	
				ハ	九八九			九八九	
				計	三〇九一			三〇九一	
			三	イ	二七二四			二七二四	
				ロ	二六七一			二六七一	
				ハ	二二五〇			二二五〇	
				計	七六四五			七六四五	
				合計	一五六〇〇			一五六〇〇	

五、地況

本林野ハ松光、住巖、雙巖ノ三面界ヲナス曹溪

百十六

山彙ノ北面ノ一部ヲ占メ松廣寺ヲ距ル約一里ノ地位ニアリ約半里ニシテ光州順天間ノ二等道路ニ出テ牛馬ヲ通シ得ヘク交通比較的便利ナリ海拔高一千二百尺乃至二千八百尺ニシテ傾斜一般ニ急峻ナルモ地味肥沃ニシテ林木ノ生長極メテ良好ナリ基巖ハ前寒武利亞大統ニ屬スル灰色花崗片麻巖ニシテ土壤ハ其ノ風化分解セルモノナリ

本林野ハ氣候一般ニ溫暖ニシテ寒暑共ニ甚シカラス主風ノ方向ハ夏季ハ東南風冬季ハ北西風ニシテ強風ハ北西風ニ多キモ林木ノ風害ヲ被ムルコトナシ

六、林況

本林野ハ溫帶南部ニ屬シ相當多數ノ樹種ヲ抱擁シ主林木ハアカマツ及ナラ類カシハ類等ニシテ山麓部ハアカマツ純林ヲナシ峰筋附近ハ濶葉雜木林ナリアカマツハ樹令十年乃至二十年雜木ハ三十年ニシテ每町平均蓄積ハアカマツ三十五尺締雜木七十尺締ナリ

七、本林野ニ對スル舊來ノ慣行

本林野ハ古來松廣寺ノ所有林野トシテ保護禁養シ來リシヲ八十數年前栗木封山トナリ

本寺ニ於テ之カ禁養ヲ命セラレ隆熙二年封山ヲ解カレシモノニシテ住巖面杏亭里外七ケ里ハ封山ヲ解カレルト同時ニ部落ノ占有林野ト主張シ林野調査ノ際誤リテ該部落有ニ査定セラレシヲ松廣寺ニ於テ不服中立ヲ為シ昭和三年本寺ノ所有ニ査定セラレタルモノニシテ該査定ニ不平ヲ抱ク部落民ハ令尚本林野ニ入山盗伐スルモノ多キヲ以テ本林野ノ經營ニ當リテハ山監ヲ督勵シテ林野ノ巡視ヲ濃密ニシ之等ノ盗伐ヲ防止セサルヘカラス

八、施業關係

(イ)伐採ニ關スルコト

本林野ハアカマツハ樹令十年内外ノ幼令樹ナルヲ以テ第一施業期間中ニ於テハ伐採セサルコトトシ濶葉雜木ハ樹令三十年内外ニシテ相當蓄積アルヲ以テ其ノ面積三十六町五段九畝材積二千六百二十七尺締ノ内二十二町五段歩一千五百七十五尺締ヲ第一施業期間中ニ左記ニヨリ伐採スルモノトス

伐採表

年次	林班	小班	面積	樹種	一町歩當尺締	総尺締	備考
昭和五年度	三	ハノ内	二五〇	サツ	七〇	八〇〇	
昭和十年度	三	ハノ内	一〇〇	サツ	七〇	七七五	
計			二二五〇			一、五七五	

(ロ)造林ニ関スルコト

本林野ハ前記ノ如ク相當ノ林相ヲ保持シ地味モ肥沃ニシテ天然造林ニ依リ優ニ更新シ得ルヲ以テ人工造林ハ行ハサルコトトシ現在アカマツ林ナル山麓部ハ将来モアカマツ林トシテ全伐喬林作業ヲ採リ峰筋附近ノ濶葉雑木林ニ對シテハ矮林作業ヲ採リ萌芽更新ニ依リ製炭資材林タラシムルコトトセリ

(ハ)手入撫育ニ関スルコト

特ニ手入ヲ為ス箇所ナキモ第一施業期伐採跡地ニ對シテハ天然萌芽ヲ極力保護撫育シ春季ノ嫩芽採集期ニハ特ニ注意スヘシ

九、管理保護ニ関スル施設

本林野ハ前述ノ如キ事情ノ下ニ松廣寺ノ所有林野ニ決定セルモノニシテ住岩面ノ関係八ケ里住民中ニハ本寺ニ對シテ反感ヲ抱キ山監ノ眼ヲ掠メテ入山盗伐スルモノ又甚シ

キハ放火ヲ為スモノ等アルヲ以テ山監ヲ督勵シテ林野ノ巡視ヲ為サシメ一方郡森林組合ト連絡ヲ取リ組合技手補ノ巡廻ト俟チテ此等ノ事故ヲ防止セサルヘカラス

本林野境界ハ山麓部ハ道路ヲ以テ一般私有林野ニ接シ南西ノ峰筋ハ本寺有林ト連續スルモ東面ハ一般私有林ト境シ境界極メテ明瞭ナリ

一〇、施業實行ニ關スル意見

本寺ハ本林野ノ外ニ一千數百町歩廣大ナル林野ヲ所有シ既ニ施業案編成濟ニシテ着々實行中ナルヲ以テ該林野ノ經營ニ當リテハ此等林野ト同時ニ作業シ伐採ニ際シテハ跡地ヲ荒廢セシメサル樣特ニ留意スヘシ

昭和四年十月　調査

調査員　全羅南道産業技手　慶田景憲

同苦錄

顧問 住持 雪月龍燮

校閱 前講師 海隐栽善

編輯 監務 綺山錫珎

書寫 法務 龍隐完燮

外護 監事 錦堂在順

昭和六年舊十一月 日

寺任

書記 荷山成佑 永桓

寺監 東峰啓萬 佛監 石山奉衍

林務 道山東根

山監 琪松祥柒
炭監 布凝東秀 靈湉善基
時衆一百五十餘

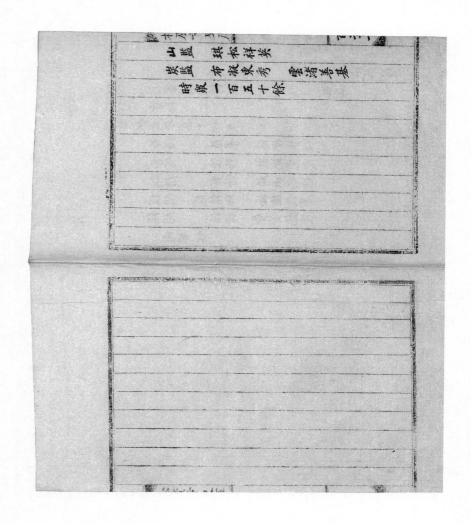